صداهای جهانی از پیش‌زمینهٔ اسلامی

از اختلاف تا امید

ویراستاران: روی اوکسنِواد و سَما آدام

صداهایی از رهبران بومی نوپای مسیحیان در شمال آفریقا، خاورمیانه و ایران

سرشناسه: از اختلاف تا امید، صداهایی از رهبران بومی نوپای مسیحیان در شمال آفریقا، خاورمیانه و ایران

ویراستاران: روی اوکسنِواد و سَما آدام

ترجمه و ویرایش: انتشارات جهان ادبیات مسیحی

ناشر فارسی: انتشارات جهان ادبیات مسیحی

چاپ: اول، ۲۰۲۶

شابک: ۹۷۸۱۹۴۱۶۹۳۶۵

فهرست مطالب

مقدمهٔ مجموعهٔ صداهای جهانی از پیش‌زمینهٔ اسلامی

پت بریتندن، جاناتان اندروز و پُل بندور-ساموئل: ویراستاران مجموعه

ما مفتخریم که این کتاب را به عنوان بخشی از مجموعهٔ «صداهای جهانی از پیش‌زمینهٔ اسلامی» که توسط سازمان مشارکت تحقیقاتی حکمت تهیه و توسط انتشارات رِگنوم منتشر می‌شود، به شما ارائه می‌دهیم.

این کتاب به موضوعی می‌پردازد که برای ما بسیار مهم است و آن را به همهٔ خوانندگان تقدیم می‌کنیم: این شاگردان، چگونه رهبری را در کلیساهایی با افراد هم‌فکر تجربه می‌کنند.

ما دوست داریم فکر کنیم که بسیاری از پیچیده‌ترین مسائل در خدمت در بافت‌هایی که اکثر مردم پیش‌زمینهٔ اسلامی دارند، بیشتر در کلیساشناسی نهفته است تا در خدمت‌شناسی. چرا؟ عوامل زیادی وجود دارند که جماعت‌ها و کلیساها را در حین ظهور، بلوغ و تعامل با کلیسای جهانی شکل می‌دهند. انتظارات از درون کلیساها، بافت محلی، بافت قومی و همچنین شاگردان دیگر از قومیت‌های مختلف ممکن است بسیار متفاوت باشد. در حالی که چنین کلیساهایی به دنبال شهادت‌های حقیقی و وفادار به مسیح هستند، چگونه می‌توان آنها را درک و حمایت کرد؟

ما معتقدیم که این دو ویراستار، الگوی وحدت در عین تنوع هستند، که به باور ما کلیسای جهانی را غنی می‌کند. یکی زن و دیگری مرد است. سَما اهل کشوری با اکثریت عرب و میراث اسلامی است. رُوی اهل یک کشور غربی است، اما ایران را به‌خوبی می‌شناسد. همکاری آنها در نگارش این کتاب، هرچند بدون لحظات تنش‌زا نبوده، اما لذت‌بخش بوده است. به‌خاطر نحوهٔ مدیریت گروهشان در تلاش برای تولید کتابی که به‌واقع منعکس‌کنندهٔ وسعت و عمق مطالبی است که بر اساس آن نوشته شده است، ما این دو نفر را تحسین می‌کنیم.

ما از نوشتن فصلی جداگانه توسط رُوی، که به بررسی پویایی‌های فرهنگی و چگونگی تفاوت آنها در بسترهای متنوع می‌پردازد، کاملا حمایت می‌کنیم. ما اطمینان داریم که این امر می‌تواند در مورد پیشینه‌ای که افراد با فرهنگ‌های اکثریت ایرانی و عربی در

آن پرورش یافته‌اند، و همین‌طور چیزی که آنها به عنوان ایمانداران جدید و سپس به عنوان رهبران نوپا با خودشان به کلیساها می‌آورند، بهویژه به خوانندگان غربی بینشی متفاوت ارائه کند. علاوه بر این، مطالب این کتاب نشان می‌دهند که کشورهای خاورمیانه از نظر فرهنگی متنوع هستند.

آرزوی ما در این مجموعه این است که افراد بیشتری از این دست را یاری دهیم تا در خدمت مسیح مشارکت فعال داشته باشند و در این فرآیند، کلیسای جهانی را غنی‌تر سازند.

جاناتان اندروز

از دکتر رُوی اوکسنواد و سَما آدام به‌خاطر شیوهٔ دقیق، موشکافانه و تخصصی در ویرایش این کتاب بسیار سپاسگزاریم. هر کسی که در جلسات مشاورهٔ مشورتی و نشست‌ها شرکت داشته باشد، می‌داند که ثبت صادقانهٔ سخنرانی‌ها و تعاملات پویا که هنگام ملاقات برادران و خواهران برای گفت‌وگو در مورد مسائل مهم رخ می‌دهد، کار بسیار مشکلی است. گزارش‌های چنین گردهمایی‌هایی هدفی دارند، اما فقط تا حدی در راستای آن هدف پیش می‌روند. آنچه در دست دارید، چیزی فراتر از یک گزارش است. شما تصویری بی‌واسطه از یک رویارویی فوق‌العاده جذاب برادران و خواهران - بیشتر با پیش‌زمینهٔ اسلامی - از شمال آفریقا و خاورمیانه و خلیج فارس را پیش روی خودتان دارید. ما از کلمهٔ «تصویر بی‌واسطه» استفاده می‌کنیم، زیرا از بسیاری جهات، این کتاب مانند یک عکس یا ویدئوی کوتاه از رویدادی است که در زمانی خاص در یک مکان اتفاق افتاده است. در حالی که این تصویر، بازتابی واقعی از چیزی است که اتفاق افتاده است، هرگز نمی‌تواند پویایی‌های دخیل در آن را به طور کامل منتقل کند. و البته، این گفت‌وگوها همچنان ادامه داشته و دارند.

به عنوان ویراستاران این مجموعه، بسیار خوشحالیم که گفت‌وگوها در مورد این مسائل بغرنج یعنی ارتباط با دیگران، آبرو و شرم، مدیریت اختلاف و رهبری مسموم آغاز شده است. کسانی از میان ما که به طور فعال در خدمت در میان مسیحیان با پیش‌زمینهٔ اسلامی یا همراه با آنان مشارکت داریم، می‌دانیم که این موارد، مسائلی حیاتی - حتی وجودی - هستند که رشد و بلوغ جوامع کلیسایی مسیحیان با پیش‌زمینهٔ اسلامی را با خود به همراه دارند.

در نهایت، مایلیم به این نکته اشاره کنیم که دو ویراستار اصلی این کتاب، رهبران، معلمان و کارشناسان مسیحی بالغ و باتجربه بودند، یکی از آنها مسیحی با پیش‌زمینهٔ اسلامی بود، و دیگری پیش‌زمینهٔ اسلامی نداشت. پیشینه‌ها و دیدگاه‌های متفاوت سَما و رُوی به آنها این امکان را می‌دهد که به گردآوری تمام آنچه در این نشست مشاورهٔ مشورتی به اشتراک گذاشته شد، از دیدگاه‌های مختلف خود بپردازند. آنها نمایانگر نوعی پویایی قوی، قابل اعتماد و خلاقانه هستند که وقتی برادران و خواهران به یکدیگر گوش می‌دهند، یکدیگر را به چالش می‌کشند و از یکدیگر می‌آموزند، این پویایی رخ می‌دهد. با انجام این کار، مسیح جلال می‌یابد. امیدواریم شما نیز مانند ما از ثمرهٔ کار آنها بهره ببرید.

آرزوی ما در این مجموعه این است که افراد بیشتری از این دست را یاری دهیم تا در خدمت مسیح مشارکت فعال داشته باشند و در این فرآیند، کلیسای جهانی را غنی‌تر سازند.

پَت بریتِندِن

سپاسگزاری

مایلـم از دکتـر رُوی اوکسـنواد تشـکر کنـم کـه وقـت، دانـش و مهارت‌هـای خـود را بـرای آماده‌سازی نشسـت مشـاورۀ مشـورتی «بـه سـوی هـدف» (TTG) وقـف نمودنـد و اطمینـان حاصـل کردنـد کـه ضبط جلسـات و مطالب ایـن نشسـت به‌خوبی مسـتند شـده و تمـام و کمـال در ایـن کتـاب ارائـه شـوند تا مخاطبـان بیشـتری از آنها بهـره ببرنـد. دکتـر رُوی کمک شـایانی بـه ایـن کتـاب کـرد و بـدون زحمـات ایشـان، ایـن کتـاب بـه سـرانجام نمی‌رسـید. همچنیـن، می‌خواهـم از تمـام مشـارکت‌کنندگان و سـخنرانان بـه سـوی هـدف – کـه نامشان بـه دلایـل مختلـف در کتـاب ناشـناس مانـده اسـت – هـم به‌خاطر مشـارکتشان و هـم به‌خاطـر کارشان بـرای پادشـاهی خـدا تشـکر کنـم. مـا ویراسـتاران، همـۀ آنهـا را می‌شـناسیم و برایشـان ارزش قائلیم.

سَما آدام

یـک کتـاب یـا یـک نشسـت مشـاورۀ مشـورتی، هرگـز کار یـک فـرد تنهـا نیسـت. بنابرایـن، مایلـم از شـورای برگزارکننـده به‌خاطـر کار خسـتگی‌ناپذیرشـان در برگـزاری ایـن نشسـت مشـاورۀ مشـورتی فوق‌العـاده تشـکر کنـم. ایـن نشسـت، مکانـی امـن را فراهـم کـرد کـه در آن مسـیحیان بـا پیش‌زمینـۀ اسلامی و رهبـران کلیسـا از شـمال آفریقـا، خاورمیانـه و ایرانیـان خـارج از کشـور می‌توانسـتند بـه شـیوه‌ای آشـکار و صادقانـه بـه اختلاف و ریشـه‌های آن بپردازنـد. ایـن نشسـت مشـاورۀ مشـورتی بـدون تخصـص و ارتباطـاتی کـه شـورای برگزارکننده بـه ارمغـان آورده بـود، هرگـز اتفـاق نمی‌افتـاد.

می‌خواهـم افـراد کلیـدی را کـه نقـش مهمـی در بـه ثمـر رسـیدن نشسـت مشـاورۀ مشـورتی «بـه سـوی هـدف» و کتـاب بعـدی داشـتند، نـام ببـرم. اسـتیفِن کلی در گـرد هـم آوردن اعضای شـورای راهبـری و همچنیـن تـدارکات بـه سـوی هـدف و سـازمان خدمتـی بلَک‌هـاوک نقـش مهمـی داشـت. مهـرداد فاتـحی و دان لیتـل به‌خاطـر خِـرد و ارتباطشـان بـا کلیسـاهای مسـیحیان بـا پیش‌زمینـۀ اسلامی بسـیار ارزشـمند بودنـد. انتشـار ایـن کتـاب مدیـون پت بریتنـدن و پـروژۀ حکمـت به‌خاطـر ارادۀ ایشـان بـرای ارائـۀ حکمـت حاصـل از ایـن نشسـت بـه شـما خواننـدگان اسـت. ریکاردو زاپاتـا شـخصی اسـت کـه پشـت تمـام کمک‌هـای فنـی و تـدارکاتی قـرار دارد.

حتی بـا تمـام تغییـراتی کـه بـه او تحمیـل شـد و بـا وجـود تاخیـر نـاشی از دوران کوویـد، هرگـز شـکایتی نکـرد. می‌خواهـم از هشـت سـخنران کـه مقدمه‌هـای هـر موضـوع را بـه صـورت ویدئـویی ضبـط کردنـد تشـکر کنـم کـه بـرای هدایـت بحث‌هـای بعـدی بسیار ارزشـمند بـود. می‌خواهـم از سَـما آدام به‌خاطـر تمـام زحماتـش و بحث‌هـای عـالی کـه در تهیـهٔ ایـن کتـاب داشـتیم تشـکر کنـم. در آخـر، مایلـم از همسـرم دارلا تشـکر کنـم کـه بـا چشـمان تیزبینـش در زمینـهٔ دسـتور زبـان و گـوش شـنوایش بـرای شـنیدن لهجه‌هـای خـارجی، داوطلبانـه و بـدون هیـچ چشم‌داشـتی، جلسـات ضبط‌شـده را بـه صـورت متـن درآورد. چـه در زنـدگی و چـه در خدمـت، او یـک همـراه واقعـی بـرای مـن بـوده اسـت.

باشـد کـه کلیسـای مسـیح از طریـق روحیـهٔ همـکاری کـه در طـول ایـن نشسـت مشـورتی و ویرایـش ایـن کتـاب مشـهود بـود، غنی‌تـر و قوی‌تـر شـود. جلال از آنِ خداسـت.

روی اوکسِنواد

۱

مقدمه

سازمان‌های بشارتی متمرکز بر جهان اسلام، از تغییرات چشمگیر در ایمان آوردن مسلمانان به مسیح خبر می‌دهند؛ پدیده‌ای که در کتاب «تندبادی در سرای اسلام» (گریسون، ۲۰۱۴) به‌تفصیل دربارۀ آن توضیح داده شده است. رویارویی با چالش رساندن پیام انجیل به مذهبی که اساسا در برابر این پیام مقاومت می‌کند، و حتی در منابع بنیادینش مواضعی علیه مسیحیت دارد، به طراحی راهبردها و ابزارهای متنوعی برای رساندن پیام مسیح به مسلمانان منجر شده است. بر اساس فوریت‌های کنفرانس‌های لوزان دربارۀ بشارت جهانی، رویکردهای مختلفی برای رساندن پیام مسیح به جهان و تکمیل ماموریت ناتمام بشارت جهانی پدید آمده است. سازمان‌هایی همچون پروژۀ جاشوآ [1] در تلاش هستند تا گروه‌هایی از مردم که به پیام انجیل دسترسی نداشته‌اند را شناسایی کنند، در حالی که دیگران به روش‌هایی پایبند هستند که جنبشی را آغاز نمایند. برخی از سازمان‌های بشارتی نیز تلاش خود را بر راه‌اندازی جنبش‌های شاگردسازی متمرکز کرده‌اند، به طوری که بشارت‌دهندگان در این فرآیند مانند محرک‌هایی هستند که جنبش‌ها را به سوی مسیح هدایت می‌کنند (ویلسون، ۲۰۲۱). تمرکز این سازمان‌های خدمتی بر انجام

وظیفهٔ بشارت و تکمیل آن است. این مراکز با این امید به خدمت می‌پردازند که این جنبش‌ها سالم باشند و شاگردانی سالم نیز پرورش دهند.

وظیفهٔ بشارت جهانی، تنها بخشی از فرمان اعظم مسیح است؛ وظیفهٔ دیگر ما این است که آنان را تعلیم دهیم تا به تعالیم عیسی عمل کنند. جماعت‌ها و کلیساهای نوظهوری که شکل می‌گیرند نیز باید بیاموزند که چگونه در دنیای گناه‌آلود زندگی کنند. با رشد کلیساها، نه‌تنها از بیرون، بلکه از درون کلیسا نیز، با اختلافاتی مواجه خواهند شد.

ما در جهانی سقوط‌کرده زندگی می‌کنیم؛ جهانی که اختلافات، بخشی ناشی از لعنت ناشی از سقوط است که در پیدایش ۳ آمده است. با وجود اینکه ممکن است اختلافات در فرهنگ‌های مختلف ظاهری مشابه داشته باشند، اما جلوه‌های فرهنگی وجود دارند که به گونه‌ای خاص و ویژه در فرهنگ هر جامعه‌ای شکل می‌گیرند. هدف این کتاب، افزایش آگاهی نسبت به آن چیزی است که گروه کوچکی از متخصصان و خادمان در حال خدمت، به‌ویژه در مناطق شمال آفریقا، خاورمیانه و ایران، با آن مواجهند؛ مناطقی که شمار زیادی از مردمان آنها در حال ایمان آوردن به مسیح هستند (گریسون، ۲۰۱۴). این متخصصان و خادمان هشدار داده‌اند که ایمانداران با پیش‌زمینهٔ اسلامی که به‌تازگی به مسیح ایمان آورده‌اند، با چالش‌هایی جدی مواجه هستند که باید به آنها توجه کنیم، و نباید آنها را کوچک بشماریم (دوری، ۲۰۱۰؛ لیتِل، ۲۰۱۵؛ میلر، ۲۰۱۶؛ اوکسنِواد، ۲۰۱۹).[2] اختلافات در تمام فرهنگ‌ها رخ می‌دهند. انسان‌ها معمولا به دنبال مدیریت اختلاف هستند، در حالی که آشتی و حل و فصل آن اختلافات، هرچند به‌ندرت رخ می‌دهد، اما

---

۲ کتاب‌های مهم عبارت‌اند از: دان لیتِل، «شاگردی موثر در جوامع مسلمان: کتاب مقدس، تاریخ و روش‌های آزموده» (Downers Grove، ایلینوی، IVP، ۲۰۱۵)؛ دوین الکساندر میلر، «زندگی در میان آوارها: بنا کردن الهیات متناسب با زمینهٔ ایمانداران و مسیحیان با پیش‌زمینهٔ اسلامی» (یوجین، اورگِن: Pickwick، ۲۰۱۶)؛ روی اوکسنِواد، «بار سنگین گذشته: مشکلات پیش روی نسل اول ایمانداران در ایمان آوردن به مسیح» (لیتل‌تون، کلرادو: William Carey، ۲۰۱۹)؛ مارک دوری، «آزادی برای اسیران: رهایی از اسلام و قانون ذمیت از طریق صلیب» (ملبورن، استرالیا: Deror، ۲۰۱۰).

باید در جامعهٔ مسیحی امری عادی تلقی شود. اختلافات شخصی، برخوردهای ناشی از سبک‌های رهبری، حساسیت بیش از حد نسبت به احساسات جریحه‌دارشده و ناتوانی در حل اختلاف یا اختلافات از ویژگی‌های کلیساهای نوپا با اعضای کم‌تجربه هستند. از آنجا که تعداد کمی از این ایمانداران درک فرهنگی عمیقی از حل اختلافات دارند، بسیاری از آنها به واکنش پیش‌فرض فرهنگ خود تن می‌دهند: انکار وجود اختلافات، تلاش برای کنترل آن و یا ترک کلیسا در هنگام بروز اختلاف.

در اوایل سال ۲۰۱۹، استیفن کِلی، ایماندار مصری با پیش‌زمینهٔ اسلامی[3]، با گرد هم آوردن خادمان باتجربه از شمال آفریقا، خاورمیانه و ایران، شورای مشورتی با عنوان «به سوی هدف» را برای بررسی موضوع شاگردسازی برنامه‌ریزی کرد. کمی بعد، دنیا درگیر همه‌گیری کرونا شد و این امر، شکل گردهمایی‌ها را تغییر داد. در سال ۲۰۲۱، شورای برنامه‌ریزی تصمیم گرفت این جلسات مشورتی را به شکل مجازی برگزار کند. آنها برای دستیابی به اهداف خود تصمیم گرفتند تنها به یک موضوع شاگردسازی که کلیسا و جماعت‌های با پیشینهٔ اسلامی با آن مواجه بودند بپردازند، یعنی اختلافات. ناتوانی در حل اختلاف باعث فروپاشی جماعت‌هایی می‌شود که زمانی شکوفا بودند و اعضای سابق این جماعت‌ها دیگر با یکدیگر گفت‌وگو نمی‌کنند. این جلسات مشاوره، رهبران با پس‌زمینهٔ اسلامی از سه منطقهٔ مسلمان‌نشین را گرد هم آورد تا از منظر تبادل فرهنگی به موضوع اختلافات بپردازند، و بینش‌هایی که هر جامعه از تجربهٔ خود آموخته و از آن بهره برده را با هم به اشتراک بگذارند.

شورای برنامه‌ریزی متوجه شد که اغلب زمانی که به مسائل فرهنگی از دیدی تک‌فرهنگی نگاه می‌شود، بسیاری از مسائل نادیده گرفته می‌شوند. دیدگاه کسانی که خارج از یک زمینهٔ فرهنگی خاص قرار دارند، می‌تواند بصیرتی فزون‌تر به ما بخشد که خود آن جامعه به آن بی‌توجه است. علاوه بر این، مسائلی وجود دارند که حرام یا

---

3 اصطلاحات مربوط به مسیحیانی که پیشتر مسلمانان بوده‌اند، یکسان نیستند. ایمانداران با پیش‌زمینهٔ اسلامی (MBB) و یا فقط مسیحی نامیدن آنها، اصطلاحات دیگری هستند که برای این مسیحیان مسلمان یا مسلمان‌زاده استفاده می‌شوند.

ممنوع شمرده می‌شوند و بیشتر اوقات در چهارچوب‌های فرهنگی نادیده گرفته می‌شوند. ارزش این کار در گرد هم آوردن رهبران از کشورهای مختلف است، همچنین گرد هم آوردن کسانی که خارج از آن فرهنگ بوده و میان ایمانداران با پیش‌زمینهٔ اسلام، زندگی یا خدمت کرده‌اند، تا دربارهٔ دغدغه‌های مشترک پیرامون اختلافات گفت‌وگو کنند. بینش‌هایی که در این تبادل بین‌فرهنگی به اشتراک گذاشته می‌شوند، عمیق‌تر و غنی‌تر از مواقع معمول‌اند. در جریان این جلسات مشورتی مشخص شد که ایمانداران با پیش‌زمینهٔ اسلام در سراسر خاورمیانه، شمال آفریقا و ایران چالش‌های مشترک فراوانی دارند، اما در برخی گروه‌های قومی تنوع‌هایی نیز دیده می‌شود. برای دو منطقهٔ دیگر عجیب بود که جامعهٔ ایرانی در مقایسه با آنچه تصور می‌کردند، درک عمیق‌تری نسبت به مسائل شاگردی داشتند. خواستهٔ قلبی گردانندگان این شورای مشاوره آن است که جماعت‌های ایمانداران به ثبات برسند تا بتوانند ثمرات فراوان به بار آورند. این نبرد مرگ و زندگی برای عروس مسیح، یعنی کلیسا است.

کمیتهٔ برنامه‌ریزی از رهبران کلیسای مسیحیان با پیش‌زمینهٔ اسلام از شمال آفریقا، خاورمیانه و ایران دعوت کرد تا از دل تجربیات خودزیسته، به موضوع تضادها بپردازند، نه اینکه فقط درسی از فرهنگ‌های دیگر ارائه شود. علاوه بر بررسی ویژگی‌های اصلی فرهنگی، برگزارکنندگان (که ترکیبی از رهبران باتجربه با پیش‌زمینهٔ اسلامی و غیراسلامی بودند) تلاش کردند تا از طریق گفت‌وگو با خودِ ایمانداران با پیش‌زمینهٔ اسلامی، به آنها مجالی بدهند و امکان بیان تجربیات کلیسایی خود را فراهم سازند. به این منظور، آنها موضوع اختلافات را به چهار بخش متناسب با زمینهٔ فرهنگی تقسیم کردند: ۱) اختلافات ناشی از ارتباط یا عدم وجود ارتباط؛ ۲) اختلافات ناشی از شرم مزمن و فرهنگی؛ ۳) اختلافات ناشی از رهبری مسموم؛ ۴) حل اختلافات از طریق میانجی‌گری. سه بخش اول توسط رهبران برجستهٔ مسیحیان با پیش‌زمینهٔ اسلام در کشورهای خودشان ارائه شد. موضوع چهارم را گروهی از متخصصان و خادمان غربی ارائه کردند که اصطلاحاً «بیگانگان آشنا» نام دارند؛ یعنی رهبرانی که در کلیساهای بومی دارای جایگاه و احترام والایی هستند و در دو بخش زبان و فرهنگ مهارت بالایی دارند، و بیشتر اوقات از آنها برای میانجی‌گری در اختلافات دعوت می‌شود. این کتاب به بررسی جلوه‌های فرهنگیِ منحصربه‌فرد اختلافات و نقش میانجی‌گران در مواجهه با آنها می‌پردازد.

شرکت‌کنندگان

نودوشش نفر بـرای ایـن رویـداد ثبت نام کردنـد کـه پنجاه‌وهشـت نفـر (حـدود ۶۰ درصـد) از شرکت‌کنندگان از مناطـق خاورمیانـه و شمال آفریقـا و ایـران بودنـد. از ایـن میـان، هفتادویـک نفـر حداقـل در یـکی از نشسـت‌های چهار روزه حضـور داشـتند.

روند جلسات مشاورهٔ مشورتی ۲۰۲۲

فصل‌هـای بعـدی کتـاب شامل بخش‌هـایی از جلسـات ضبط‌شـده اسـت. هـر بخـش دارای چهـار قسـمت مشخص بـود تا بیشـترین فرصت بـرای گفت‌وگـو دربـارهٔ ارائـهٔ هـر شـخص فراهـم شـود. ابتـدا، هـر موضـوع بـا یـک معرفی ۲۰ دقیقـه‌ای ضبط‌شـده توسـط دو رهبـر فارسی‌زبـان و عرب‌زبـان آغـاز می‌شـد. ایـن روش سخنرانی در هـر فصـل از سـر گرفتـه شـده اسـت. در مرحلـهٔ دوم، ایـن دو سخنران همـراه بـا یـک مدیـر جلسـه و یـک رهبـر دیگـر، گفت‌وگـویی زنـده را تشـکیل می‌دادنـد (کـه در ایـن کتـاب نیامـده اسـت). در بخـش سـوم، شـرکت‌کنندگان بـه گروهـای کوچـکِ ازپیش‌تعیین‌شـده تقسـیم می‌شـدند تا دربـارهٔ ارتبـاط موضـوع بـا زمینـهٔ خدمـتی خـود گفت‌وگـو کنند. مدیـر جلسـه و منـشی جلسـه در هـر گـروه حضـور داشـتند. چهـارم، شـرکت‌کنندگان بـه جلسـهٔ اصـلی بازمی‌گشـتند و منشی‌هـا نکات کلیـدی و اقدامـات پیشـنهادی را مطـرح می‌کردنـد. تمـامی نشسـت‌ها از طریـق نرم‌افـزار زوم ضبـط شـده و سـپس بـه شـکل نوشـتاری گردآوری شـدند. بخش‌هـای فارسی و عـربی بـه انگلیـسی ترجمـه شـده و بازنویـسی شـدند. متن‌هـا جمع‌آوری و در کتـاب گنجانده شـدند. برخی از ارائه‌هـای اصـلی بـرای سـازگاری زبـانی نیـاز بـه ویرایـش و بازنویـسی داشـتند. بسـیاری از ارائه‌دهنـدگان و دیگـر شـرکت‌کنندگان بـه دلایـل مختلـف خواسـتند نامـی از ایشـان در ایـن کتـاب ذکـر نشـود.

ایـن کتـاب، صحبت‌هـا و نکات اصـلی بحث‌هـا را در بـر می‌گیـرد. به‌دلیل حسـاسیت موضـوع، در بسیاری از مـوارد نـام افـراد ذکـر نشـده اسـت. بـا ایـن حـال، تلاش شـده تا زمینـهٔ فرهنگی مشـارکت‌کنندگان مشـخص باشـد؛ بـرای مثـال ایرانی یـا عـرب بـودن، حضـور در داخـل یـا خـارج از کشـور، و در مـورد اعـراب نیـز محـل جغرافیـایی آنها (خاورمیانـه یـا شـمال آفریقـا)

ذکـر شـده اسـت. در بـرخی مـوارد، مشـارکت‌کنندگان از سـازمان‌های مشـخصی نـام برده‌انـد تـا منظـور خـود را روشـن‌تر بیـان کننـد.

ایـن جلسـات مشـورتی، تلاشـی بـود بـرای شـنیدن صـدای اهـالی شـمال آفریقـا، خاورمیانـه و ایـران در مـورد زمینـهٔ فرهنـگی و چگونـگی تجربـهٔ آنهـا دربـارهٔ اختلافـات. از شـما خواننـدهٔ عزیز دعـوت می‌کنیـم در ایـن گفت‌وگـو شـرکت نمـوده و بـا جدیـت بـه آنچـه در جماعت‌هـای بـا پیش‌زمینـهٔ اسلامی در حـال وقـوع اسـت توجـه کنـد، تـا بتوانیـم از حکمـتی کـه خـدا بـه همـهٔ مـا عطـا کـرده اسـت بهره‌منـد شـویم. ایـن کتـاب بـا بـررسی پویایی‌هـای فرهنـگی آغـاز می‌شـود تـا نشـان دهـد کـه محیـط ایرانـی و عرب‌زبـان بـا غـرب، به‌ویـژه ایـالات متحـده، چـه تفاوت‌هـایی دارد. همچنیـن بـه تفاوت‌هـای درون منطقـهٔ خاورمیانـه و شـمال آفریقـا نیـز پرداخته شـده اسـت. ایـن مطالـب زمینه‌سـاز شـناخت بهتر اختلافـات و شیوه‌هـای مدیریـت آنهـا در میـان جماعت‌هـایی اسـت کـه مسیحیـان بـا پیش‌زمینـهٔ اسلام در آن زنـدگی می‌کننـد و خـدا را می‌پرسـتند.

۲

مباحث اولیه دربارهٔ شاگردسازی: اختلاف و دگرگونی

دکتر روی اُوکسنِواد

هدف شاگردسازی، دگرگونی است

«بُعد بشارتی خدمت، عبارت است از هدایت افراد به سوی ایمان به عیسای مسیح. هر فرد با تاریخ و فرهنگ خود به این مسیر پا می‌گذارد؛ از این رو، نباید انتظار داشته باشیم تغییرات فوری در رفتارها، باورها و جهان‌بینی‌های ایمانداران نوپا مشاهده شود. بنابراین، ضروری است که تا رسیدن به بلوغ مسیحی، به شاگردسازی آنها ادامه دهیم. این فرآیند نه‌تنها شامل دگرگونی در شیوهٔ تفکر و عمل افراد است، بلکه تحول در جهان‌بینی آنها را نیز در بر می‌گیرد» (هیبِرت، ۲۰۱۰: ۱۲).

موعظهٔ سر کوه در انجیل متی (باب‌های ۵ تا ۷)، تعلیمی بی‌نظیر از عیسای مسیح است که در آن، مسیح شاگردان را فرا می‌خواند تا به چرخهٔ اختلاف، انتقام، خشم و دیگر رفتارهای گناه‌آلود پایان دهند. جهان‌بینی حاکم بر رفتارهای فرهنگی در شمال آفریقا، خاورمیانه و ایران، بر محور «آبرو/شرم» استوار است. آبرو باید به هر قیمتی حفظ شود؛ در حالی که شرم را باید پنهان کنند، انتقام بگیرند یا نادیده بگیرند. قتل‌های ناموسی، نمونه‌ای افراطی از پیامدهای این جهان‌بینی محسوب می‌شوند. در فرهنگ‌های غربی، «قانون یا عدالت» جهان‌بینی مسلط بر مردم است، که چگونگی رفتار با افراد را

مشخص می‌کند. در این رویکرد، قانون و مجازات بیشتر اوقات بر روابط تقدم دارند. با این وجود، در فرهنگ‌های مبتنی بر آبرو/شرم، این روابط و ارزش‌های فرهنگی هستند که قانون را شکل می‌دهند و تعریف جدیدی از عدالت ارائه می‌کنند.

وقتی عیسی پیروانش را به معیاری والاتر فرا می‌خوانَد، با ارزش‌ها و رفتارهایی که به‌شکل مقدس در فرهنگ پذیرفته شده‌اند، مخالفت می‌کند. عیسی بارها به شاگردانش آموخت که او، مردی آشنا با رنج، که از مواجهه با ارزش‌هایِ غالبِ آن زمان ناشی می‌شود، طرد خواهد شد (اشعیا ۳:۵۳-۴). طبق آن فرهنگ، طرد شدن نخستین قدمِ شرمساری است. عیسی به روشنی بیان کرد که پیروی از او برای آنها در هر جنبه‌ای از زندگی‌شان هزینه خواهد داشت. برای اینکه پیروِ او باشیم، فراخوانده شده‌ایم که جان خود را از دست بدهیم (خود را انکار کنیم)، صلیبِ مسیح را برداریم و از او پیروی کنیم (لوقا ۹:۲۱-۲۶). برای متوقف کردن چرخهٔ گناه، باید آماده باشیم تا شرمساری را به دوش بکشیم و نفرت و خشم را به جان بخریم. برای پایان دادن به چرخه‌ای که در آن احترام گذاشتن به دیگران تا حدی پیش می‌رود که به سوءتفاهم یا بی‌عدالتی می‌انجامد، عیسی ما را فرا می‌خوانَد تا همان را بگوییم که منظورمان است و به آنچه می‌گوییم پایبند باشیم. (متی ۵:۳۳-۳۷). متوقف کردن چرخهٔ رفتارِ ناشی از فرهنگِ خودمان هزینه‌ای دارد و برای برخی، این هزینه بسیار سنگین است. عیسی ما را فرا می‌خوانَد تا هزینه را در یک الگوی رفتاری مداوم بسنجیم، که خود به یک فرهنگ جدید تبدیل می‌شود. ما به یک فرهنگ تک‌فرهنگیِ کتاب مقدسی اشاره نمی‌کنیم، بلکه فرهنگی غنی و متنوع از چندیدن فرهنگ را مدنظر داریم. با استفاده از تشبیه مک‌گاوران، می‌خواهیم بفهمیم که هر قوم و زبانی «تمام شمشیرهای خودشان (به معنای اجزای فرهنگیِ مخرب) را به «گاوآهن»، و تمام «نیزه‌های» خودشان (به معنای رسومِ مضر) را به داس‌هایی برای هرس تبدیل خواهد کرد.» (مک‌گاوران، ۱۹۷۴:۸۲). زمانی که خدا ما را به عنوان کاهنان پادشاهی خودش، اُمتی مقدس، و قوم خدا معرفی می‌کند (اول پطرس ۹:۲)، ما را فرا می‌خواند تا قومی جدا از فرهنگ پیشین خودمان باشیم، جماعتی دگرگون‌شده که برای اطرافیان مثل نمک و نور است (متی ۵:۱۳-۱۶). جهان، به همراه حکومت‌ها و قدرت‌های آن، در برابر این جماعت جدید ما مقاومت خواهند کرد. پولس رسول مسیحیان عهد جدید را تشویق می‌کند که اسلحهٔ کامل خدا

را بـر تـن کننـد تـا بتواننـد در برابـر نقشـه‌های شیطـان بـرای زنـدگی در ایـن جامعـهٔ جدیـد ایستادگی کننـد (افسسیان ۶:۱۰–۱۸). او بـه تیموتائـوس یـادآوری می‌کنـد کـه شـاگرد عیسـی بـودن بـه معنـای داشتن یـک زنـدگی مبتـنی بـر دین‌داری اسـت. ایـن زنـدگی کـه بایـد بـه شباهت مسیـح باشیـم، بـرخلاف استانداردهای فرهنگیِ قابـل قبـول خواهـد بـود، کـه منجـر بـه جفـا در حـق مـا خواهـد شـد (دوم تیموتائـوس ۱۲:۳). اگـر مـا بـه فرهنـگ اطراف خـود تـن دهیـم، دیگـر نمـک و نـوری نخواهیـم بـود کـه خـدا مـا را بـه آن فـرا می‌خوانـد. نسـل اول ایمانـداران می‌داننـد کـه زنـدگی مسیـحی در هـر زمینـه‌ای، بـرخلاف فرهنـگ رایـج آنهـا بـوده و کـاری بسیـار مشـکل اسـت. علاوه بـر ایـن، بـرای دل‌گـرمی دادن، تقویـت احساسـات و یـاری رسانـدن بـه کسـانی کـه از مسیـح پیـروی می‌کننـد، ساختارهای حمایـتی انـدکی یافت می‌شـود، یـا اصلا هیـچ حمایـتی وجـود نـدارد. ایـن نشسـت مشـاورهٔ مشورتی بـه دنبـال بحـثی صادقانـه در مـورد چگونـگی پیـروی از مسیـح و چالش‌هـای موجـود در پیمـودن مسیـری جدیـد اسـت کـه توسـط بیشـتر انسان‌هـا قابـل درک نیسـت. مـا ایـن جسـارت را بـه خـود دادیـم کـه در مـورد مسائل ممنوعـه بحـث کنیـم تـا جماعت‌هـای جدیـدی را کـه بـرای زنـدگی بـر اسـاس انجیـل در محیـطی خصمانـه تلاش می‌کننـد، شاگردسازی کنیـم. کتـاب پیـش روی شـما، ایـن مطالـب جسـورانه و صادقانـه را بـه مخاطبـان بیشـتری ارائـه می‌دهـد، بـه ایـن امیـد و انتظـار کـه بـه توسعـهٔ جماعت‌هـای سـالم و پُرشـور در بسیـاری از زمینه‌هـا کمـک کنـد.

دستورالعمل‌های دگرگونی

کتـاب مقـدس، مملـو اسـت از داستان‌هایی دربـارهٔ شکسـت‌های مـا در اثـر اخـتلاف، و همچنیـن داستان‌هـای زیـادی بـا هـدف راهنمایـی بـرای مقابلـه بـا اختلافـات و رفتـار گناه‌آلود بـه شیـوه‌ای مبتـنی بـر دین‌داری در آن یافت می‌شـود. خـدا کسـانی را کـه دوسـت دارد، تأدیـب می‌کنـد (عبرانیـان ۵:۱۲–۱۱). خـدا در حـال تشـکیل یـک کهانـت سـلطنتی از ایمانـداران اسـت تـا در ایـن جهـان نمـک و نـور باشنـد. بنابرایـن، حکمـت عظیـمی در کتـاب مقـدس وجـود دارد کـه بایـد درک کنیـم، بـا نـگاهی انتقـادی بـه رفتارهـای محـلی دقیـق شویـم و مسیـر جدیـدی در مـورد چگونـگی درک اختلافـات و غلبـه بـر آن ترسیـم کنیـم. تمایـل بـر ایـن اسـت کـه عبـارات و کلمـات مرتبـط بـا کتـاب مقـدس را بـا ایـن فـرض موعظه کنیـم کـه هـر کـس

می‌دانـد چگونـه ایـن عبـارات را در موقعیـت منحصربه‌فرد خـودش بـه کار گیـرد. اغلب اوقـات ایـن اتفـاق می‌افتـد کـه مـا ایـن عبـارات یـا کلمـات را بـرای پرداختـن به یـک اختـلاف موعظه می‌کنیـم، امـا بـه نـدرت کار سخت‌تـر را انجـام می‌دهیـم، یعنـی کاوش عمیق‌تـر در مـورد اینکـه چـرا مـا به‌سـادگی بـه سـمت رفتارهـای ویرانگـر خودمـان جـذب می‌شـویم، یعنـی همـان رفتارهـایی کـه مایـل بـه تغییـر آن‌ها هسـتیم. بحث‌هـای مـا بایـد بـر اسـاس کتـاب مقدس شـکل بگیـرد، امـا بایـد دقیقا مشـخص کنیـم کـه از دیـدگاه کتـاب مقدس، در اختلافـات بـه چـه چیـزی بایـد پرداختـه شـود.

در موعظـه یـا تعلیـم کتـاب مقدس، بسـیاری از واعظـان و مفسران ایوانجلیـکال سـه اصـل اساسـی را پیشـنهاد می‌کننـد کـه پیـام را شـکل می‌دهنـد: الـف) تفسـیر کتـاب مقـدس؛ ب) تفسـیر فرهنـگ یـا زمینهٔ خودمـان؛ و ج) تفسـیر کسـانی کـه بـا آن‌هـا صحبـت می‌کنیـم. بـرای خواننـدگان ایـن کتـاب، درک آنچـه پـل هیبـرت «زمینه‌سـازی انتقـادی» می‌نامـد، مفیـد است (هیبـرت، ۱۹۸۷).

سـه چالـش اصلـی وجـود دارد کـه بـر میسـیون امـروزی تاثیـر می‌گـذارد. اول، فقـدان درک بین‌فرهنگـی اسـت. در اواسـط قـرن بیسـتم، اسـتعمار بـه چیـزی کـه پَساسـتعماری نامیـده می‌شـد، تغییـر یافـت. پَساسـتعمار، هـر جامعـه را بـا معیارهـای خـاص خـود می‌دیـد، کـه تغییـر خـوبی از نظـر دیـدگاه بـود. مبشـرانی کـه بـه میـدان بشـارت سـفر می‌کردنـد، بـا ایـن فـرض پیـش می‌رفتنـد کـه قوم‌هـا سـطح آگاهـی بـالایی دارنـد. مشـکل ایـن دیـدگاه ایـن اسـت کـه زمینه‌هـای تاریخـی تـا حـد زیـادی نادیـده گرفتـه می‌شـوند. درسـت اسـت کـه هـر فرهنگـی بایـد بـا معیارهـای خـودش درک شـود. امـا اگـر ایـن دیـدگاه انحصـاری باشـد، هیـچ ارتبـاط حقیقـی بیـن مسـیحیان در فرهنگ‌هـای مختلـف، هیـچ مقایسـه‌ای بیـن الهیـات آن‌هـا و هیـچ پایـهٔ مشـترکی از ایمـان وجـود نخواهـد داشـت.

دومیـن چالـش، عقدهٔ گناه اسـت. دیـدگاه پساسـتعماری گرایـشی دارد بـه ایجـاد آنچـه «سندروم تندیـس» نامیـده می‌شـود. در ایـن حالـت، فعـالان بـومی مـورد سـتایش قـرار می‌گیرنـد و گـویی هیـچ خطـایی از ایشـان سـر نمی‌زنـد. ایـن امـر به‌ویـژه در مـورد شـبانان و سـایر رهبـرانی صـادق اسـت کـه سـعی می‌کننـد اعتبـار و آبـروی خـود را در نـزد دیگـران حفـظ کننـد، در حالی کـه زنـدگی مبتنـی بـر دین‌داری شـخصی خودشـان خشـک و فاقـد صمیمیـت روحانـی بـا خـدا اسـت. مسـیحیان خـارجی، نسـبت بـه میـراث تاریخـی اسـتعمار حسـاس بودنـد و بنابرایـن

به‌دلیل عقدهٔ گناه، از رویارویی با رهبران بومی می‌ترسیدند.

چالش سوم، فقدان آموزش میسیون‌شناسی است. بیشتر جوامع اعزام‌کننده/میسیونی در سراسر جهان تمایل دارند در جهانی تک‌فرهنگی زندگی کنند که فاقد مهارت‌های لازم برای درک فرهنگ‌های دیگر است. مردم فرض می‌کنند که تمام رفتارهای درون جماعتشان درست است، یا صرفاً همان چیزی است که باید باشد. این امر باعث به وجود آمدن مسیحیت غربی در برخی از جوامع منطقهٔ خاورمیانه و شمال آفریقا شده است.

هیبرت یک فرآیند چهار مرحله‌ای را برای گشودن باب ارتباط بین فرهنگ‌ها پیشنهاد می‌کند:

تفسیر فرهنگ: رهبران و مبشران کلیسای محلی، باورها و سنت‌های رایج را مطالعه و تحلیل می‌کنند تا درکی عمیق‌تر از آیین‌ها و رسوم پیش از مسیحیت به دست آورند.

تفسیر کتاب مقدس و پُل معناشناختی: در این مرحله، رهبران و مبشران کلیسا، جماعت را برای مطالعهٔ عمیق کتاب مقدس هدایت کنند. هدف از این فرایند، ترجمهٔ پیام‌های کتاب مقدس به جنبه‌های شناختی (تفکر و درک)، عاطفی (احساسات و نگرش‌ها) و ارزیابی (مهارت و تسلط) برای فرهنگ‌های مختلف است. در این مسیر، رهبر کلیسا نقش واسطه‌ای را ایفا می‌کند که میان فرهنگ کتاب مقدسی و فرهنگ مخاطبان پیوند برقرار کرده و آنها را بین این دو جهان راهنمایی می‌کند.

واکنش انتقادی: در این مرحله، مردم به‌صورت جمعی آداب و رسوم گذشتهٔ خود را تحت تاثیر برداشت‌های تازه از کتاب مقدس و اعمال جدیدِ متناسب با بافت جامعه، به‌گونه‌ای انتقادی ارزیابی می‌کنند. برخی از این اعمال که بیانگر هویت و میراث فرهنگی ایشان است، حفظ می‌شود؛ برخی دیگر به‌دلیل معانی یا تداعی‌های پنهانشان کنار گذاشته می‌شود؛ و برخی هم اصلاح می‌شود.

زمینه‌سازی انتقادی: این مرحله، از دیدگاه تک‌فرهنگی ممکن نیست. کلیساهای مسیحی از یک فرهنگ (اسلامی یا قومی) به فرهنگی تازه (فرهنگ مسیحی) با جهان‌بینی متفاوت وارد می‌شوند. فرهنگ اسلامی یا قومی نباید بدون نقد و بررسی به فرهنگ کلیسا راه پیدا کند.

در چهارچوب فرآیند چهار مرحله‌ای هیبرت، ما سخنرانان نشست مشاورهٔ مشورتی «به

سوی هـدف» را تشـویق کردیـم کـه بـرای پرداختـن بـه اختلافـات، تنهـا بـه نقـل قـول از کتـاب مقـدس بسـنده نکننـد. ایشـان بایـد کار دشـوار تفسـیر بافـت فرهنگـی خـود را انجـام دهنـد و از تفسـیر انتقـادی اعضـای جماعتهایشـان بـرای رویارویـی بـا جهانبینیهـای ریشـهای کـه نیـاز بـه تغییـر دارنـد، بهـره ببرنـد. پـس از سخنرانیهـا، جلسـات جانبـی و یـک کارگاه فـرعی برگـزار شـد تـا ایـن تفسـیر انتقـادی نسـبت بـه آنچـه در جماعتهـا و کلیسـاها رخ میدهـد، تسـهیل شـود.

تاثیر فرهنگ بر رفتار مختلف در زمان اختلافات

الهیـدان شـهیر، ریچـارد نیبـور فرهنـگ را بـه زیبایـی شـامل «زبـان، عـادات، ایدههـا، باورهـا، آداب و رسـوم، سـازمان اجتمـاعی، سـازههای مـوروثی، فرآیندهـای فنـی و ارزشهـا» میدانـد (نیبـور، ۱۹۵۱:۳۲). خلاصـهای کـه مـن از میـراث فرهنگـی نیبـور اسـتخراج کـردهام و بـر شاگردسـازی، اختلافـات و دگرگـونی تاثیـر میگـذارد، در ادامـه آمـده اسـت:

- افـرادی کـه بـه مسـیح ایمـان میآورنـد، الگوهـای رفتـاری فرهنگـی مـوروثی خـود و همچنیـن ارزشهایـی را کـه مذهـب، فرهنـگ و خانوادهشـان شـکل داده اسـت، بـا خـود بـه کلیسـا میآورنـد. اینهـا، نحـوهٔ ابـراز اختلافـات، رسـیدگی بـه آنهـا و بخشـش دیگـران را تعییـن میکنـد.

- ایمانـداران مسـیحی بـا پیشزمینـهٔ اسـلامی شـناخت کمـی از مسـیحیت و نحـوهٔ عمـل جوامـع مسـیحی در زمـان بـروز اختلافـات دارنـد. از آنجـا کـه کلیسـای ایـن ایمانـداران هنـوز در مراحـل ابتدایـی خـود قـرار دارد، رسـیدن بـه بلـوغ ایمانـی، تشـکیل جماعتهـای سـالم را دشـوارتر میکنـد، بهویـژه وقتـی کلیسـای سـالمی بـا پیشـینهٔ مسـیحی وجـود نداشـته باشـد کـه بتـوان بـه آن پیوسـت.

- خصومـت فرهنگـی نسـبت بـه تغییـر مذهـب و فشـار خانوادگـی علیـه تغییـر مذهـب، بـرای اکثـر ایمانـداران مسـیحی بـا پیشزمینـهٔ اسـلامی، اختلافهـای اجتنابناپذیـر و طولانیمدتـی ایجـاد میکنـد.

- بیشـتر اوقـات جهتگیریهـای عاطفـی مشـخصی در جوامـع دیـده میشـود. وقتـی مـردم در یـک منطقـه بـا اختلافهـای غیرقابـل حـل روبـهرو میشـوند، ایـن اختلافهـای

طولانی‌مدت، ساختار عاطفی آنها را به اجبار شکل می‌دهد، به طوری که واکنش عاطفی پیش‌فرض در مواجهه با هر نوع اختلاف، ترس از آن خواهد بود.

- افرادی که با ترس مداوم زندگی می‌کنند، تمایل دارند نشانه‌ها و رفتارهای بین‌فردی را به اشتباه به عنوان تهدید و خطر تفسیر کنند. آنها ناخودآگاه کوچک‌ترین علامت تهدید را «می‌بینند»، حتی در موقعیت‌هایی که دیگران در واقع سیگنال‌های مثبت ارسال می‌کنند. این ترسِ ریشه‌دار همچنین منجر به بی‌اعتمادی غریزی و تعبیر اشتباه نسبت به کسی می‌شود که به عنوان دشمن تلقی می‌گردد. همهٔ این الگوهای غریزی، اختلاف‌ها را سخت‌تر کرده و حل آن را بسیار دشوار می‌سازند.

- در جوامعی که بر پایهٔ ترس شکل گرفته‌اند، دیدگاه «همه یا هیچ» نسبت به اختلاف وجود دارد. هرگونه تسلیم شدن در برابر خواسته‌ها یا دیدگاه‌های دیگر، به طور خودکار تفسیر فرد از آنچه اتفاق افتاده، اختلافات او با دیگران و مسئولیتی که نسبت به گذشته، حال و آینده دارد را زیر سوال می‌برد.

- معمولا کسانی که به دنبال آشتی یا مصالحه هستند، زمان زیادی را صرف می‌کنند تا مردم را از واکنش نشان دادن به یکدیگر از روی ترس و بی‌اعتمادی بازدارند، تا همهٔ طرف‌های درگیر در اختلاف بتوانند به آنچه گفته می‌شود و منظورشان است، گوش دهند.

- قربانی‌سازی رایج در جوامع تمامیت‌خواه باعث می‌شود که ایمانداران خود را قربانی ببینند و به سختی به دیگران اعتماد کنند. آنها حتی ممکن است با دل‌سردی و ناامیدی دست و پنجه نرم کرده و اختلاف‌ها را تجربه کنند.

درک اختلاف

فرهنگ‌های خاورمیانه، شمال آفریقا و ایران، فرهنگ‌هایی بسیار اجتماعی هستند. این موضوع در تاکید و ارزش‌گذاری بر مقدار زمانی که با هم صرف می‌کنند، نمایان می‌شود. اما در تناقض با نکتهٔ قبلی، همین جوامع در روابط بین‌فردی با مشکل مواجه هستند و این بزرگ‌ترین چالش پیش روی بسیاری از آنهاست. اکنون نگاهی عمیق‌تر به

ویژگی‌های فرهنگی خواهیم داشت که در مشکلات بین‌فردی کلیسا نقش دارند. ارتباط ضعیف اغلب منجر به تنش‌هایی می‌گردد که باعث می‌شود افراد به سرعت از مرزهای شخصی عبور کرده و به احساسات یکدیگر آسیب برسانند. سبک‌های ارتباطی غیرمستقیم که از دیدگاه فرهنگی شکل گرفته‌اند، تنش‌های بیشتری ایجاد کرده و به شایعات و گمانه‌زنی‌ها برای پر کردن جای خالی اطلاعات ناقص دامن می‌زنند. اگر رهبران، فرهنگ ترس و بی‌اعتمادی را در بین همهٔ افراد ایجاد کرده باشند، بی‌اعتمادی نیز نقش پررنگی پیدا می‌کند. در چنین مواردی، مردم به جای اینکه به‌سادگی حرف‌های دیگران را باور کنند، تمایل دارند انگیزه‌های پنهان آنها را تصور کنند.

برخی از شبانان و رهبران به‌خوبی با یکدیگر ارتباط برقرار نمی‌کنند، و برخی نیز اهل رقابت بوده و نمی‌توانند به یکدیگر اعتماد کنند. این همکاری اندک، همراه با انتقام‌جویی، حسادت، انتقاد و نگرش‌های قضاوت‌گرایانه، محیطی ناسالم ایجاد می‌کند. از دید ایمانداران، بخشش پس از شرمساری، به‌ویژه برای گناهان بزرگ، کاری دشوار است. تلاش‌های بی‌پایان برای رساندن منظور خودمان، گوش دادن واقعی را محدود می‌کند. علاوه بر این، تنش بین مسیحیان با پیش‌زمینهٔ مسیحی و اسلامی، باعث ایجاد شکاف در کلیساهای خاورمیانه می‌شود. یکی دیگر از عوامل پیچیده این است که افراد بسیاری نمی‌توانند بین یک خطای کوچک، که می‌توان به‌سادگی از آن چشم‌پوشی کرد، و یک خطای بزرگ که باید به آن رسیدگی شود، تمایز قائل شوند.

متاسفانه، کلیسای نوپا اغلب برای مقابله با اختلافات بین‌فردی آماده نشده یا آموزش ندیده است. رهبران، معمولا اختلاف‌ها را پنهان کرده یا وجود آنها را انکار می‌کنند. مواجههٔ بی‌ملاحظه با این اختلافات، فقط به افزایش آنها منجر شده و اغلب باعث می‌شود افراد برای فرار از اختلافات کلیسا را ترک کنند. با این حال، بخشش و آشتی برای زندگی مسیحی موضوعاتی حیاتی هستند.

اختلاف در هر فرهنگی رخ می‌دهد. از آنجا که مردم معمولا فقط به دنبال مدیریت اختلافات هستند، آشتی یا حل اختلاف به ندرت صورت می‌گیرد. اختلاف‌های بین‌فردی، کشمکش بر سر رهبری و سبک‌های رهبری، حساسیت بیش از حد نسبت به توهین‌های وارد شده و ناتوانی در حل اختلاف‌ها، از ویژگی‌های یک کلیسای نوپا و پر از مسیحیان نابالغ است. از آنجا که تعداد کمی از آنها درک فرهنگی قوی، سالم

و انتقـادی از نحـوهٔ حـل اختلاف دارنـد، افـراد بسیـاری بـه پیش‌فرض‌هـای فرهنگی خـود متوسـل می‌شـوند و وجـود اختلاف را انکار کـرده، تلاش می‌کنند اختلاف را کنتـرل نماینـد یا اینکـه در هنـگام بـروز اختلاف خیـلی راحـت کلیسـا را تـرک می‌کنند.

جـورج ایـرانی، اسـتاد دانشـگاه لبنانی-آمریـکایی، دیدگاه‌هـای مفیـدی در مـورد نحـوهٔ برخـورد فرهنگ‌هـای مختلف بـا حـل اختلاف ارائه می‌دهـد. او می‌گویـد: «حـل اختـلاف در غـرب بـا روابـط مشـخص، برنامه‌ریزی‌شـده و نهادینه‌شـده سـروکار دارد. اختـلاف در خاورمیانـه اغلـب برنامه‌ریزی‌نشـده، غیررسـمی و بـا روابـط تصادفی اسـت» (ایـرانی، ۱۹۹۹:۴).

بـرای درک بهتـر نحـوهٔ رویکـرد فرهنگ‌هـای مختلف بـه یـک موضـوع واحـد، محمـد ابونیمِر، کارشنـاس حـل اختـلاف، تفاوت‌هـای ظریـف بیـن فرضیـات غـربی و خاورمیانـه‌ای در حـل اختـلاف را ترسیـم می‌کنـد (ابونیمِـر، ۱۹۹۶:۲۹-۳۱). هـدف نمـودار زیر حمایـت از یـک فرهنگ در مقابـل فرهنـگ دیگـر نیسـت، بلکـه نشـان می‌دهـد کـه فرهنگ‌هـای مختلـف چگونـه بـه موضـوع اختلافـات می‌پردازنـد. اگرچـه ممکـن اسـت بـا همـهٔ جنبه‌هـای طبقه‌بنـدی ابونیمِـر موافـق نباشیـم، امـا ایـن طبقه‌بنـدی می‌توانـد بـرای بحـث مـا مفیـد باشـد.

فرضیات خاورمیانه، شمال آفریقا و ایران	فرضیات غربی
اختلاف، منفی و خطرناک است.	اختلاف، امری مثبت است.
باید از اختلاف جلوگیری کرد.	اختلاف، امری طبیعی است.
اختلاف، ویرانی و بی‌نظمی به بار می‌آورد. وابستگی گروهی (خانواده، طایفه، مذهب، شاخه‌های مذهبی یا سایر هویت‌های جمعی) مهم‌ترین و محوری‌ترین هویتی است که باید از طریق فرآیندهای مدیریت اختلاف از آنها محافظت و نگهداری شود.	اختلاف می‌تواند باعث رشد و خلاقیت شود. چهارچوب‌های مشارکتی و همکاری، اجزای اساسی حل اختلافات هستند.

کنش‌های خودجوش و احساسی، به‌ویژه در تعامل طرفین، از ویژگی‌های فرآیندهای مدیریت اختلاف در خاورمیانه است. چنین رفتاری نه‌تنها بخشی جدایی‌ناپذیر از راهکارهای واسطه‌گری و مذاکره محسوب می‌شود، بلکه به طور کلی نمایانگر یک ویژگی قدرتمند در جامعهٔ عرب نیز هست.	مواجهه با اختلاف، یک راهکار ضروری و توصیه‌شده است.
به جای اشکال قانونی تعهد، این هنجارها و ارزش‌های اجتماعی هستند که قواعد اصلی تعهد را تشکیل می‌دهند. بنابراین، توافق‌های کتبی یا امضاشده بخشی از این فرآیند نیستند. در عوض، برای دستیابی به توافق و اجرای تعهد، طرفین و اشخاص ثالث به ارزش‌ها و هنجارهای اجتماعی و فرهنگی تثبیت‌شده تکیه می‌کنند.	از آنجا که همه چیز مبتنی بر استدلال منطقه‌ای است، هر مناقشه‌ای را می‌توان از طریق برنامه‌ریزی منطقی، حل و فصل و مدیریت کرد. هر مدل حل مناقشهٔ غربی چهار تا دوازده مرحلهٔ مداخله دارد.

تحلیل هافستد از گرایش‌های فرهنگی خاورمیانه[1]

یکی دیگر از کارشناسان تاثیرگذار در تحقیقات بین‌فرهنگی، پروفسور گیرت هافستِد است که مطالعهٔ جامع او دربارهٔ نحوهٔ تاثیر فرهنگ بر ارزش‌ها در محل کار، به‌ویژه برای هدف ما مفید است. پروفسور هافستد یکی از جامع‌ترین مطالعات را در این زمینه انجام داده و می‌توان او را یکی از نمایندگان برجستهٔ تحقیقات و مطالعات بین‌فرهنگی دانست. یافته‌های تحقیقات و ایده‌های نظری او در سراسر جهان در مطالعات روانشناسی و مدیریت مورد استفاده قرار می‌گیرد. او از شش ارزش برای سنجش فرهنگ استفاده می‌کند. این ارزش‌ها عبارت‌اند از: فاصلهٔ قدرت، فردگرایی/جمع‌گرایی، مردانگی/زنانگی،

---

۱ دیدگاه‌های هافستد، «ابزار مقایسهٔ کشورها»، وب‌سایت Culture Factor، آخرین به‌روزرسانی: ۱۶ اکتبر ۲۰۲۳. در آدرس زیر موجود است:

https://www.theculturefactor.com/countrycomparison-tool

اجتناب از عدم قطعیت، جهت‌گیری بلندمدت و آزادی عمل/محدودیت. این نشانگرهای فرهنگی به ما کمک می‌کنند تا میزان ارزش ویژگی‌های خاصی که ممکن است در کلیساهای ایمانداران مسیحی با پیش‌زمینهٔ اسلامی یافت شود، و میزان این ارزش‌ها در شش کشور مورد بررسی در تمرکز تحلیل کشوری هافستِد را درک کنیم.

لازم به ذکر است که عدد ۵۰ در این مقیاس، مرز بین دو طیف از این دسته است. هرچه این عدد بالاتر یا پایین‌تر از ۵۰ باشد، شدت پایبندی به آن ارزش فرهنگی را نشان می‌دهد. ما همچنین می‌دانیم که اینها ارزش‌های فرهنگی عمومی هستند و در رابطه با مرزهای سیاسی و جغرافیایی همیشه استثناهایی وجود دارد. دلیل انتخاب این کشورها از میان تمام کشورهای بررسی‌شده توسط هافستِد، از جمله خاورمیانه، شمال آفریقا و ایران، نشان‌دهندهٔ افرادی است که در این نشست مشورتی شرکت کرده‌اند. ایالات متحدهٔ آمریکا به عنوان نمایندهٔ کشور غربی غالب که بیشترین مبشران مذهبی را اعزام می‌کند، انتخاب شده است.

ممکن است با بخش‌هایی از طبقه‌بندی هافستِد مخالف باشیم، زیرا می‌توانیم برخی محدودیت‌های مشخص در تحقیقات او را مشاهده کنیم، به‌ویژه زمانی که ظاهراً مقایسه‌ای بین منطقهٔ خاورمیانه، شمال آفریقا و ایالات متحده انجام شده است.

فاصلهٔ قدرت

هافستِد در تحقیقات خود دربارهٔ رهبری جهانی، یکی از ویژگی‌های فرهنگی یعنی فاصلهٔ قدرت را بررسی می‌کند، به این معنا که همهٔ افراد در جوامع با هم برابر نیستند. تعریفی که او برای فاصلهٔ قدرت ارائه می‌دهد، میزان انتظاری است که اعضای کم‌قدرت‌تر نهادها و سازمان‌ها در یک کشور از خودشان دارند، و می‌پذیرند که قدرت به طور نابرابر توزیع شده است. در جوامع با قدرت بالا و فاصلهٔ قدرت زیاد، کارمندان از مخالفت با رئیس خود می‌ترسند و ترجیح می‌دهند که رئیس به طور استبدادی تصمیم بگیرد. آنها به رئیسشان وابسته هستند. در کشورهای با قدرت کم و فاصلهٔ قدرت اندک، کارمندان از رئیس نمی‌ترسند و سبک تصمیم‌گیری مشورتی را ترجیح می‌دهند.

مصر، الجزایر، مراکش، عراق و ایران در این بُعد امتیاز بالایی دارند (امتیازات ۷۰، ۸۰،

۷۰، ۹۵ و ۵۸)، به این معنا که مردم نظم سلسله‌مراتبی را می‌پذیرند، یعنی می‌پذیرند که هر کسی جایگاهی دارد و نیازی به توجیه بیشتر نیست. سلسله‌مراتب در یک سازمان به عنوان بازتاب نابرابری‌های طبیعی انسان‌ها تلقی می‌شود، تمرکزگرایی بر روی یک شخص رایج است، زیردستان انتظار دارند که به آنها گفته شود چه کاری انجام دهند و رئیس ایده‌آل، فردی مستبد با نیت خوب است.

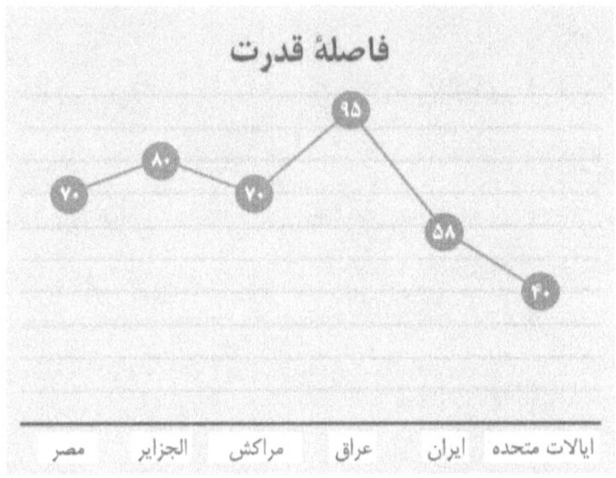

آمریکا: امتیاز آمریکا به طور متفاوتی محاسبه شد. امتیاز نسبتا پایین فاصلهٔ قدرت (۴۰) در مقایسهٔ هافستد، با عامل فردگرایی ترکیب شده است. آمریکا یکی از فردگراترین فرهنگ‌های جهان (۹۱) است و این فردگرایی خود را به شکل زیر نشان می‌دهد: فرضیهٔ آمریکایی «آزادی و عدالت برای همه» با تاکید صریح بر حقوق برابر، در تمام جنبه‌های جامعه و دولت آمریکا مشهود است. در سازمان‌های آمریکایی، سلسله‌مراتب برای راحتی افراد ایجاد شده، مافوق‌ها در دسترس هستند و مدیران به کارکنان و گروه‌هایی بر اساس تخصص آنها تکیه می‌کنند. هم مدیران و هم کارکنان انتظار دارند که با آنها مشورت شده و اطلاعات به طور مرتب به اشتراک گذاشته شود. در عین حال، ارتباطات تا حدی غیررسمی، مستقیم و مشارکتی است. ارتباطات درون این جامعه سست است، به این معنا که انتظار می‌رود افراد فقط از خود و اعضای خانوادهٔ نزدیکشان مراقبت کنند و نباید بیش از حد به مقامات برای حمایت تکیه داشته باشند. همچنین، درجهٔ بالایی از تحرک جغرافیایی در ایالات متحده وجود دارد. آمریکایی‌ها در پیوستن به دیگران در جهان جزو بهترین‌ها هستند. با این حال، بیشتر اوقات، به‌ویژه در میان مردان، به ایجاد دوستی‌های عمیق دشوار است. آمریکایی‌ها عادت دارند با

افرادی کـه بهخوبی نمیشناسند تجارت یا تعامل داشته باشند، و از نزدیـک شـدن بـه همتایـان خودشان بـرای کسـب یا جستوجوی اطلاعـات خجالـت نمیکشند. در دنیـای تجارت، از کارمندان انتظـار میرود کـه خودکفا باشند و ابتکار عمل نشان دهند. همچنین، در محیـط کاری مبتـنی بـر مبادلـه، امـوری ماننـد استخدام، ارتقاء و تصمیمگیریها بـر اساس شایسـتگی یـا شـواهدی از آنچـه فـرد انجـام داده یا میتوانـد انجـام دهـد، صـورت میگیـرد.

فردگرایی/جمعگرایی

مسئلۀ اساسی کـه در ایـن بُعد بـررسی میشـود، میـزان وابستگی متقابـل بیـن اعضـای یـک جماعـت اسـت؛ اینکـه آیـا تصویـر افـراد از خـود بـر اسـاس «مـن» تعریـف میشـود یـا «مـا». در جوامـع فردگـرا، انتظـار میرود افـراد فقـط از خـود و اعضـای خانـوادۀ نزدیـک بـه خودشان مراقبـت کننـد و منافـع فـردی بـر منافـع گروهـی غلبـه دارد. در جوامـع جمعگـرا، افـراد بـه «گروههـایی» تعلـق دارنـد کـه در ازای وفـاداری، آن گروههـا از ایشـان مراقبـت میکننـد. شکسـتن عهـد وفـاداری یکـی از بدتریـن کارهایـی اسـت کـه یـک فـرد ممکـن اسـت انجـام دهـد.

نمـرات مصـر، الجزایـر، مراکـش، عـراق و ایـران (۲۵، ۳۵، ۴۶، ۳۰ و ۴۱) نشـاندهندۀ ایـن اسـت کـه همۀ ایـن جوامـع، از نـوع جوامـع جمعگـرا هسـتند. ایـن امـر در تعهـد بلندمـدت و نزدیکی اعضـا بـه «گـروه» خودشـان، چـه خانـواده، چـه خانـوادۀ گسـتردهتر یـا روابـط گسـتردهتر، آشـکار میشـود. وفـاداری در یـک فرهنـگ جمعگـرا بسـیار مهـم اسـت و بـر بیشـتر قوانیـن و مقـررات اجتماعـی دیگـر غلبـه دارد. جامعـه، روابـط قـوی را پـرورش میدهـد کـه در آن هـر کـس مسئولیت اعضـای گـروه خـود را بـر عهـده میگیـرد. در جوامـع جمعگـرا، توهیـن منجـر بـه شـرم و از دسـت دادن وجهـه میشـود، روابـط کارفرمـا و کارمنـد از نظـر اخلاقـی (ماننـد پیونـد خانـوادگی) درک میشـود، تصمیمـات مرتبـط بـا اسـتخدام و ارتقـاء افـراد، بـر اسـاس روابـط درونگـروهی کارمنـد اتخـاذ میشـود، و مدیریـت، مدیریتِ گروههـا اسـت.

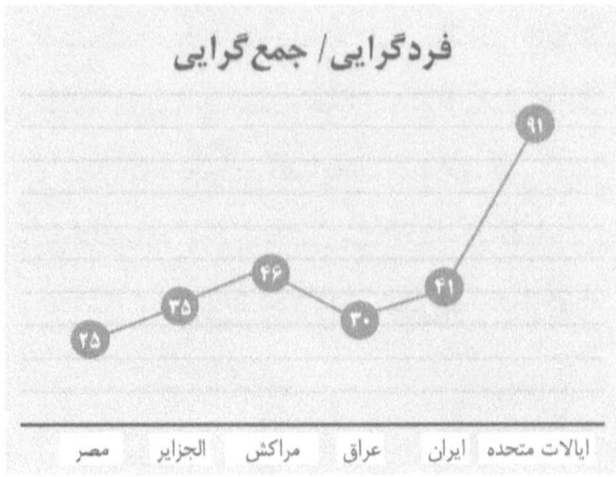

ایالات متحده: روش بررسی این ارزش، در توضیح فاصلۀ قدرت در بالا گنجانده شده است.

مردانگی/زنانگی

امتیاز بالا (مردانه) در این بُعد نشان می‌دهد که جامعه با رقابت، موفقیت و کامیابی هدایت می‌شود و موفقیت بر اساس برنده یا بهترین بودن در آن حوزه تعریف شده است. این یک نظام ارزشی است که از دوران مدرسه آغاز شده و در طول زندگی سازمانی ادامه می‌یابد.

امتیاز پایین (زنانه) در این بُعد به این معنا است که مراقبت از دیگران و کیفیت زندگی، ارزش‌های غالب در یک جامعه هستند. یک جامعۀ زنانه، جامعه‌ای است که در آن کیفیت خوب زندگی نشانۀ موفقیت است و متمایز بودن از جمع، ویژگی تحسین‌برانگیزی نیست. موضوع اساسی این است که چه چیزی به افراد انگیزه می‌دهد: آیا می‌خواهند بهترین باشند (مردانه) یا کاری را که انجام می‌دهند دوست داشته باشند (زنانه).

امتیازهای مصر، الجزایر و ایران (۴۵، ۳۵ و ۴۳) آنها را در بُعد یک جامعۀ نسبتا زنانه قرار می‌دهد. در کشورهای زنانه، تمرکز بر «کار کردن برای زندگی» است، مدیران برای رسیدن به اجماع تلاش می‌کنند و مردم برای برابری، همبستگی و کیفیت زندگی کاری ارزش قائل هستند. اختلافات با مصالحه و مذاکره حل می‌شوند. انگیزه‌هایی مانند وقت آزاد و انعطاف‌پذیری مورد توجه قرار می‌گیرند. تمرکز بر رفاه است، و جایگاه اجتماعی

بـه نمایـش گذاشـته نمی‌شـود. یـک مدیـر تاثیرگـذار، مدیـری حمایتگـر اسـت و تصمیم‌گیـری از طریـق مشـارکت حاصـل می‌شـود.

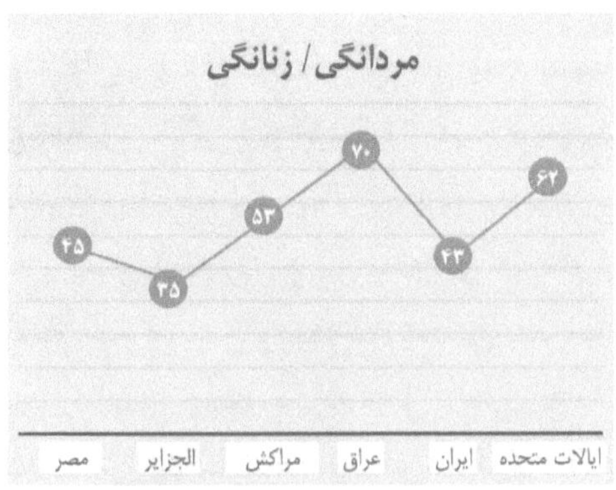

مراکـش در ایـن بُعـد امتیـاز متوسـط ۵۳ را کسـب کـرده اسـت کـه امتیـازی قطعـی محسـوب نمی‌شـود.

امتیـاز ۷۰ عـراق، ایـن کشـور را بـه عنـوان یـک جامعـهٔ مردانـه معرفـی می‌کنـد. در کشـورهای مردانـه، مـردم «بـرای کار کـردن زنـدگی می‌کننـد»، از مدیـران انتظـار مـی‌رود قاطـع و محکـم باشـند، تاکیـد بـر عدالـت، رقابـت و عملکـرد اسـت و اختلافـات بـا مبـارزه بـر سـر آنهـا حـل می‌شـوند.

آمریـکا: امتیـاز مردانـگی در ایـن کشـور ۶۲ اسـت و می‌تـوان آن را در الگوهـای رفتـاری معمـول آمریکایی‌هـا مشـاهده کـرد. ایـن موضـوع را می‌تـوان بـا ترکیبـی از تمایلات مردانـگی بـالا و فردگرایانه‌تریـن تمایـلات در جهـان توضیـح داد. بـه عبـارت دیگـر، می‌تـوان گفـت کـه آمریکایی‌هـا تمایلات مردانـهٔ خـود را به‌صـورت فـردی نشـان می‌دهنـد.

اجتناب از عدم قطعیت

بُعـد اجتنـاب از عـدم قطعیت، نحـوهٔ برخـورد یـک جامعـه بـا ایـن واقعیـت اسـت کـه آینـده هرگـز قابـل پیش‌بینـی نیسـت؛ آیـا بایـد سـعی کنیـم آینـده را کنتـرل کنیـم یـا فقـط تماشـا کنیـم کـه چـه اتفاقـی خواهـد افتـاد؟ ایـن ابهـام، بـا خـود اضطـراب را بـه همـراه دارد، و فرهنگ‌هـای مختلـف آموخته‌انـد کـه بـا ایـن اضطـراب بـه روش‌هـای متفاوتـی برخـورد کننـد.

میـزان احسـاس تهدیـد اعضـای یـک فرهنـگ توسـط موقعیت‌هـای مبهـم یـا ناشـناخته و ایجاد باورهـا و نهادهـایی کـه تلاش می‌کننـد از ایـن موقعیت‌هـا اجتنـاب کننـد، در امتیـاز اجتنـاب از عـدم قطعیت منعکـس می‌شـود.

مصـر، الجزایـر، مراکـش، عـراق و ایـران همگـی در ایـن بُعـد امتیـاز بـالا یـا بسیار بـالایی کسـب کرده‌انـد و بنابرایـن تمایـل بـالایی بـه اجتنـاب از عـدم قطعیت دارنـد (۸۰، ۷۰، ۶۸، ۸۵ و ۵۹). کشـورهایی کـه اجتنـاب از عـدم قطعیت بـالایی دارنـد، قوانیـن سفت و سـختی بـر باورهـا و رفتارهـا اعمـال می‌کننـد و نسـبت بـه رفتارهـا و ایده‌هـای غیرمتعـارف کم‌طاقـت هسـتند. در ایـن فرهنگ‌هـا، نیـاز عاطفـی بـه قوانیـن وجـود دارد (حتـی اگـر بـه نظـر برسـد کـه قوانیـن هرگـز کار نمی‌کننـد)، زمـان ارزشـمند اسـت، مـردم میـل درونـی بـه مشـغول بـودن و سـخت کار کـردن دارنـد، دقـت و وقت‌شناسـی هنجـار محسـوب می‌شـوند و ممکـن اسـت در برابـر نـوآوری مقاومـت شـود. امنیـت، عنصـر مهـمی در انگیـزش فـردی اسـت.

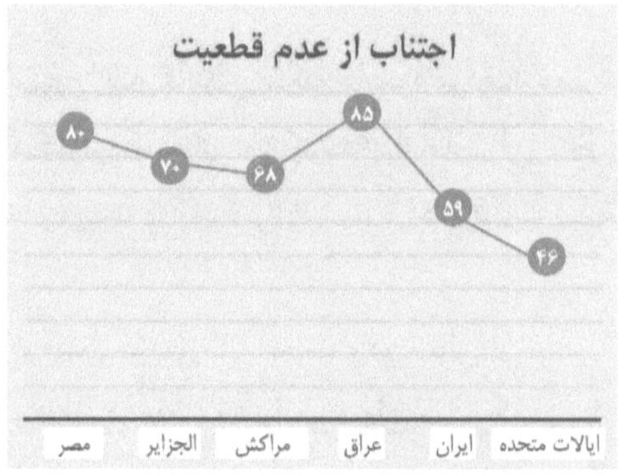

امتیـاز ایـالات متحده در ایـن بُعـد پایین‌تـر از حـد متوسـط و امتیـاز پاییـن ۴۶ اسـت. بنابرایـن، زمینـه‌ای کـه آمریکایی‌هـا خـود را در آن می‌یابنـد، بیـش از آنکـه فرهنـگ امتیـاز بالاتـر یـا پایین‌تـری داشـته باشـد، بـر رفتـار آنهـا تاثیـر خواهـد گذاشـت.

در نتیجـه، میـزان قابـل توجـهی از پذیـرش ایده‌هـای جدیـد، محصـولات نوآورانـه و تمایل بـه امتحـان کـردن چیزهـای جدیـد یـا متفاوت، چـه مربـوط بـه فنـاوری، چـه شیوه‌هـای تجـاری یـا غـذا، وجـود دارد. آمریکایی‌هـا تمایـل دارنـد نسـبت بـه ایده‌هـا یـا نظـرات دیگـران تحمـل بیشـتری داشـته باشـند و بـه آزادی بیان اجـازهٔ بـروز می‌دهنـد. آمریکایی‌هـا بـه قوانیـن زیـادی نیـاز ندارنـد و از نظـر عاطفـی کمتـر از فرهنگ‌هـای بـا امتیـاز بالاتـر ابـراز می‌کننـد.

جهت‌گیری بلندمدت

جهت‌گیــری بلندمــدت نشان می‌دهد کــه هــر جامعــه بایــد ضمــن مواجهــه بــا چالش‌هــای حــال و آینــده، پیوندهایــی بــا گذشتهٔ خــود حفــظ کنــد. جوامــع، ایــن دو هــدف وجــودی را بــه طــور متفــاوتی اولویت‌بنــدی می‌کننــد. بــه عنــوان مثــال، جوامــعی کــه در ایــن بُعــد امتیــاز پاییــنی دارنــد، ترجیــح می‌دهنــد سنت‌هــا و هنجارهــای دیریــنه را حفــظ کننــد و در عیــن حــال بــه تغییــرات اجتماعــی بــا تردیــد نــگاه کننــد. جوامــعی کــه فرهنگــی بــا امتیــاز بــالا دارنــد، رویکــرد عمل‌گرایانه‌تــری اتخــاذ می‌کننــد: آنهــا صرفه‌جویــی و پس‌انــداز و تلاش بــرای آمــوزش در زمــان حــال را بــه عنــوان راهــی جهت آمادگــی بــرای آینــده تشــویق می‌کننــد. مصــر، الجزایــر، مراکــش، عــراق، ایــران و ایــالات متحدهٔ آمریــکا همگــی امتیــاز بسیار پاییــنی کســب کرده‌انــد. فرهنگ‌هــای شمــال آفریقــا و ایــران نشــان‌دهندهٔ هنجارگــرا بــودن ایــن فرهنگ‌هاســت. مــردم در چنیــن جوامــعی دغدغهٔ شدیــدی بــرای اثبــات حقیقــت مطلــق دارنــد و در تفکراتشــان هنجارگــرا هســتند. آنهــا احتــرام زیــادی بــه سنت‌هــا قائل‌انــد، تمایــل نسبتــا کمــی بــه پس‌انــداز بــرای آینــده دارنــد و تمرکــز آنهــا بیشــتر بــر دستیابــی بــه نتایــج سریــع اســت.

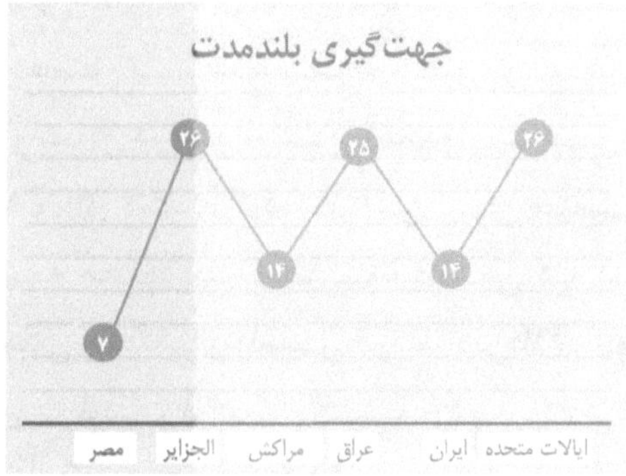

ایــالات متحــده در بُعــد پنجــم بــا امتیــاز ۲۶، امتیــازی پاییــن دارد، امــا ایــن نکتــه شایستهٔ توجه ویــژه اســت. آمریکایی‌هــا مستعد تجزیــه و تحلیــل اطلاعــات جدیــد بــرای بررســی صحــت آنهــا هستنــد. بنابرایــن، بیشــتر آمریکایی‌هــا بــر اســاس فرهنگشــان عمل‌گــرا نمی‌شونــد، امــا ایــن نبایــد بــا ایــن واقعیــت اشتبــاه گرفتــه شــود کــه آمریکایی‌هــا بسیار عمل‌گــرا هستنــد؛

ایـن ویـژگی در ذهنیـتِ «می‌توانـم انجـام دهـم» کـه پیش‌تـر ذکـر شـد، منعکـس می‌شـود. دو قطبـی شـدن نتایـج ذکرشـده در بـالا بـا ایـن واقعیـت تقویـت می‌شـود کـه بسیـاری از آمریکایی‌هـا ایده‌هـای بسیـار قـوی دربـارۀ «خـوب» و «بـد» دارنـد. ایـن ممکـن اسـت مربـوط بـه مسائلـی ماننـد سـقط جنیـن، استفـاده از مـواد مخـدر، مـرگ خودخواسـته، استفـاده از اسلحـه، یـا ابعـاد دولـت و حقـوق مـدنی آن در برابـر ایالت‌هـا و شـهروندان باشـد. مشـاغل آمریکایی عملکـرد خـود را به‌صـورت کوتاه‌مـدت می‌سنجند و صورت‌هـای سـود و زیـان را بـه طـور فصلـی منتشـر می‌کننـد. ایـن امـر نیـز افـراد را بـه تلاش بـرای دستیابـی بـه نتایـج سریـع در محیـط کار سـوق می‌دهـد.

آزادی عمل/محدویت در عمل

یـکی از چالش‌هایـی کـه بشریـت، چـه در حـال حاضـر و چـه در گذشـته، بـا آن مواجـه بـوده، میـزان اجتمـاعی شـدن کـودکان خردسـال اسـت. بـدون اجتمـاعی شـدن، مـا «انسان» نمی‌شـویم. ایـن بُعـد بـه میـزان تلاش افـراد بـرای کنتـرل امیـال و انگیزه‌هایشـان، بـر اسـاس نحـوۀ تربیـت آنهـا، اشـاره دارد. کنتـرل نسبتا ضعیـف «آزادی عمـل»، و کنتـرل نسبتا قـوی «محدودیـت در عمـل» نامیـده می‌شـود. بنابرایـن، فرهنگ‌هـا را می‌تـوان بـه عنـوان فرهنگ‌هـای دارای آزادی عمـل یـا محدودیـت در عمـل توصیـف کـرد. مصـر، الجزایـر، مراکـش و عـراق در بُعـد فرهنـگی محدودیـت عمـل، امتیازهـای بسیـار پایین تـا پاییـن (۸، ۳۲، ۱۷، ۲۵ و ۴۰) کسـب کرده‌انـد. ایـن بـدان معناسـت کـه ایـن کشـورها، از لحـاظ آزادی در عمـل بسیـار محدودکننـده هستنـد. جوامعـی کـه در ایـن بُعـد امتیـاز پایینـی کسـب کرده‌انـد، بـه بدبینـی و بدگمانـی تمایـل دارنـد. بـرخلاف جوامـع بـا آزادی عمـل، در ایـن جوامـع تاکیـد زیـادی بـر اوقـات فراغـت وجـود نـدارد و مـردم در تلاش هستنـد تـا ارضـای خواسته‌هـای خـود را کنتـرل کننـد. افـرادی کـه ایـن جهت‌گیـری را دارنـد، تصورشـان بـر ایـن اسـت کـه اعمال‌شـان توسـط هنجارهـای اجتمـاعی محـدود شـده اسـت و احسـاس می‌کننـد کـه آزادی عمـل بیـش از حـد، تـا حـدودی اشتـباه اسـت.

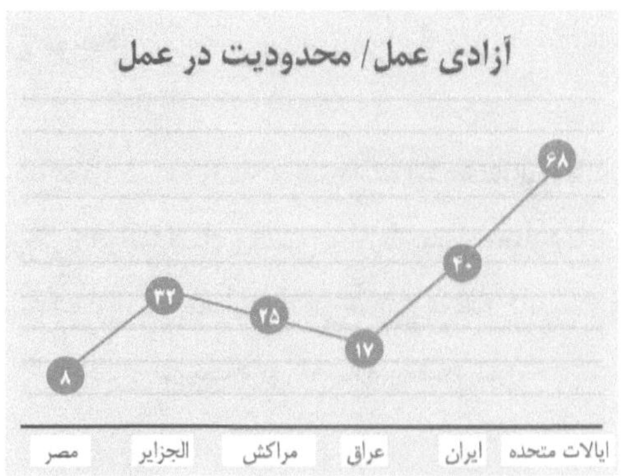

ایـالات متحـده در بُعـد ششـم، بـه عنـوان یـک جامعـه بـا آزادی عمـل (۶۸) امتیـاز کسـب کرده است. ایـن امتیـاز، همـراه بـا امتیـاز هنجـاری، در نگرش‌هـا و رفتارهـای متناقـض زیـر نمایـان می‌شـود: سـخت کار کـردن و سـخت تفریـح کـردن. ایـالات متحـده جنـگی علیـه مـواد مخـدر بـه راه انداختـه و هنـوز در ایـن زمینـه بسیـار فعـال اسـت، بـا ایـن حـال اعتیـاد بـه مـواد مخـدر در ایـن کشـور از بسیـاری از کشـورهای ثروتمنـد دیگـر بیشـتر اسـت. ایـن کشـور بـه‌نوعـی جامعـه‌ای محافظـه‌کار و اخلاق‌گـرا اسـت، بـا ایـن حـال حتـی بـرخی از مبشـران مذهبی مشـهور تلویزیـونی نیـز رفتارهـایی غیراخلاقی دارنـد.

آزادی عمل محدودیت در عمل	جهت‌گیری بلندمدت	اجتناب از عدم قطعیت	مردانگی زنانگی	جمع‌گرایی فردگرایی	فاصلهٔ قدرت	کشور
۴	۷	۸۰	۴۵	۲۵	۷۰	مصر
۳۲	۲۶	۷۰	۳۵	۳۵	۸۰	الجزایر
۲۵	۱۴	۶۸	۵۳	۴۶	۷۰	مراکش
۱۷	۲۵	۸۵	۷۰	۳۰	۹۵	عراق
۴۰	۱۴	۴۹	۴۳	۴۱	۵۸	ایران
۶۸	۲۶	۴۶	۶۲	۹۱	۴۰	ایالات متحده

روندهای فرهنگی قابل توجه

همان‌طور که پیش‌تر تعریف شد، زبان، عادات، ایده‌ها، باورها، آداب و رسوم، سازمان اجتماعی، سازه‌های موروثی، فرآیندهای فنی و ارزش‌ها، معیارهایی هستند که فرهنگ را تشکیل می‌دهند. با استفاده از این معیارها، می‌توان انتظار داشت که بسیاری از ارزش‌های پیش‌فرض را درک کنیم که این کلیساهای نوپا و مسیحیان جدید، به سوی آنها گرایش پیدا خواهند کرد.

تحت عنوان فاصلهٔ قدرت، می‌توان انتظار داشت که یک شبان ایده‌آل، فردی مستبد با نیت خوب باشد، اما او ممکن است با تبدیل شدن به یک رهبر مسموم و کنترل‌گر، اصلا فردی ایده‌آل نباشد. یک ساختار سلسله‌مراتبی در جماعت برقرار می‌شود و اعضا انتظار دارند که به آنها گفته شود چه کاری انجام دهند. از شبان انتظار می‌رود که مزایای بیشتری داشته باشد؛ این امر می‌تواند توجیه دریافت پول بیشتر از منابع خارجی را به همراه داشته باشد و در نتیجه به اختلاف در کلیسا منجر شود.

در یک فرهنگ جمع‌گرا، کلیساها به خانواده وفادار خواهند بود، زیرا وفاداری بر اکثر قوانین و مقررات اجتماعی دیگر غلبه دارد. کلیساها ممکن است بر اشخاص خاصی متمرکز شوند و رهبری آنها تنها به اعضای خانواده یا قبیله سپرده شود. هرگونه توهین، منجر به شرمساری و از دست رفتن وجههٔ شخص می‌شود. رهبری از درون گروه یا خانوادهٔ شبان انتخاب خواهد شد.

از آنجایی که بیشتر کشورهای مورد نظر ما در بُعد زنانه قرار دارند، شبانان برای رسیدن به اجماع تلاش خواهند کرد و اختلافات با مصالحه و مذاکره حل می‌شود. اکثر آنها می‌خواهند آینده را کنترل کنند، زیرا ابهام، با خودش اضطراب را به همراه دارد. بنابراین، آنها خواهان قوانین هستند، حتی اگر به نظر برسد که قوانین هرگز به درد نمی‌خورند. نوآوری ممکن است با مقاومت مواجه شود، و امنیت عنصر مهمی است.

از آنجایی که بیشتر کشورهای مورد توجه ما در جهت‌گیری بلندمدت امتیاز پایینی دارند، ترجیح می‌دهند سنت‌های دیرینه را حفظ کنند و به تغییرات اجتماعی با تردید نگاه کنند. آنها سرسختانه به حقیقت مطلق پایبند خواهند بود. این امر می‌تواند به‌ویژه زمانی مشکل‌ساز باشد که شبان هنوز در ایمان تا حدودی نابالغ است، زیرا ممکن

است ایمان را به‌صورت سیاه مطلق یا سفید محض درک کند. در کنار فرهنگی که به طور طبیعی به سمت حفظ ارزش‌های سفت و سخت اعتقادی و رفتاری گرایش دارد، آموزش و موعظه احتمالا به چهارچوب الهیاتی که فرد در آن آموزش دیده است محدود می‌شود. وقتی کسی در کلیسا فقط یک موضع متفاوت را در نظر بگیرد، ممکن است آن را به عنوان مجوز ورود بدعت به کلیسا تلقی کنند. همه چیز باید در چهارچوب کوچکی که رهبر درک می‌کند جای گیرد، نه در طیف غنی عبارات و الهیات مسیحی که با قرار گرفتن در معرض کلیسای جهانی قابل درک است. بنابراین، راه‌های ارتباطی بسته می‌شود. در بُعد محدودیت عمل، بیشتر آنها امتیاز پایینی کسب می‌کنند، به این معنی که به بدبینی و تردید تمایل دارند.

۳

ارتباط

آیا می‌توانیم به راحتی منظورمان را بیان کنیم؟

ارتبـاط در فرهنگ‌هـا بـه شیوه‌های گونـاگون شکل می‌گیـرد. برخی از فرهنگ‌هـا بـه وضـوح صحبـت می‌کنند، در حالی کـه بـرخی دیگـر ترجیـح می‌دهنـد غیرمستقیم ارتباط برقـرار کنند. هـر دو روش می‌توانـد زمینه‌ساز اختـلاف باشـد. در یک‌سـو، کسـانی قـرار دارنـد کـه همـه چیـز را – حتی اگر توهین‌آمیـز باشـد – بی‌پـرده بیـان می‌کننـد. در سـوی دیگـر، فرهنگ‌هـایی هسـتند کـه بـرای حفـظ آبـرو، مسـائل منفـی را پنهان کـرده یـا حتـی وجـود آنها را انکار می‌کننـد. بـرخی فرهنگ‌هـا بـاور دارنـد کـه بیـان همـۀ دیدگاه‌ها آزاد اسـت و هیـچ موضوعی خـط قرمـز نیسـت، در حالی کـه در بـرخی فرهنگ‌هـای دیگـر، صحبـت کـردن دربارۀ هـر موضوعـی کـه تابـو یـا مایـۀ بی‌آبرویی شمرده شـود، محـدود یـا ممنـوع اسـت.

سـبک‌های ارتباطـی فرهنگـی بـدون شـک باعـث بـروز مشـکل می‌شـوند. وقتی ارتبـاط درسـت برقـرار نشـود، جـای خـالی شـفافیت بـا شـایعه پـر می‌شـود. در بـرخی سـبک‌های ارتباطـی، افـراد مجبورنـد حدس بزننـد کـه واقعـا منظـور طـرف مقابـل چیسـت. در ایـران، ایـن نـوع ارتباط را «تعـارف» می‌نامنـد: نمایشـی کـه فـرد اجـرا می‌کنـد تـا اصیل‌تـر و شایسـته‌تر از آنچـه هسـت جلـوه کنـد. در سـبکی دیگـر، تمرکـز بیـش از حـد بـر رسـاندن منظـور یـا حفـظ آبـرو، مانـع از شـنیدن واقعـی حرف‌هـای طـرف مقابـل می‌شـود. نتیجـه، فریـاد زدن یـا نادیـده گرفتـن یکدیگـر اسـت؛ زیـرا هـدف اصلـی در گفت‌وگـو، بیشـتر انتقـال پیـام خـود فـرد اسـت تـا شـنیدن حرف دیگـران.

قابل انتظار است کـه در فرهنگ‌هـای کشـورهای قدرتمنـد منطقـه (ماننـد مصـر، الجزایـر، مراکـش، عـراق و ایـران)، هنجـار ارتباطـی طـوری باشـد کـه شـبان یـا فـرد صاحب قـدرت بـه زیردسـتان خـود بگویـد چـه کاری انجـام دهند یـا چـه بـاوری داشـته باشـند، بـدون آنکـه نیـازی بـه توضیـح یـا توجیـه بیشـتری احسـاس شـود. در عیـن حـال، در یـک جامعـهٔ جمع‌گـرا، مسـئولیت در برابـر دیگـران به‌قـدری پررنـگ اسـت کـه حتی مسـائلی کـه فـرد می‌خواهـد خصوصـی نگـه دارد، آشـکار می‌شـود و در نهایـت بـه شـایعه و شرمسـاری منجـر خواهـد شـد. ایـن الگوهـای ارتباطـی چنـان در دل فرهنگ‌هـا ریشـه می‌دواننـد کـه حتی تصـور یـک رویکـرد متفـاوت نسـبت بـه ارتباطـات، عجیـب و ناآشـنا بـه نظـر می‌رسـد. پرسـش اساسـی ایـن اسـت: چگونـه می‌توانیـم بـر چالش‌هـای ناشـی از سـبک‌های ارتباطـی فرهنگـی غلبـه کنیـم تـا بتوانیـم ایـن بخـش از اختـلاف نظرهـا را از روابـط و معاشـرت‌های خـود کنـار بگذاریـم؟ از دو سـخنران نخسـت، یکـی ایـرانی و دیگـری از شـمال آفریقـا، خواسـته شـد یـک سـخنرانی ۲۰ دقیقـه‌ای ضبط‌شـده دربـارهٔ موضوع ارتبـاط بـا دیگـران را ارائـه دهنـد تـا زمینـهٔ بحـث فراهـم شـود. آنچـه در ادامـه می‌آیـد، حاصـل گفت‌وگویـی اسـت کـه بـر پایـهٔ ایـن ارائه‌هـای مقدمـاتی شـکل گرفت.

اختلاف از طریق ارتباط - سخنران ایرانی

مـن یـک ایـرانی هسـتم کـه در رشـته‌های پزشـکی و الهیـات مـدرک دانشـگاهی دارم و بیـش از سـی سـال در میـان ایرانیـان، بیشـتر اوقـات بـه عنـوان معلـم کتـاب مقـدس، خدمـت کرده‌ام. در حـال حاضـر، رهبـری بخـش زنـان عیلام را بـر عهـده دارم؛ بخشـی کـه نقش مهـمی در شکل‌دهی فرهنگـی کلیسـای ایـرانی دارد، جایـی کـه زنـان بـه عنـوان اعضـای برابـر در بـدن مسـیح، ارزشـمند و مـورد احتـرام هسـتند. همچنیـن دو کتـاب بسـیار محبوب بـه زبان فارسـی نوشـته‌ام. اکنـون در بریتانیـا زنـدگی می‌کنـم، متاهـل، دارای دو فرزنـد بالـغ و دو نـوه هسـتم. یـک مطالعـهٔ مـوردی غیرواقعـی: شـبان حمیـد رهبـری پویـا اسـت. او بـا فـداکاری شـخصی، موفـق شـد یـک کلیسـای ایـرانی در شـهری در آلمـان راه‌انـدازی کنـد. ایرانیـان بسـیاری در آن شـرکت می‌کننـد و مراسـم ایمـان آوردن بـه مسـیح و تعمیـد، کلاس‌هـای تکمیلـی و مطالعـهٔ کتـاب مقـدس در آن برگـزار می‌شـود. شـبان حمیـد مـردی محبـوب اسـت. او از آنچـه در

فرهنگ ایرانی عادی است لذت می‌برد؛ به عنوان یکی از مشایخ و یک معلم، شخصی مورد احترام است، اعضا مشتاق هستند وفاداری خودشان را به او نشان دهند و می‌خواهند ببینند که ویژگی‌های قهرمانانه و پیشگامانهٔ او در طرح‌های دیگر نیز به کار گرفته می‌شود.

با این حال، با گذشت زمان، مسائلی مانند نحوهٔ تصمیم‌گیری پیش می‌آید. بحث بسیار کمی در این مورد پیش می‌آید، یا هیچ بحثی پیش کشیده نمی‌شود. حرف شبان حمید، قطعی است. او تعهدات دیگری دارد، از جمله شبانی از راه دور در چندین کلیسا در ایران و یک برنامهٔ تلویزیونی. بنابراین، شبان حمید بیشتر اوقات در مراسم مذهبی حضور ندارد. اعضای کلیسا شکایت می‌کنند که او هرگز برای ایشان وقت ندارد. تنش‌ها بالا می‌گیرد، اما هیچ‌کس نمی‌خواهد دربارهٔ مشکلات صحبت کند. این مسائل جمع می‌شوند و در نهایت، کلیسا دچار تفرقه می‌شود. اعضا شروع به غیبت پشت سر او می‌کنند. برخی احساس می‌کنند با شبان حمید ناعادلانه رفتار می‌شود و از رفتار کسانی که انتقاد می‌کنند، شوکه می‌شوند. برخی دیگر فکر می‌کنند دیدگاه رهبری او بیش از حد دستوری است. دیگر تحملشان تمام می‌شود. در مشکلات بعدی، هیچ آشتی‌ای رخ نمی‌دهد و در عوض، یک تفرقهٔ تاسف‌بار شکل می‌گیرد.

از قضا، مشکلاتی که به این تفرقه دامن زدند، ریشه در ارزش‌هایی دارند که در فرهنگ ایران بسیار مثبت هستند: فرهنگ قهرمانی، احترام و وفاداری.

ایرانیان عاشق قهرمان‌ها هستند. این امر در سیاست و در کلیسا نیز صادق است. توافق نانوشته‌ای بین قهرمان و پیروانش هست که قهرمان همیشه در میان جمع با قدرت ظاهر شود و نیازهای اعضای گروه خود را برآورده کند. در مقابل، اعضا نیز با احترام و وفاداری بی‌قید و شرط به قهرمان پاسخ می‌دهند. انتظارات از هر دو طرف بالاست و فضای کمی برای انتقاد سازنده از رهبر وجود دارد. شبان باید مورد احترام و اعتماد باشد. زیر سوال بردن شبان حمید در میان جمع بی‌احترامی محسوب می‌شود. بنابراین، مسائل در کلیسا بالا می‌گیرد؛ هیچ‌کس نمی‌خواست صحبت کند و همه می‌خواستند وفادار و حامی دیده شوند.

بیشتر ایرانی‌ها در محیطی احساسی، بی‌ثبات و غیرقابل پیش‌بینی رشد کرده‌اند. این امر، نگرش پیش‌فرض ترس و احتیاط را در افراد شکل می‌دهد. صحبت نکردن امن‌تر

است، زیرا نمی‌دانید واکنش طرف مقابل چه خواهد بود. علاوه بر این، وقتی صحبت با یک رهبر مطرح می‌شود، بدبینی عمیقی در دل بسیاری از ایرانی‌ها حاکم است. آنها انتظار ندارند نظرشان جدی گرفته شود و معمولا فرد قدرتمند برنده می‌شود. صحبت کردن فقط اوضاع را بدتر می‌کند.

وقتی اختلاف نظر علنی می‌شود، اغلب با این فرض از سوی هر دو طرف که دیگری از انگیزه‌های او آگاه است، اوضاع بدتر می‌شود. مخالفان فکر می‌کنند که علاقه به قدرت و پول در این مسائل دخیل بوده است؛ طرفداران نیز گمان می‌کنند که منتقدان می‌خواهند قهرمانشان را زمین بزنند. جایی برای بحث وجود ندارد و هر دو طرف خواهان عذرخواهی بی‌قید و شرط هستند و آماده‌اند تا به شخصیت یکدیگر حمله کنند. واسطه‌ها بیشتر شبیه قاضی عمل می‌کنند و جایی برای بی‌طرف بودن وجود ندارد. یکی از دلایل این امر این است که در مدارس ایران هیچ آموزشی دربارۀ حل اختلاف آموزش داده نمی‌شود. واسطه فقط برای افزودن نظر خود به امر قضاوت وارد بحث می‌شود، نه برای کمک به طرفین در تصمیم‌گیری دربارۀ چگونگی حل اختلاف. بنابراین کل وضعیت به هم می‌ریزد و اغلب به جای حل اختلاف، تفرقه پیش می‌آید. مسیحیان با این توجیه که این وضعیت را به دست خداوند سپرده‌اند، این دور شدن از یکدیگر را روحانی جلوه می‌دهند، اما بیشتر اوقات دلیل واقعی، درماندگی یا نداشتن عزم کافی برای حل اختلاف است.

اگر در کلیسا ساختاری وجود داشت که تضمین می‌کرد شبان حمید در برابر مرجع بالاتری مانند هیئت اُمنا یا اسقف پاسخگو باشد، می‌توانست از بروز این اختلاف جلوگیری کند. در وضعیت کنونی، اعضا جایی برای ابراز نگرانی‌های خود نداشتند و بنابراین تا زمان انفجار، سکوت برقرار ماند.

پاسخ، نظارت مناسب بر شبان همراه با پاسخگویی است. بدون وجود چنین ساختاری، هرگونه اصرار بر پاسخگویی می‌تواند به‌راحتی به عنوان بی‌اعتمادی تعبیر شود. کلیساهای غربی و مشاوران آنها می‌توانند نقش حیاتی در آیندۀ کلیساهای ایران ایفا کنند. کلیسای غرب در طول سالیان متمادی تجربۀ بیشتری در برخورد با اختلافات دارد و می‌داند که مسائل مسموم را نمی‌توان رها کرد تا بدتر شوند. در مرحلۀ نوپایی کلیسای ایران، به جزئیات اداره و سازماندهی کلیسا توجه اندکی شده است. بدون شک زمان

آن فرا رسیده است که رهبران کلیسای ایران ساختارهای مناسبی برای تمام جنبه‌های حیات کلیسا ایجاد کنند – از جمله پافشاری بر پاسخ‌گویی شبانان و وجود مرجع داوری بالاتر برای رسیدگی بدون تعصب به اختلافات.

یکی دیگر از روش‌هایی که باید در ساختارهای یک شاخهٔ مذهبی سالم گنجانده شود، نقش مربی یا راهنما برای ایمانداران است که می‌تواند در حل اختلافات بسیار مهم باشد. راهنما می‌تواند قبل از اینکه مشکلات انباشته شوند یا به مسائل خطرناک تبدیل شوند، برای حل آن مداخله کند. وجود راهنما در دورهٔ شاگردسازی و در بافت سازمانی مسیحی می‌تواند به حل برخی از مسائل، پیش از اینکه به اختلافاتی غیرقابل حل تبدیل شوند، کمک کند.

از آنجایی که مهارت‌های حل اختلاف معمولا در فرهنگ ایرانی آموزش داده نمی‌شود، باید با برنامهٔ قبلی با مثال‌هایی که مربوط به فرهنگ ایرانی ما هستند، در کلیسا آموزش داده شوند، موعظه شده و به آنها عمل شود. اگر این موارد برای ایمانداران نابالغ لحاظ شود، آنها به جای بازگشت به واکنش‌های پیش‌فرض ناشی از فرهنگ خودشان، از آنچه باید هنگام بروز اختلاف انجام دهند آگاه خواهند بود.

اطمینان دارم که مسیر پیش رو، عمل به این گام‌ها است. مسیحیان ایرانی باید ساختارهایی برای پاسخ‌گویی، راهنمایی و تعلیم هدفمند در مورد اختلافات ایجاد کنند. کلیسای ایرانی از تجربهٔ کلیساهای دیگر کمک خواهد گرفت. این ساختارها به عنوان مانعی در برابر گرایش مداوم فرهنگ ایرانی ما برای انباشته شدن مشکلات در زیر سطح، و سپس انفجار آنها و رنجی عظیم برای همهٔ افراد درگیر، عمل خواهند کرد.

ارتباط درست، امری ضروری است – سخنران از شمال آفریقا

من اصالتا الجزایری هستم که در خانواده‌ای مسلمان و محافظه‌کار بزرگ شده‌ام. پس از یک دوران حرفه‌ای موفق به عنوان بازیکن و مربی فوتبال حرفه‌ای، در سال ۱۹۸۰ به «عملیات اعزام» پیوستم و به همراه همسرم از سال ۱۹۸۸ مدیریت آن را در الجزایر بر عهده داشته‌ایم. من و همسرم از طریق تلویزیون و رادیو، چاپ و توزیع نشریات، وزارت ورزش و پروژه‌های امدادی خدمت می‌کنیم. از طریق مدرسهٔ آموزشی تیموتی، خادمانی را

بـرای کلیسـاهای الجزایـر و اکنـون بـرای اقـوام آمـوزش می‌دهیـم. مـن و همسـرم سـه دختـر داریـم.

مـن بارهـا بـه ایـن موضـوع فکـر کـرده‌ام و بـه دنبـال چیـزی بـوده‌ام کـه خداونـد ممکـن اسـت بـه مـن عطـا کنـد تـا بـا شـما در میـان بگـذارم. نکتـه‌ای کـه در مـورد آن توافـق داریـم ایـن اسـت کـه وقتـی سـکوت حاکـم اسـت، وقتـی هیـچ ارتبـاطی چـه در داخـل کلیسـا و چـه بیـن ایمانـداران وجـود نـدارد، فرضیـاتی شـکل می‌گیـرد و مـردم شـروع بـه خیال‌پـردازی می‌کننـد. اینجاسـت کـه مشـکلات آغـاز می‌شـوند، یعنـی زمـانی کـه ارتباطـات مشـخصی وجـود نـدارد. بنابرایـن، بسیـار مهـم اسـت کـه از تمـام ایـن فرضیـات دوری کـرده و بـه طـور واضـح بـا اعضـای کلیسـای خـود ارتبـاط برقـرار کنیـم.

در الجزایـر، جایـی کـه مـا زندگـی می‌کنیـم، تحـت نظـارت دقیـق دولـت هستیـم. مـا سال‌هاسـت کـه مـورد آزار و فشـار قـرار گرفته‌ایـم. ایـن آزار در دو یـا سـه سـال گذشـته تشـدید شـده و شـرایط را بـرای مـا بسیـار دشـوار کـرده اسـت. مقامـات دولتـی، بسیـاری از سـاختمان‌های کلیسـا در الجزایـر، از جملـه بزرگ‌تریـن کلیسـای ایـن کشـور و چهارمیـن کلیسـای بـزرگ در جهـان عـرب را بسـته و پلمـپ کرده‌انـد.

در شـرایط آزار شـدید، ارتبـاط، شـاهرگ حیـاتی ماسـت. اولویـت اول، تـداوم دعـا در میـان ایمانـداران در کشـور و در میـان کسـانی اسـت کـه فراتـر از مرزهـای مـا هستنـد. دوم، مـا بایـد ایمانـداران را تشـویق کنیـم کـه حتـی زمـانی کـه سـاختمان‌های مـا بسـته هستنـد و ایمانـداران مـورد آزار و تحـت فشـار قـرار می‌گیرنـد، پشـتکار داشـته باشـند و از انجـام خدمـت دسـت نکشـند. سـوم، سـازمان‌های خدمتـی مـا بایـد بـا وضعیـت در حـال تغییـر در کشـور سـازگار شـوند. همـهٔ اینهـا مستلـزم ارتبـاط درسـت، دائمـی و واضـح اسـت. مـا همچنـان دعـا می‌کنیـم و روزه می‌گیریـم و معتقدیـم کـه خـدا در ایـن دوران آزار شـدید مداخلـه خواهـد کـرد.

اگـر از جنبـهٔ مثبـت بنگریـم، ارتبـاط مـداوم و شـفاف، روحیـه را تقویـت می‌کنـد. در طـول دوران آزمایش‌هـای طاقت‌فرسـا، مـردم بـه دل‌گـرمی نیـاز دارنـد. داستان‌هـای مربـوط بـه کارهـای خـدا در طـول زندگـی روزمـره، بـه ایمانـداران امیـد می‌دهـد تـا بـه راه خـود ادامـه دهنـد. آنهـا بایـد در طـول هفتـه بشـنوند کـه خـدا همـراه آنهاسـت. ایـن بـه آنهـا شـجاعت می‌دهـد تـا بـرای خداونـد بـه مسیرشـان ادامـه دهنـد. شـک و تردیـد و تـرس می‌توانـد به‌راحتـی در وجودشـان رخنـه کنـد، امـا ارتبـاط صادقانـه و بـا نیـت پـاک می‌توانـد بسیـاری از فرضیـات نادرسـت را از

بین ببرد و برخی از موقعیت‌های پیچیده‌ای را که برادران و خواهران از سر می‌گذرانند، روشن کند.

روابط بین برادران و خواهران با ارتباط ضعیف به‌راحتی ممکن است دچار مشکل شود و این می‌تواند به تنش و جدایی منجر شود. برای جلوگیری از تمامی این موارد، باید یاد بگیریم که بدون ترس و با فیض خدا ارتباط برقرار کنیم تا با یکدیگر شفاف باشیم. برای رهبران کلیسا و تیم‌های خدمتی، ارتباط امری کلیدی است. در بسیاری از موارد، اگر یاد می‌گرفتیم چگونه به‌خوبی ارتباط برقرار کنیم، می‌توانستیم از تفرقه جلوگیری کنیم. حتی اگر رهبر در برقراری ارتباط ضعیف باشد، اگر مردم فروتنی و درهم‌شکستگی ما را ببینند، دل‌گرم می‌شوند و از رهبران خود حمایت می‌کنند. در فرهنگ ما، از نظر فرهنگی زشت است که چنان آسیب‌پذیر باشیم که در میان جمع گریه کنیم. با این حال، گاهی اوقات که کلمات مناسب را پیدا نکرده‌ام، خدا به من اشک را عطا کرده است. من در این موقعیت‌ها توانسته‌ام از طریق اشک، حرف دلم را ابراز کنم. اشک‌ها می‌توانند چیزهای زیادی را منتقل کنند که کلمات از انتقال آنها عاجز هستند.

اصول اصلی ارتباط با یکدیگر چیست؟

در ایجاد فرهنگ ارتباط، نقطهٔ شروع، ارتباط ما با خداست. ما باید با گذراندن وقت مفید با خدا، بودن در حضور او را تمرین کنیم. با انجام این کار، یاد خواهیم گرفت که به صدای او حساس باشیم و دل‌هایمان را با او همسو کنیم. این صمیمیت و نزدیکی با خدا، بر سبک ارتباطی ما با دیگران نیز تأثیر زیادی خواهد گذاشت. خدا باید آنچه که می‌خواهد را برای ما آشکار کند تا بتوانیم آن را با دیگران به اشتراک بگذاریم. اتکا به خدا، تولد تازه و توانایی اوج گرفتن با بال‌هایی همچون بال‌های عقاب را به ارمغان می‌آورد (اشعیا ۴۰:۲۸-۳۱ و فیلیپیان ۴:۱۳). بیشتر اوقات، ما در نهایت به خودمان و توانایی‌ها و نقاط قوت خودمان وابسته می‌شویم که به فرسودگی روحانی منجر می‌شود. در این شرایط، ارتباط ما فقط با افکار و پروژه‌های شخصی خودمان است. امثال ۳:۵-۶ به ما توصیه می‌کند که «با تمام دلِ خود بر خداوند توکل کن، و بر عقل خویش تکیه منما؛ در همهٔ راه‌های خود او را در نظر داشته باش، و او طریقهایت را راست خواهد

گردانیـد.»

در الجزایـر، مـا مشـکلات زیـادی داریـم، ماننـد تفرقـه در کلیسـاها. خدمـات مذهبی خـوب شـروع شـده‌اند، امـا متاسفانه بـد بـه پایان رسیده‌اند. رهبران فاقد ویژگی شـفافیت بودنـد و نتوانسـتند بـا اعضـای تحـت خدمـت خـود ارتبـاط برقـرار کننـد. بـدون شـفافیت، فرضیاتی برای پـر کـردن شـکاف‌های اطلاعاتی مطـرح می‌شـود. شـایعات بـا شـروع پرسـش‌های ایمانـداران آغـاز می‌شـود. نتیجـه ایـن اسـت کـه صداقت رهبـر زیر سـوال می‌رود. سپس کلیسـاها بر سـر وفـاداری بـه رهبر دچار چندگانگی می‌شـوند. نگران‌کننده‌تریـن چیـز ایـن اسـت کـه بسـیاری از کلیسـاها کاملا منحـل شـده و اعضـا پراکنـده شـده‌اند. رهبـران، اطلاعـات را از کلیسـا پنهـان کرده‌انـد و ایـن باعـث مشـکلات و تفرقـه شـده اسـت.

چشـم‌اندازی کـه خـدا بـه خدمـت مـا بخشـیده اسـت، ایـن اسـت کـه دیگـران را نیـز همـراه خـود کنیـم تـا بخشـی از وظیفـه‌ای باشـند کـه بـه مـا سـپرده شـده اسـت. مـا هـم از آغـاز خدمتمـان، مسـئولیت‌ها را واگـذار نمـوده و بخش‌هـای مختلفـی را بـرای خدمـت ایجـاد کردیـم. ایـن بخش‌هـا عبارت‌انـد از: بنـا کـردن کلیسـا، پیگیـری اعضـا یـا شاگردسـازی، خدمـت رسـانه‌ای و مـدارس «تیمـوتی». هـر بخـش توسـط یـک رهبـر اداره می‌شـود. هـر رهبـر، آزادی لازم بـرای جسـت‌وجوی خـدا و توسـعۀ خدمـت در چهارچـوب «خانـۀ امیـد» را دارد. آرزوی مـا ایـن اسـت کـه هـر رهبـری بتوانـد صاحب چشـم‌انداز باشـد، تـا احسـاس کنـد بـه عنـوان بخشـی از گـروه پذیرفتـه شـده و مسـئول حـوزۀ رهبـری خـود اسـت. ایجـاد ارتبـاط و تقسـیم مسـئولیت، امـری حیاتـی اسـت.

مـا فهمیدیـم مـرد جوانی کـه بـه تیـم ملحـق شـده بـود، اشـتیاق زیـادی داشـت تـا در کاری کـه خـدا انجـام می‌داد مشـارکت کند. بنابرایـن بـا آن رهبـر جوان نشسـتم و آنچـه را کـه خـدا از طریـق ایـن خدمـت برایـش در نظـر گرفتـه بـود، بـا او در میـان گذاشـتم. در ایـن مـدت کـه سـعی می‌کـردم بـه ایـن مـرد جـوان کمـک کنـم تـا ارادۀ خـدا را درک کنـد، دلـم شکسـت و برایـش گریـه کـردم. بـه او التمـاس کـردم کـه بـه ابلیـس گـوش ندهـد یـا مطابـق نَفْـس خـودش عمـل نکنـد، بلکـه توسـط روح‌القـدس هدایـت شـود. ایـن، لحظـه‌ای متحول‌کننـده بـرای ایـن بـرادر بـود و زندگی او دگرگـون شـد. او اکنـون یـک رهبـر کلیـدی اسـت و دیگـران از او الگـو می‌گیرنـد.

امـور مالـی زمینـه‌ای خـاص اسـت کـه ریشـۀ بسـیاری از اختلافـات بـوده اسـت. مراکـز خدمتـی

به این دلیـل شکسـت خورده‌انـد کـه رهبـر از بـه اشـتراک گذاشـتن منابـع مـالی خـود و نحوهٔ استفاده از آن بـا ایمانـداران می‌ترسـیده اسـت. عـدم شـفافیت در امـور مـالی منجـر بـه تفرقـه در میـان ایمانـداران می‌شـود. بـرای جلوگیـری از تمـام ایـن مسـائل، رهبـر بایـد بیامـوزد کـه ارتبـاط برقـرار کنـد و در تمـام امـور بسـیار شـفاف باشـد.

ممکن اسـت بیـن اعضـای جماعـت اختـلاف ایجـاد شـود. رهبـران در برقـراری ارتبـاط و شـفافیت نقـشی کلیـدی دارنـد. بـرای اینکـه رهبـران بتواننـد مشـکلات جماعـت را حـل و فصـل کننـد، بایـد بـا گـوش دادن بـه دیگـران و تمایـل بـه درخواسـت بخشـش، از طریـق فروتـنی خـود را الگـوی جماعـت قـرار دهنـد. رهبـر بایـد در مـورد فروتـنی آمـوزش دهـد و موعظـه کنـد، و بایـد در طـول خدمتـش، ضعف‌هـای خـود را نشـان دهـد و از دیگـران طلـب بخشـش کنـد. امـا اگـر اعضـا ایـن الگـو را در رهبرانشـان نبیننـد، فروتـنی را یـاد نخواهنـد گرفـت و مشـکلات همچنـان ادامـه خواهـد یافـت.

بـرای روشـن شـدن منظـورم، یـک داسـتان شـخصی دیگـر را بـه اشـتراک می‌گـذارم. یـکی از بـرادران مـا بـه همـراه خانـواده‌اش تصمیـم گرفتنـد گـروه مـا را تـرک کننـد، زیـرا معتقـد بودنـد کـه خـدا آنهـا را بـه خدمـت دیگـری فراخوانـده اسـت. ایـن موضـوع مـرا بسـیار تحـت تاثیـر قـرار داد، زیـرا او عضـو مهـمی از گـروه مـن بـود. او آنچـه را کـه خـدا بـه آنهـا تعلیـم داده بـود، بـا مـا در میـان گذاشـت. بـرای اینکـه نشـان دهنـد کـه به‌دلیـل اختـلاف و درگیـری گـروه را تـرک نمی‌کننـد، می‌خواسـتند پاهـای مـا را بشـویند. ایـن یـک موقعیـت بسـیار تاثیرگـذار بـود. آنهـا به‌خاطـر تـرک گـروه طلـب بخشـش کردنـد. مـن عمیقـا از ایـن عمـل نـاشی از محبـت و فروتـنی متاثـر شـدم. آنهـا گـروه مـا را در حـالی تـرک کردنـد کـه بـه مـا دل‌گرمی بسـیاری داده بودنـد. مـا از زنـدگی و خدمـت آنهـا و نحوهٔ اسـتفاده خـدا از آنهـا الهـام گرفتیـم. ایـن داسـتان نشـان می‌دهـد کـه ارتبـاط چقـدر حیـاتی اسـت.

ایـن بـار یـک مثـال منـفی را مطـرح می‌کنـم کـه دربـارهٔ مواقـعی اسـت کـه عـدم شـفافیت می‌توانـد یـک خدمـت خـوب را نابـود کنـد. یـکی از کلیسـاهای اصـلی در ایـن منطقـه، بـرای افـراد بسـیاری برکـتی باورنکردـنی فراهـم آورده اسـت. ایـن کلیسـا در اواخـر دهـهٔ ۱۹۸۰ و اوایـل دهـهٔ ۱۹۹۰ آغـاز بـه کار کـرد. ایـن خدمـت بـر پایـهٔ محکـمی از حفـظ کتـاب مقـدس، روزه گرفتـن و دعـا کـردن، کـه بـا نشـانه‌ها و شـگفتی‌ها همـراه بـود، بنـا شـده بـود. کلیسـا بـه سـرعت رشـد کـرد. آنهـا جسـارت ایـن را داشـتند کـه بیـرون برونـد و موعظـه کننـد. ایـن

سـازمان، نُه کلیسـای دیگـر را بنا نهـاد. آنهـا در دانشـگاه‌ها، به‌ویـژه در تیـزی اوزو و کابیلا، بـه بشـارت مسیحیـت پرداختنـد. چشـم‌انداز خدمـت آنها شامل بشـارت دادن مسیحیـت در یکی از کارخانه‌هـای اصلـی منطقـه بـود کـه حـدود ۴۰۰۰ تا ۵۰۰۰ نفـر در آن کار می‌کردنـد. کسـانی کـه بـه مسیحیـت گرویدنـد، رفتنـد و انجیـل را بـا افـرادی کـه در روستاها و شهرهای اطراف بودنـد بـه اشتراک گذاشتنـد. خـدا از آن کلیسـا بـه روش‌هـای شگفت‌انگیـزی بـرای گسترش انجیـل اسـتفاده کـرده اسـت.

متاسـفانه، رهبـر ایـن سـازمان بسیار اقتدارگـرا بـود و در امـور مالـی شفافیت کافی نداشـت. او چیزهـای زیـادی بـرای کلیسـا خریـداری کـرد و خیلـی زود مـردم از خـود پرسیدنـد کـه او چگونـه توانسـته هزینـۀ تمـام ایـن چیزهـا را بپـردازد. جلسـه‌ای تشکیل شـد و در مـورد او قضاوت‌هایی صـورت گرفت. کل گـروه دچار اختلاف شـد. برخی از کلیسـاها کـه بـه کلیسـای مادر وابسته بودنـد، از ایـن وضعیـت نامناسـب جان سالـم بـه در بردنـد، امـا بـرخی دیگـر نتوانسـتند. بـرخی از کلیسـاها جـدا شـدند و خدمـات دیگـری را آغـاز کردنـد، در حالـی کـه بـرخی دیگـر منحـل شـدند. بـرای مـن بسیار تاسـف‌بار بـود کـه ببینـم خـدا در ابتـدا چگونـه از ایـن بـرادر بـه روشی بسیـار قدرتمنـد اسـتفاده کـرده بـود، امـا چطور همـه چیـز از هـم پاشید. ارتبـاط ضعیـف، رهبـری اقتدارگـرای خودمحـور و عـدم مشـارکت دادن دیگـران در امـور رهبـری، مشـکلات زیـادی را در بیـن ایمانـداران ایجـاد کـرد و منجـر بـه سـقوط ایـن رهبـر شـد. فکـر می‌کنـم او در حـال حاضـر بـه طـور کامـل از خدمـت کناره‌گیـری کـرده اسـت.

اگـر نتوانیـم بـه روشنـی بـا یکدیگـر ارتباط برقـرار کنیـم، در آوردن جلال خـدا بـه میـان خـود و در خدمت‌هایمـان، شکسـت خواهیـم خـورد. ارتبـاط گرفتـن بـا دیگـران، بـا زمانـی کـه مـا بـرای پرستش خـدا صـرف می‌کنیـم آغـاز می‌شـود. در حضـور اوسـت کـه یـاد می‌گیریـم فروتن و آسیب‌پذیـر باشیـم. علاوه بـر ایـن، بایـد یـاد بگیریـم کـه خـوب گـوش دهیـم تا بتوانیـم صـدای او را تشـخیص دهیـم. ایـن بنیـادی اسـت کـه بـر اسـاس آن توانـایی برقـراری ارتباط بـا دیگـران را بـه دسـت می‌آوریـم.

جلسهٔ جانبی

ارائهٔ خلاصه‌ای از مطالب اتاق‌هایی که برای جلسات جانبی در نظر گرفته شده بودند، به‌دلیل وجود مشکل فنی در این نشست‌ها امکان‌پذیر نیست. بیشتر گروه‌های جانبی با اینترنت مشکل داشتند و امکان بحث وجود نداشت. در ادامه، بازسازی مباحث یکی از گروه‌های جانبی و ارائه‌ای از بحثی که پس از آن رخ داد، آمده است.

ساختارهای اقتدار: از سخنرانی اول تشکر می‌کنم. در بافت مسیحیانی با پیش‌زمینهٔ اسلامی، من هیچ کلیسایی با ساختار درست ندیده‌ام.

اولین سخنران ما در مورد ساختارهای اقتدارمند صحبت کرد و نظراتی در این گفت‌وگو وجود داشت که مدعی بودند این یک حوزهٔ توسعه‌نیافته است. آیا مقاومتی در برابر ایجاد ساختارها برای رهبران وجود دارد؟ من در حال حاضر در مورد نقش راهنمای یک رهبر صحبت نمی‌کنم، بلکه ساختارهای کلیسا مانند هیئت مشایخ، امنا یا اسقف هدف صحبتم است.

پاسخ‌ها: طبق تجربهٔ من با برادران شمال آفریقا، فرهنگ بی‌اعتمادی چنان عمیق است که کسانی که به مسیحیت ایمان می‌آورند، به یکدیگر بی‌اعتماد هستند. اعتماد برای کلیساها لازم است تا روابط نسبتا مناسب بین ایشان برقرار شود و یک اسقف داشته باشند، یا به کسی اجازه دهند زندگی رهبران را بررسی کند و در صورت لزوم آنها را اصلاح نماید. حتی وقتی شخصی به مقام رهبری ارتقا می‌یابد، باز هم بی‌اعتمادی وجود دارد. از قضا، میزان اعتماد میان یک عضو کلیسایی با پیش‌زمینهٔ اسلامی و یک رهبر غربی بیشتر است تا میان تونسی‌ها، الجزایری‌ها و مراکشی‌ها. حتی ارتقا دادن یک فرد بالغ از نظر مذهبی به منصب رهبری، که سپس باید سایر رهبران را در یک هیئت متعادل کند، موفقیت را تضمین نمی‌کند. کسی که آیات کتاب مقدس بیشتری می‌داند، لزوما معلم بهتری نیست. پیشینه‌ای که این مسلمانان از آن آمده‌اند، فرض را بر این می‌گذارد که وقتی کسی دانش قرآنی بیشتری دارد، فرد بهتری است. با این نگرش افراد به کلیسا وارد می‌شوند. بنابراین هرچه فرد بیشتر دربارهٔ کتاب مقدس بداند، به این معنی نیست که شخصیت او تغییر می‌کند. کسی که رهبر می‌شود، کسی

است که ممکن است حکمت ذهنی بیشتری داشته باشد یا از نظر ظاهری پُرابهت‌تر باشد. من حتی دیده‌ام کسی که بزرگ‌ترین اتاق نشیمن را دارد، شبان شده است. این واقعیت، بنا کردن ساختار برای کلیسا را دشوار می‌کند.

تجربهٔ من در مصر از اواخر دههٔ ۱۹۸۰ تا اوایل دههٔ ۲۰۰۰، وجود ساختارهای کلیسا را نشان می‌دهد. تلاشی برای ایجاد ساختاری با کلیسای محلی مسیحی وجود داشت، اما مسائل مربوط به اعتماد و ناامنی‌های شخصی این کار را دشوار می‌کرد. واقعیت‌های کلی سیاسی-حکومتی در مصر، هرگونه رسمیت بخشیدن به این ساختار را دشوار می‌نمود. ما می‌توانستیم در مورد پاسخ‌گویی به توافق برسیم، اما هرگز روی کاغذ نوشته و رسمی نشد، زیرا این امر مشکلاتی را در زمینهٔ امنیت اعضا ایجاد می‌کرد. از یک طرف، ما تلاش کردیم تا این پاسخ‌گویی را نهادینه کنیم و برخی ساختارهای غیررسمی را در اختیار داشتیم، اما همچنان بی‌اعتمادی ایجاد می‌شد. برای گروه‌هایی که پیش‌زمینهٔ اسلامی داشتند خیلی ساده بود که از پاسخ‌گویی صرف نظر کنند، زیرا از ایمانداران مسیحی جدا شده بودند. ساختارهای غیررسمی پاسخ‌گویی، نمی‌توانستند مسائل بنیادی ناامنی‌های شخصی، احساس تهدید در منصب رهبری و مالکیت گروه را حل کنند. با نگاهی به گذشته، فکر می‌کنم شاگردسازی فشرده‌تر که به مسائل شخصی درونی می‌پرداخت، و درک این نکته که این برادران در یک خانوادهٔ مسیحی بزرگ نشده‌اند، همان چیزی بود که نیاز داشتیم. خانواده‌های کسانی که مسیحی شده‌اند می‌توانند مشکل‌ساز باشند. با این وجود، اعضای خانواده‌های مسیحی با پیش‌زمینهٔ اسلامی، به تازگی و با احساس شادابی وارد محیط مسیحی می‌شوند و باید به طور کامل پذیرفته شوند. مسائل همیشگی که بر تمایل به پاسخ‌گویی تاثیر می‌گذارند، فروتنی اولیه، امنیت شخصی و عزت نفْس هستند. اگر اعضای کلیسا در دلشان احساس پیروی شخصی عمیقی نداشته باشند، ساختار کلیسا، سازوکار آن، سلسله‌مراتب یا ساختار نهادیِ پاسخ‌گویی آن باعث ایجاد شاگردسازی نمی‌شوند. این دو با هم در ارتباط هستند.

ترس غربی‌ها از کمک: غربی‌ها نمی‌دانند چگونه با ایمانداران و رهبران مسیحیان با پیش‌زمینهٔ اسلامی رفتار کنند. کلیسا از حضور مسیحیان با پیش‌زمینهٔ اسلامی خوشحال است، اما به آنها اجازه می‌دهد هر کاری که می‌خواهند انجام دهند. در سوئیس، آنها از دیدن کلیساهایی با اعضای مسیحی که پیش از این مسلمان بوده‌اند، بسیار خوشحال

هستند. چنین کلیساهایی یک سازمان ۱۰ تا ۱۵ نفره از ایرانیان، افغان‌ها و اعراب دارند، بنابراین غربی‌ها نمی‌خواهند دخالت کنند. اما ما باید کمک کنیم، رهبران را به سمت بلوغ هدایت کنیم و آنها را با الگو راهنمایی نماییم. واقعیت تاسف‌بار این است که یک فرد مسیحی با پیش‌زمینۀ اسلامی به رهبر منتخب تبدیل می‌شود و کسی در کنارش نیست که او را پرورش دهد. بدون این راهنمایی، احتمالا به‌زودی او شبان/رهبر می‌شود و مغرور شده و تمایل ندارند که به چالش کشیده شوند.

صحبت‌های بی‌هدف: من دو رهبر را در یک کلیسای ایرانی دیدم که بعد از مراسم کلیسا با صدای بلند با یکدیگر بحث می‌کردند. موضوع آنها صحبت به زبان‌ها بود. همان‌طور که گوش می‌دادم، رو به آن مرد کرده و گفتم: «از او (معلم کتاب مقدس) بپرسید که آیا خودش به زبان‌ها صحبت می‌کند یا خیر.» استدلال او این بود که خدا بزرگ است و به هر کسی که بخواهد صحبت به زبان‌ها را عطا می‌کند، و ما نمی‌توانیم خدا را محدود کنیم. آن مرد بر اساس آموزه‌های جان مَک‌آرتور بزرگ شده بود، که به موضع الهیاتی پایان‌گرایی عطیه‌ها معتقد است، مبنی بر اینکه عطایای نشانه، برای امروز نیستند. او به‌شدت مخالف ورود هرگونه الهیات کاریزماتیک به کلیسا بود. بحث آنها نیم ساعت ادامه یافت. روز بعد، آن مرد را دیدم و او گفت که بالاخره از معلم کتاب مقدس پرسیده است که آیا او به زبان‌ها صحبت می‌کند یا خیر. او تعجب کرد که اگرچه او به زبان‌ها صحبت نمی‌کرد، اما در الهیات خود جایی برای این قائل بود که خدا می‌تواند در صورت تمایل، عطیۀ صحبت به زبان‌ها را به او ببخشد. بحث داغ آنها در مورد مواضع الهیاتی خودشان در حضور اعضای کلیسا، ارتباط کنترل‌نشده‌ای را نشان می‌دهد که خلاصه‌ای است از آنچه در بسیاری از کلیساها اتفاق می‌افتد. ارتباط، یک هنر آموختنی است. رسالۀ یعقوب می‌گوید که ما باید در شنیدن تند باشیم، و در گفتن کُند (یعقوب ۱:۱۹–۲۰).

ارتباط و شاگردسازی: شما در ایران بزرگ شده‌اید و اکنون سال‌هاست که در آلمان زندگی می‌کنید. این زمینه چقدر بر شاگردسازی در جامعۀ شما تاثیر می‌گذارد؟ آیا پویایی در امر شاگردسازی در ایران کمتر است یا در کلیساهای ایرانی در آلمان نیز همین‌طور است؟

پاسخ: تفاوتی با هم ندارند. ما از فرهنگی می‌آییم که در آن شرم و آبرو حرف اول

را می‌زند و بـرای اینکـه مـورد پذیـرش گـروه قـرار بگیریـم، کارهـای زیـادی انجـام می‌دهیـم. بنابرایـن وقتـی مسـائلی پیـش می‌آیـد، بـا یکدیگـر در مـورد مشـکل صحبـت نمی‌کنیـم، زیـرا نیـاز اصلـی مـا پذیرفتـه شـدن اسـت.

وقتـی کسـی بـا یـک روش سـالم بـرای برقـراری ارتبـاط بـه چالـش کشـیده می‌شـود، چـه واکنشـی نشـان می‌دهـد؟ مـن فـرض می‌کنـم کـه از بیـن دسته‌بندی‌هـای شـرم/ آبـرو یـا گناه/بی‌گنـاهی در ارتباطـات، ایرانیـان بیشـتر شـرم/ آبـرو را انتخـاب می‌کننـد. آیـا واکنـش مسـیحیان بـا پیش‌زمینـۀ اسلامی بـه چالـش در نحوۀ برقـراری ارتباطشـان ایـن اسـت کـه «نـه، شـما فقـط از یـک فرهنـگ متفـاوت می‌آییـد، ایـن فرهنـگ مـا نیسـت»؟ یا مسـیحیان بـا پیش‌زمینـۀ اسلامی می‌گوینـد کـه هیـچ روش خـوب یـا بـدی وجـود نـدارد، بلکـه فقـط روش‌هـای متفـاوتی بـرای ارتبـاط برقـرار کـردن هسـت؟ ایرانی‌هـا چگونـه واکنـش نشـان می‌دهنـد؟

پاسخ: مسیحیـان بـا پیش‌زمینـۀ اسلامی می‌خواهنـد توسـط فرهنـگ دیگـر پذیرفتـه شـوند تـا بحث نکننـد.

عوامـل نابودکننـدۀ ارتبـاط: ارتبـاط برقـرار کـردن بـا دیگـران می‌توانـد کار دشـواری باشـد. در فرهنـگ ایرانـی، چـه مشـایخی باشـید و چـه پنتیکاسـتی، ایمان جنبـۀ کاریزماتیـک قـوی‌ای دارد. مـن سـعی کـردم بـا مـرد جوانـی کـه شـبان خودخوانـدۀ یـک جماعـت کوچـک ایرانـی بـود، همـکاری کنـم. شـروع بـه ملاقـات بـا او کـردم تـا بـا او بـرای شاگردسـازی کار کنـم و متوجـه شـدم کـه بایـد سـاختار و پاسخ‌گویـی را بـه کلیسـایی کـه جماعـت او در آن بـا یکدیگـر ملاقـات می‌کردنـد، اضافـه کنـم. یـک روز، او بـه دفتـر مـن آمـد و اعلام کـرد کـه احسـاس می‌کنـد از طـرف خـدا فراخوانـده شـده تـا آنجـا را تـرک کنـد. او گفـت کـه خـدا بـه او گفتـه اسـت کـه مـن قـرار اسـت شـبان بعـدی باشـم. پاسـخ مـن ایـن بـود کـه خـدا ایـن را بـه مـن نگفتـه اسـت. او چنـان بـه هدایـت خدایـی کـه شـنیده بـود بـاور داشـت کـه مـن نتوانسـتم او را قانـع کنـم. چنـد روز بعـد آنجـا را تـرک کـرد و کلیسـای کوچـک را در سـردرگمی فـرو بـرد. بیشـتر آنهـا دیگـر نیامدنـد، امـا تعـداد کمـی در یـک جماعـت آمریکایـی شـرکت کردنـد. شـش مـاه بعـد، شـبان خودخوانـده بازگشـت و اعلام کـرد کـه خـدا او را بـرای شـبان شـدن تمـام ایرانیـان منطقـه مسـح کـرده اسـت. ایـن فقـط باعـث سـردرگمی بیشـتر در کلیساهای مسـیحی ایـرانی شـد.

در یـک جماعـت عـربی کـه در آن شـرکت داشـتم، شبـان مسیحیـان بـا پیش‌زمینۀ اسلامی، تمـام نیازهـای دنیـوی پناهنـدگان را بـرآورده می‌کـرد، بـا ایـن دیـدگاه کـه ایـن کارش ایشان را بـه شـرکت در مراسـم او ملـزم می‌کنـد. او وقـت کافی بـرای شاگردسـازی نداشـت و سعی می‌کـرد مسئولیت شاگردسـازی را بـه افـراد دیگـری کـه زبـان یـا مهارت‌هـای فرهنگی لازم را بـرای شاگردسـازی نداشـتند، واگـذار کنـد. او نامه‌هـای دعـا می‌نوشـت و دربـارۀ آنچـه خـدا در کلیسـایش انجـام داده اسـت، داسـتان‌های زیبـایی ارائـه می‌داد. او افـرادی را کـه رویـای عیسـی را دیـده بودنـد تعمیـد می‌داد، حتی اگـر رویـای محمـد را نیـز دیـده بودنـد. او می‌گفت ایـن افراد مسیـحی هسـتند و آنهـا را بـا خـود بـه کلیسـاهای مختلـف می‌بـرد تا شـهادت مسیـحی شـدن خـود را بدهنـد. او می‌گفت ایـن کاری اسـت کـه خـدا از طریـق او انجام می‌دهـد. ایـن افـراد آشـکارا بـه مسیـح ایمـان نیاورده بودنـد، زیـرا ظـرف یـک سـال کلیسـای او را ترک کردنـد. من سـعی کـردم بـا او در مـورد شاگردسـازی قومـش و فهمیـدن اینکـه آیـا آنهـا مسیحی حقیقی هسـتند صحبـت کنـم. بـا ایـن حـال، او بـا یـک شـاخۀ مذهبی بزرگ‌تـر کار می‌کـرد و گـروه پاسـخ‌گویی کـه بـر ایـن سـازمان خدمتـی نظـارت داشـت، او و سـازمانش را غنیمـت خـود می‌دانسـت. دیـدگاه آنهـا ایـن بـود کـه بـه رهبـری او تـن دهنـد، زیـرا از نظـر آنهـا، او و فرهنـگ را می‌شناسـد. آنهـا بـه او اجـازه دادنـد کـه خدمتـش را انجـام دهـد و در هـر کاری کـه انجـام می‌داد کامـلا از او حمایـت می‌کردنـد. از تیـم هدایت‌کننـدۀ خدمـت پرسـیدم کـه آیـا کسـی از آنهـا تا بـه حـال در زمینـۀ بنـا کـردن کلیسـا فعالیتـی داشـته اسـت؟ آنهـا گفتنـد فعالیتـی نداشته‌اند. مـن بـه مـدت ده سـال سـعی کـردم در کنـار ایـن مـرد عـرب کار کنـم، امـا در نهایت کنـار کشیدم .

ظاهـرا ترکیبـی از چندیـن عامـل مانـع ارتبـاط مـا شـد. اول، در فرهنـگ عـرب، ایـدۀ یـک رهبر منصـوب، شیـخ یـا مُلا، کسـی اسـت کـه دسـتور می‌دهـد و در برابـر گـروه وسیع‌تـری پاسـخگو نخواهـد بـود. دوم اینکـه چگونـه می‌تـوان تشـخیص داد آیـا کسـی بـه انـدازۀ کافی بالـغ یـا مناسب رهبـری اسـت یـا خیـر.

سـاختارهای کلیسـا: وقتی می‌بینیـم افـرادی بـه آمریکا می‌آینـد، بایـد مراقب باشیـم کـه اصـرار نکنیـم آنهـا حتمـا بـا روش‌هـای کلیسـای آمریکایی مـا سـازگار شـوند. بیاییـد ببینیـم چـه چیـزی در شـرایط خودشـان بهتـر جـواب می‌دهـد. بـه نظـر مـن بایـد در برابـر وسوسـۀ جـذب مسـلمانان سـابق بـه کلیسـاهای آمریکایی خودمـان مقاومـت کنیـم. نبایـد آنهـا را در

نقش رهبری قرار دهیم و مسئول امور مذهبی باشند. نباید آنها را به عنوان غنیمت به نمایش بگذاریم. به نظر می‌رسد هیچ چیز خوبی از این کار حاصل نمی‌شود. در عوض، باید آنها را تشویق کنیم که در جامعهٔ خود بمانند و بررسی کنند که ایمانشان در چه وضعیتی است و با یک کلیسای خانگی شروع کنند. اگرچه کلیسای خانگی کوچک‌تر است، اما به نظر می‌رسد که جواب می‌دهد. من فکر می‌کنم پیدا کردن یک گروه هم‌فکر که از نظر فرهنگی، حتی از نظر اقتصادی، مناسب‌تر باشد، برای آنها بهتر خواهد بود. غربی‌ها مانند فرهنگ‌های دیگر زندگی نمی‌کنند.

به عنوان یک استدلال متقابل، ما از جانب خدا فراخوانده شده‌ایم تا به کلیسایی متنوع تبدیل شویم و تنوع موجود در جوامع خود را ابراز کنیم. بسیاری از مسلمانانی که من می‌شناسم و در بریتانیا به مسیح ایمان آورده‌اند، تمایل دارند که به طور کامل در کلیسای محلی شرکت کنند، کلیسایی که از نظر فرهنگی متنوع‌تر از جامعه‌ای است که فقط از ایمانداران با پیش‌زمینهٔ اسلامی تشکیل شده است. ما باید مراقب باشیم که آنها را به عنوان پیروانی نبینیم که مانند غنیمت هستند، بلکه به آنها کمک کنیم تا به اعضای بالغ کلیسا تبدیل شوند. آنها می‌توانند دیدگاه‌ها، بینش‌ها و تجربیات خود را به ارمغان بیاورند. ما نمی‌خواهیم یک ترکیب یک‌دست از کلیسا را تداوم بخشیم. ما در بریتانیا شاهد چندفرهنگی شدن هستیم. بسیاری از ایرانیان به همراه تعداد کمی از افغان‌ها، سوری‌ها و اهالی شمال آفریقا به مسیحیت روی می‌آورند. برخی از کلیساهای انگلیسی که من می‌شناسم به‌دلیل حضور جامعهٔ ایرانی دو برابر شده‌اند. این امر به‌شدت ماهیت کلیسا را به چالش می‌کشد. فرضیات فرهنگی که ما داریم ناگهان وارونه می‌شوند. وقتی در حال گذار هستیم، شاید حس و حالمان کمی آشفته باشد، اما احساس نابی در آن وجود دارد.

به عنوان یک غربی که می‌خواهد به نحوی به کلیساهای مسیحیان با پیش‌زمینهٔ اسلامی کمک کند، چگونه یک کلیسای غربی که با کلیسا یا جامعه‌ای با پیش‌زمینهٔ اسلامی در تعامل است، می‌تواند از این دو افراط اجتناب کند؟ از یک سو، ترس از کمک و راهنمایی کردن برای رسیدگی به مشکلات و سلامت در کلیسای مسیحیان با پیش‌زمینهٔ اسلامی وجود دارد. از سوی دیگر، اجتناب از تلاش برای مدیریت زیرپوستی یا قالب‌بندی کلیسا به شکل دلخواه خودمان نیز مطرح است. شاید حضور کسی که

واسطهٔ بین‌فرهنگی است و هـر دو فرهنـگ را درک می‌کنـد، پاسخی بـرای اجتنـاب از ایـن دو افـراط باشـد. آیـا دیده‌ایـد کـه یـک کلیسـای غـربی به‌خوبی از ایـن مسیر باریـک عبـور کنـد؟ مـا در کانـال یوتیـوب سـازمان خدمـتی[1] خودمـان ویدئـویی داریـم کـه در آن دربارهٔ سـاختار کلیسـا در درون یـک کلیسـا صحبـت می‌کنیـم. بدتریـن سـاختار، مـدلی اسـت کـه مـا آن را «مـدل اربـابی» می‌نامیـم، کـه همـان مدیریـت بـدون دخالـت کـردن اسـت. وقـتی سـعی داشـتیم کلیسـای ایـرانی را راه‌انـدازی کنیـم، مـن بـا شبانان هـر دو جماعـت ملاقـات کردم و مدل‌هـای مختلـف اجتماعـات چندگانـه را بـه آنها نشـان دادم. از آنهـا پرسـیدم کدام یـک از این مدل‌هـا نمایانگـر چیـزی اسـت کـه دنبـال می‌کننـد. آنهـا هیـچ ایـده‌ای نداشـتند. حـدس زدنـد کـه مـدل کلیساهایشـان ترکیبی از دو مـدل اسـت. پرسـیدم کـه می‌خواهنـد کـدام یـک باشـند. آنهـا بـه مـدل ترکیـبی اشـاره کردنـد، بنابرایـن گفتـم کـه بایـد بـرای آن تلاش کنیـم. امـا بـه هـر حـال جماعـت ایـرانی منحـل شـد و ظاهـرا خـدا شـبان ایـرانی را بـه شـهر دیگـری هدایـت کـرد. مـا مدل‌هـای مختلـفی را در وب‌سـایت خـود داریـم، بـه همـراه نقـاط قـوت و ضعـف هـر مـدل کـه قابـل مشـاهده اسـت.

کلیسـایی کـه مـن در آن هسـتم، منحصـرا متعلـق بـه ایرانیـان اسـت. بیشـتر ایرانیـان می‌خواهند عضـوی از جامعهٔ ایـرانی باشـند. بـرای آنهـا خـوب اسـت کـه بداننـد فرهنـگ میزبـان و جامعهٔ ایـرانی در عمـل چگونـه بـا هـم کار می‌کننـد. مـن، بـه عنـوان یـک ایـرانی، به‌دلیـل بخـش فرهنـگی ارتبـاط کـه تعـارف نامیـده می‌شـود، در درک پویـایی فرهنـگی خـودم مشـکل دارم. مـا چیـزی می‌گوییـم، امـا منظورمـان چیـز دیگـری اسـت. ایـن باعـث مشـکلات زیـادی در جامعهٔ ایـرانی می‌شـود. بـرای کسـی کـه از خـارج از جامعـه اسـت و فرهنـگ را درک نمی‌کنـد، ارتبـاط بـا جامعهٔ ایـرانی بسـیار دشـوار اسـت. حـتی بـرای مـن بـه عنـوان یـک ایـرانی، درک جامعهٔ

---

1   شبکهٔ COMMA، «کلیسا درون کلیسا: مدل‌هایی برای کلیساهای چندفرهنگی»، ویدئوی یوتیوب، کانال: شبکهٔ COMMA، آپلود شده در: ۱۴ فوریهٔ ۲۰۲۳، قابل مشاهده در آدرس اینترنتی زیر: https://youtu.be/WVuzkgEzBvw

آخرین دسترسی: ۹ سپتامبر ۲۰۲۴.

خـودم دشـوار اسـت.

ارتبـاط از بیـرون: مـا جماعتـی از مسیحیـان بـا پیش‌زمینـهٔ اسلامی در ایـالات متحده بـا افـرادی از چندیـن کشـور مختلـف داشتیـم. بـرای چنـد سـال واقعـا همـه چیـز خـوب پیـش رفـت. مـا بـه فرهنـگ هـر فـرد احتـرام می‌گذاشتیم و آنجـا مکانی بـرای شاگردسـازی ایشان بـود. جماعـت مـا، یـک جماعـت غنـی بـود. مـا بـه آنهـا رهبـری را سـپردیم و بـه ایشان یـاد دادیـم کـه چگونـه سـخنرانی کـرده و گروه‌هـای کوچـک را رهبـری کننـد. امـا تحـرکاتـی خـارج از ایـن جماعـت ایمانـداران وجـود داشـت کـه بـر مـا تاثیـر گذاشـت. جامعـهٔ مراکشـی، بـه مراکشی‌هـای جماعـت مـا حملـه می‌کـرد و می‌گفـت کـه مـا بـا گرفتـن عکـس و اسـتفاده از آنهـا در جمع‌آوری کمک‌هـای مـالی، از آنهـا پـول درمی‌آوریـم. ایـن حملـه از سـوی افـرادی بـود کـه عضـو جماعـت نبودنـد و حتـی مسلمان‌هـا نیـز ایـن حرف‌هـای منفـی را می‌گفتنـد. در نهایـت، ایـن حملـه جماعـت مـا را نابـود کـرد. همان‌طـور کـه یـک سـال بعـد گـزارش دادیـم، رهبـران کلیسـاهای مسیحیـان بـا پیش‌زمینـهٔ اسلامی گفتنـد کـه توانـایی پاسخ‌گـویی بـه تمـام اتهامـاتی کـه علیـه آنهـا مطـرح شـده بـود را ندارنـد. آنهـا گفتنـد کـه بـه‌شـدت تحـت تاثیـر فشـار جامعـهٔ قـومی خـارج از جماعـت قـرار گرفته‌انـد.

در کلیسـاهای مسیحیـان بـا پیش‌زمینـهٔ اسلامی مـا، افـرادی از بیـرون بودنـد کـه تصـور می‌کردنـد انگیزه‌هـای مـا را می‌داننـد. آنهـا ایـن نظـرات منفـی را بـه مـا القا می‌کردنـد. بـه نظـر می‌رسـد ایـن بخـشی از فرهنـگ اسـت کـه انگیزه‌هـای پنهـان را در پشـت هـر چیـزی فـرض نمـوده و بـه خودمـان القا کنیـم. بـرای درک ایـن تمایـل فرهنگـی، اخیـرا یـکی از دوسـتان خاورمیانـه‌ای مـن سـعی داشـت معنـای پنهـان گفته‌هـای یـک فـرد غـربی را بفهمـد. نصیحـت مـن بـه او ایـن بـود کـه سـعی نکنـد معنـای پنهـان را بفهمـد، بلکـه نظـرات را بـه همان شـکلی کـه هسـتند بپذیـرد. غربی‌هـا عمومـا منظورشـان همـان چیـزی اسـت کـه می‌گوینـد. اگـر معنـای پنهـانی وجـود داشـته باشـد، خـودش را نشـان خواهـد داد. مـا نبایـد انگیزه‌هـا را در آنچـه گفتـه می‌شـود، تفسیـر کنیـم، زیـرا ایـن کار می‌توانـد در جـایی کـه مشکلی وجـود نـدارد، مشـکل ایجـاد کنـد.

مـا گاهی اوقـات در نحـوهٔ برقـراری ارتبـاط بیـش از حـد بـه غـربی بـودن و خاورمیانـه‌ای نبودنمـان اهمیـت می‌دهیـم. مهارت‌هـای عاطفـی همـدلی و ابـراز احتـرام بـه شـخص دیگـر، در پنهـان کـردن ویژگی سـادگی غـربی در ارتبـاطات بین‌فرهنگی بسیار موثـر اسـت. می‌توانیـم

غـربی باشیـم، از مسائل فرهنگی خاورمیانـه بسیار بی‌اطلاع باشیـم، امـا بـا حسـاس بـودن، شـهودی و همـدل بـودن، در خدمـت بسیـار موثر عمل کنیـم. چنیـن فـردی می‌توانـد بـه یـک واسطهٔ قابـل اعتمـاد تبدیل شـود. بـه نظـر مـن، گاهی اوقات مهارت‌های شخصی از تجربهٔ بین‌فرهنگـی مهم‌تـر هسـتند. مـن افـرادی را بـا سـال‌ها تجربهٔ بین‌فرهنگی دیده‌ام کـه هنـوز از ظرافت‌هـای ارتباطـات بین‌فرهنگی بی‌خبر هسـتند. بیسـت سـال زنـدگی در یـک محیـط بین‌فرهنگـی لزومـا کسـی را بـه یـک واسطه یـا ارتباط‌دهنـدهٔ عـالی تبدیل نمی‌کند.

نتیجه‌گیری

الگوهـای ارتباطی کـه انتظـار داریـم در یـک جماعـت کلیسـایی ببینیـم، توسـط ارزش‌هـای فرهنگـی شـکل می‌گیرنـد. مصـر، الجزایـر، مراکـش، عـراق و ایـران همگـی امتیـاز بـالایی در فاصلهٔ قـدرت دارنـد، بـه ایـن معنـی کـه کلیسـاها بـه سـمت یـک نظـم سلسله‌مراتبی گرایـش پیـدا می‌کننـد کـه در آن شـبان یـک مرجـع بی‌چـون و چـرا اسـت و از اعضـا وفـاداری را طلـب می‌کنـد. بنابرایـن، افـراد کم‌قدرت‌تـر، یعنـی اعضـای جماعـت، آنچـه را کـه فـرد مسـئول، یعنـی شـبان یـا رهبـر کلیسـا، پیشـنهاد می‌دهـد، تاییـد می‌کننـد. مخالفـت بـا ایـن سـازوکارها می‌توانـد بـه معنـای بی‌اعتنایـی بـه رهبـر باشـد. زمانـی کـه قوانیـن فرضـی از نظـر جایـگاه و ارتباطـات زیـر سـوال می‌رونـد، الگوهـای ارتباطـی معرفی‌شـده از غـرب می‌توانـد باعـث سـردرگمی شـود. وفـاداری در یـک جامعهٔ جمعـی اولویـت دارد و بـر اکثـر قوانیـن و مقـررات اجتمـاعی دیگـر غلبـه می‌کنـد، بـه ایـن معنـی کـه ارتباطـات در پی اثبـات وفـاداری بـه شـبان خواهـد بـود. کشـورهای مـورد مطالعهٔ مـا سـطح بـالایی از «اجتنـاب از عـدم قطعیـت» دارنـد کـه ایـن امـر ارتباطـات را پیچیـده می‌کنـد، بـه ایـن معنـی کـه بایـد از هرگونـه موقعیـت مبهـم یـا ناشناختـه اجتنـاب شـود. بنابرایـن، ارتباطـات در ایـن جوامـع، قوانیـن سفت و سخت اعتقـادی را حفـظ می‌کنـد و نسبـت بـه رفتـار و ایده‌هـای غیرمتعـارف تحمـل نخواهـد داشت. زمـانی کـه افـراد بـا سـنت‌ها و ایده‌هـای کلیسـایی مختلـف سـعی می‌کننـد دیدگاه‌هـای خـود را بیـان کننـد، ایـن روش ارتباطـیِ «همـه یـا هیـچ» باعـث ایجـاد اختلاف می‌شـود.

٤

آبرو و شرم: زندگی در سایه‌ها

فعــالان بین‌فرهنگــی اذعــان دارنــد کــه جهان‌بینی‌هــای فرهنگــی متفــاوتی (گناه/معصومیت، آبرو/شــرم، و ترس/قــدرت) وجــود دارد کــه بــر اســاس نظام‌هــای ارزشــی مختلفــی عمــل می‌کنند. در وضعیــت ســقوط بشــریت، مــا تمایــل داریــم از جهان‌بینــی فرهنگــی جامعهٔ خــود بــه نفــع خودمــان سوءاستفاده کنیــم. تعالیــم و اعمــال اسلامی، شــرم را بــرای هــر کســی کــه اسلام را تــرک می‌کنــد یــا پیــرو دیــن اسلام نیست، نهادینــه می‌کنــد. آنهــا عبارت‌انــد از ذمیت[1] (اصطلاحی بــرای غیرمسلمانانی کــه در یــک کشــور اسلامی زنــدگی می‌کننــد و بــه عنــوان یــک گــروه کم‌اهمیت‌تــر محافظت‌شــده از بقیهٔ مــردم در نظــر گرفتــه می‌شــوند، کــه اکثریت از آنهــا پــول می‌گیرنــد)، کُفــار (اصطلاحی تحقیرآمیــز یــا شــرم‌آور بــرای بی‌ایمانان؛ کســانی کــه مسلمان نیستند) یــا مرتــد (معمــولا بــه کســی گفتــه می‌شــود کــه از اسلام برگشــته باشــد؛ این شــرم‌آورترین اصطلاح بــرای کســی اســت کــه از اسلام روی برمی‌گردانــد). ایــن مفاهیــم در کشــورهای بــا اکثریــت مسلمان عمیقــا ریشــه دوانــده و مشــروعیت آزار رســاندن یــا در مــوارد شــدیدتر، حتــی مــرگ را فراهــم می‌کننــد. بنابرایــن، طبیعــی اســت کــه والدیــن و اعضــای خانواده از شــرم بــرای مجبــور کــردن فــردی کــه مســیحی شــده اســت اســتفاده کننــد تــا بــه اسلام بازگــردد و شــرمی را کــه از طریــق تغییــر مذهــب بــر خانــواده وارد شــده اســت، از بیــن ببــرد.

این الگوهای رفتار شرم‌آور در فرهنگ‌هایی هنجار به شمار می‌روند که در توصیفات فرهنگی جوامع جمع‌گرا جایگاه بالایی دارند؛ جایی که هر فرد خود را در برابر خانواده، قبیله یا کشور مسئول می‌داند. این وضعیت زمانی شدیدتر می‌شود که گرایش فرهنگی بر اجتناب از عدم قطعیت تاکید داشته باشد؛ در چنین شرایطی اعضای جامعه در برابر موقعیت‌های ناشناخته احساس تهدید می‌کنند و برای پیشگیری از تفاوت در عقاید، برای خودشان نهادها و اعتقاداتی را ایجاد می‌کنند. کشورهایی چون مصر، الجزایر، مراکش، عراق و ایران در این زمینه امتیاز بالا یا بسیار بالایی دارند.

جنبهٔ دیگر شرم، شرم دیرینه است که جنبهٔ زشت شرم است. تفاوت بین شرم و شرم دیرینه این است که اگر شرم در مورد کاری باشد که انجام شده است، می‌تواند امری مثبت باشد، مثل «شرم بر تو باد که به مهمانت غذا ندادی». شرم دیرینه در مدت زمان طولانی اتفاق می‌افتد که در نهایت بر هویت فرد تاثیر می‌گذارد. برخی از منابع شرم دیرینه عبارتند از سوءاستفادهٔ روانی، سوءاستفادهٔ جسمی، سوءاستفادهٔ جنسی، سوءاستفادهٔ مالی و سوءاستفادهٔ عاطفی. شرم دیرینه شدیدتر است و می‌تواند تا آخر عمر ادامه یابد و به صورت «تو هرگز مثل برادرت نخواهی شد»، «تو هرگز شغلی شایستهٔ خانوادهٔ ما پیدا نخواهی کرد» بیان می‌شود. شرم دیرینه دیدگاه را تغییر می‌دهد، به طوری که مشکل، خود فرد است نه اعمالش. نتیجه این است که فرد بیش از حد حساس می‌شود، بنابراین حتی یک اظهار نظر خنثی می‌تواند به عنوان یک حملهٔ شخصی تلقی شود. دولت‌ها، مذاهب، بستگان و خانواده می‌توانند طوری از فرد سوءاستفاده کنند که او با عزت نفس خود دست و پنجه نرم کند. شرم دیرینه می‌تواند توسط یک فرد (مانند سوءاستفادهٔ جسمی یا جنسی) یا توسط دولت یا مذهبی ایجاد شود که از مردم خود سوءاستفاده می‌کند تا آنها را کنترل نموده و موقعیت قدرت خود را حفظ کند. در حالت دوم، کل یک ملت می‌تواند در عملکرد و سلامت روان خود دچار اختلال شود. شرم دیرینه یکی از منابع اختلاف است که باید درک کنیم چگونه بر جماعت‌های ما تاثیر می‌گذارد.

افرادی که آسیب‌دیده یا مورد آزار قرار می‌گیرند، اغلب به دیگران آسیب می‌رسانند یا از آنها سوءاستفاده می‌کنند. بنابراین، باید از خود بپرسیم که آیا ما در نهایت به دنبال حل اختلافات هستیم، اما به ندرت به علت اصلی شرم دیرینه می‌پردازیم؟ چگونه می‌توانیم

بر مشکلات مرتبط با سبک‌های شرمساری فرهنگی غلبه کرده و این جنبه از اختلافات را از جماعت‌های خود حذف کنیم؟

از دو سخنران اول، یک ایرانی و یک خاورمیانه‌ای، خواسته شد تا یک سخنرانی ۲۰ دقیقه‌ای با موضوع شرم را ضبط کنند تا موضوع را معرفی نمایند. آنچه در ادامه می‌آید، بحثی است که از این سخنرانی‌های اولیهٔ بسیار مهم حاصل شد.

آبرو و شرم: مبارزه برای رسیدن به یک معیار نامرئی - سخنران ایرانی

من در یک خانوادهٔ مسلمان در ایران متولد و بزرگ شدم. پنجاه سال پیش، عیسی مرا به پیروی از خود فراخواند. چند سال بعد، اولین کلیسای ایرانی را در ایالات متحده تاسیس کردم. امروز، من یک کلیسای مجازی را برای ایرانیانی که در ایران، ترکیه، ارمنستان، یونان، آلمان، انگلستان و فرانسه هستند، اداره می‌کنم. من نویسنده، سخنران، معلم و مشاور در موسسه شَزَم فَکتور هستم.[۲]

می‌خواهم از شورای برنامه‌ریزی که این فرصت را به من دادند تا دربارهٔ این موضوع مورد علاقهٔ من – آبرو و شرم – صحبت کنم، تشکر کنم. این موضوعی است که من آن را از نزدیک درک می‌کنم، زیرا تمام عمرم با آن زیسته‌ام و این موضوع مرا ترغیب کرده است تا آن را دقیق‌تر مطالعه کنم.

من قبلا سخنرانی را با این پرسش شروع می‌کردم: چه چیزی باعث می‌شود یک مرد یا زن به خودش بمب ببندد و خودش را منفجر کند؟ سپس ادامه داده و به پرسش پاسخ می‌دادم، اما معتقدم کلیپ یوتیوب زیر بسیار مناسب‌تر است زیرا بیشتر ما خاورمیانه‌ای‌ها بمب‌گذار انتحاری نیستیم.

این ویدئویی از راسل پیترز، کمدین هندی کانادایی است که در حال تقلید هجوآمیز

---

۲ https://shahzamfactor.com/welcome/.

این موضوع است که چرا مردان عرب نمی‌توانند بگویند «نمی‌دانم».[3] چه چیزی باعث چنین رفتاری می‌شود؟ برخی ممکن است آن را جهان‌بینی بنامند. جهان‌بینی چیست؟ خدا تنها کسی است که جهان‌بینی حقیقی را می‌شناسد. بقیهٔ ما واقعیت را از طریق منشورهای فرهنگی خودمان می‌بینیم. جهان‌بینی، یک نقشهٔ ذهنی از واقعیت است. فرهنگ زمانی ایجاد می‌شود که ما آن نقشهٔ ذهنی از واقعیت را تکرار می‌کنیم. فرهنگی که بر خاورمیانه حاکم است، آبرو و شرم نامیده می‌شود. آبرو، اجتناب از شرم به هر قیمتی است. از زندگی ارزشمندتر است و زندگی را ارزشمند می‌کند. میل به کسب آبرو منجر به اضطراب و خودویرانگری می‌شود که همان نقشهٔ ذهنی واقعیت است.

شرم یک جهنم حقیقی است و باید به هر قیمتی از آن اجتناب کرد. چه چیزی این فرهنگ شرم را ایجاد کرد؟ گناه نتیجهٔ نافرمانی آدم و حوا از خدا بود، همان‌طور که در پیدایش ۳:۷-۱۰ آمده است. اثر گناه چیست؟ احساس گناه، شرم، و ترس، واکنش‌هایی به گناه هستند و سنگ‌بنای هر فرهنگی را تشکیل می‌دهند. گناه چیست؟ گناه آن احساس عاطفی سنگینی است که وقتی کار اشتباهی انجام می‌دهیم به ما دست می‌دهد. گناه نقطهٔ مقابل معصومیت است. گناه توسط یک آرمان اخلاقی درونی شکل می‌گیرد که نیازی نیست دیگران آن را به ما یادآوری کنند. از نظر تاریخی، روش‌های اجتماعی غربی برای سنجش تمام رفتارهای اخلاقی، از طریق منشور یا جهان‌بینی گناه‌کار بودن در مقابل منشور یا جهان‌بینی عاری از گناه بودن است. شرم چیست؟ شرم احساس بسیار شدیدی است که می‌گوید: شما با معیارهای فرهنگی

---

۳ «مردان عرب»، کلیپی از «راسل پیترز – بدنام»، ویدئوی یوتیوب، کانال: راسل پیترز، آپلود شده در: ۱ نوامبر ۲۰۱۶. قابل دسترسی در آدرس اینترنتی: _www.youtube.com/watch?v=KCQwe AM074(آخرین دسترسی: ۹ سپتامبر ۲۰۲۴).
این یک کلیپ ویدئویی ۶:۴۱ دقیقه‌ای بدون سانسور است. کلیپی که در نشست زوم نمایش داده شد ۵:۲۶ دقیقه بود و کلمات رکیک بی‌صدا شده بودند.

تعیین‌شده مطابقت ندارید. این احساس، خود را از طریق خودبیزاری ابراز می‌کند، نه احساس گناه. این احساس شرم به‌خاطر انجام کار اشتباهی (معیار غربی) نیست، بلکه به‌خاطر این است که شما قادر نیستید خودتان را با آنچه جامعه می‌خواهد، مطابقت دهید. احساس شرم به معنای احساس بی‌ارزش بودن، غیرقابل قبول بودن و بی‌دفاع بودن در برابر دیگران است.

تفاوت میان گناه و شرم در چیست؟ گناه به رفتار و کاری مربوط می‌شود که انجام داده‌ایم، اما شرم با هویت ما پیوند خورده و گریزی از آن نیست. هیچ فرهنگی را نمی‌توان تنها در چهارچوب گناه یا شرم خلاصه کرد، زیرا زندگی انسان پیچیده‌تر از اینهاست و این دو نگاه معمولا با یکدیگر هم‌پوشانی دارند. برای نمونه، ممکن است کسی از دروغ گفتن به مادرش احساس گناه کند و در عین حال از اینکه فرزندی است که به مادر خود دروغ گفته، دچار شرم شود.

همهٔ جوامع شرم را یکسان تجربه نمی‌کنند. در غرب، شرم بیشتر با احساس بی‌ارزش بودن شناخته می‌شود که معمولا ریشه در رویدادی دارد که باعث آسیب روانی شده است و از دریچهٔ روان‌شناسی به آن نگاه می‌شود؛ شرمی درونی که راه درمانش تقویت عزت‌نفس و بازگرداندن احساس خوب به خود است. اما در خاورمیانه، شرم لزوما از آسیب سرچشمه نمی‌گیرد، هرچند اگر نادیده گرفته شود می‌تواند آسیب‌زا باشد. این شرم، بار سنگینی است که فرد از بدو تولد با خود حمل می‌کند و بیشتر اوقات دیرینه یا همیشگی است. ویژگی آن این است که هم درونی است، یعنی از عدم کفایت یا تجربه‌ای آسیب‌زا شکل می‌گیرد، و هم بیرونی است، یعنی جامعه آن را تحمیل می‌کند. تصویر روشنی از شرم، غرق شدن فرد در احساسی است که راه گریزی از آن ندارد. در فرهنگ خاورمیانه، شرم معادل عدم رعایت استانداردهای فرهنگی است؛ عباراتی مانند «خاک تو سرت» یا «خاک بر سرت» نماد همین نگاه هستند که معنایی شبیه «باید بمیری» دارند و برای کنترل یا واداشتن فرد به انطباق با خواستهٔ جمع به کار می‌روند. نقطهٔ مقابل این شرم، آبروست که ارزش فرد را در نگاه جامعه بالا می‌برد. به همین دلیل، فرد می‌کوشد به هر قیمتی آبروی خود را حفظ کند و همین امر سبب می‌شود اعتراف به شکست یا گناه در فرهنگ خاورمیانه امری شرم‌آور تلقی شود. وقتی کسی در رعایت استانداردها ناکام بماند، معمول‌ترین واکنش او انداختن تقصیر بر دوش دیگران

است. در چنین فرهنگی، اعتراف به ضعف، مانع شفافیت در روابط می‌شود و افراد تمام تلاش خود را می‌کنند تا تصویری آبرومند از خویش حفظ کنند.

پیامد دومینویی حفظ آبرو به هر قیمتی، از بین رفتن اعتماد است. چنین نگرشی با مقایسهٔ مداوم خود با دیگران همراه است و همین مقایسه می‌تواند به تخریب افرادی بینجامد که موفق‌تر از ما به نظر می‌رسند؛ تخریبی که معمولا از راه شایعه‌پراکنی انجام می‌شود. با استفاده از اصطلاحات فرهنگ غربی، می‌توان گفت که ما هرگز۴ «سفرهٔ دلمان را برای کسی باز نمی‌کنیم» یا موضوعاتی را که باید خصوصی بمانند در میان جمع مطرح نمی‌کنیم. علاوه بر این، تلاش برای حفظ آبرو به هر قیمتی پیامدهایی چون بالا رفتن انتظارات از یکدیگر، فقدان روحیهٔ بخشش، گسترش دروغ و تقلب، و همچنین به‌کارگیری چاپلوسی و هدیه دادن برای ساختن تصویری آبرومند در نگاه عموم را به همراه دارد.

راه‌حل‌ها: برای رویارویی با شرم خاورمیانه‌ای در میان مسیحیانی با پیش‌زمینهٔ اسلامی چه راه‌حل‌هایی وجود دارد؟ هنگام برخورد با چنین افرادی باید در نظر داشت که اگرچه ممکن است کسی اسلام را ترک کرده باشد، اما اثرات آن همچنان در وجود او باقی است. برای توضیح می‌توان به نمونهٔ عهد عتیق اشاره کرد؛ جایی که خداوند به بنی‌اسرائیل فرمان داد: «به شیوهٔ سرزمین مصر که در آن ساکن بودید رفتار مکنید، و نه به شیوهٔ سرزمین کنعان که شما را بدان‌جا می‌برم. بر طبق فرایض آنان گام مزنید» (لاویان ۱۸:۳). قوم اسرائیل از مصر بیرون آمدند، اما نسل نخست همچنان ذهنیت مصری را با خود حمل می‌کرد. من این وضعیت را «اختلال شرم پس از سانحه» می‌نامم.۵

---

۴ اهالی خاورمیانه، بیشتر اوقات برای نشان دادن درستی استدلال خود یا تاکید بر یک نکته، به افراط و تفریط متوسل می‌شوند.

۵ شاهرخ افشار تمایل دارد اگر زمانی از این اصطلاح PTSD به عنوان اختلال شرم پس از سانحه استفاده کردید، نام او را ذکر کنید؛ کاربرد رایج‌تر PTSD، اختلال اضطراب پس از سانحه است.

راه‌حل دیگـر در مواجهـه بـا ایمانـداران ایرانـی کـه پیش‌تـر مسـلمان بوده‌انـد، جلـب اعتمـاد آنـان از طریـق شفافیت و پذیـرش آشکار ضعف‌هـا و شکست‌هاسـت. بـه جـای تلاش بـرای پاسـخ بـه همـهٔ پرسـش‌ها، وقتـی چیـزی را نمی‌دانیـم بایـد صادقانـه اعتـراف کنیـم کـه نمی‌دانیم. مهـم اسـت کـه ضعـف را بـه عنـوان عطیـه‌ای بپذیریـم کـه نشـان می‌دهـد مـا انسـان‌هایی محـدود هسـتیم و قـادر مطلـق نیسـتیم. ایـن رویکـرد بـا پرهیـز از برتری‌جـویی و اسـتفاده از عناویـن و در عـوض رفتـار بـا دیگـران بـه عنـوان همتایـان مـا تحقـق می‌یابـد. عمـل بـه ایـن ظرافت‌هـا دشـوار اسـت، امـا آگاهـی از آنهـا کمـک می‌کنـد درک کنیـم مسـلمانان سـابق از چـه پیشـینه‌ای آمده‌انـد. در عیـن حـال، عیسـی مـا را فراخوانـده تـا شاگردسـازی کنیـم؛ شاگردسـازی نیازمنـد مسئولیت‌پذیری اسـت، امـا در ایـن مسـیر بایـد خودمـان الگـوی شفافیت باشـیم و ضعف‌هـا و شکسـت‌ها را بی‌پـرده بپذیریـم.

اختلافات ناشی از فرهنگ شرم - سخنرانی از خاورمیانه

مـن اهـل خاورمیانـه هسـتم و می‌خواهـم دربـارهٔ اختلافـات از دیـدگاه شـرم دیرینـه صحبـت کنـم. در ایـن زمینـه بـه شـرم در خاورمیانـه و شـمال آفریقـا، بـرخی فرهنگ‌هـای شـرقی و بخش‌هـایی از آسـیا اشـاره می‌کنـم. بـرای روشـن شـدن موضـوع، بـا یـک مثـال آغـاز می‌کنـم: در غـرب، قانـون تعییـن می‌کنـد کـه نبایـد از چـراغ قرمـز عبـور کـرد؛ بنابرایـن چـه روز باشـد و چـه شـب، افـراد پشـت چـراغ قرمـز می‌ایسـتند. ایـن نمونـه‌ای از فرهنـگ گنـاه اسـت. امـا در فرهنـگ شـرم، مـا ابتـدا بـه اطـراف نـگاه می‌کنیـم و اگـر پلیـس یـا ناظـری در کار نباشـد، از چـراغ قرمـز عبـور می‌کنیـم؛ گویـی اگـر کسـی مـا را نبینـد، انجـام آن کار ایـرادی نـدارد. اگرچـه کلی‌گـویی می‌کنـم، امـا در فرهنـگ شـرم و آبـرو، مـا از دیـدگاه اینکـه دیگـران مـا را چگونـه می‌بیننـد بـه مسـائل نـگاه می‌کنیـم. همـهٔ مـا می‌خواهیـم مـورد احتـرام باشـیم و بنابرایـن نمی‌خواهیـم کاری انجـام دهیـم کـه بی‌آبرویـی یـا شـرم‌آور تلقـی شـود. اجتنـاب از مواجهـه بـا شـرم بخشـی از زنـدگی در فرهنـگ شـرم اسـت. شـرم می‌توانـد تاثیـرات منفـی، مثبـت یـا گمراه‌کننـده داشـته باشـد؛ باعـث می‌شـود احسـاس طـرد شـدگی، کناره‌گیـری از جامعـه، انـزوا و سـرزنش خـود را تجربـه کنیـم. فـرد شـرمزده ممکـن اسـت بـاور کنـد کـه ذاتـا موجـودی شـرم‌آور اسـت و احسـاس ترحـم بـه خـود یـا قربانـی شـدن داشـته باشـد. بـرای مقابلـه بـا ایـن احسـاس،

بیشتر اوقات با حس فروتنی کاذب یا غرور کاذب رفتار می‌کنیم تا شرمی که احساس کرده‌ایم را پنهان کنیم. ما، به عنوان مسلمانان سابق، به‌گونه‌ای رشد کرده‌ایم که مسیحیان اقلیت در جامعه را تحقیر کنیم و باورهای مذهبی‌شان را زیر سوال ببریم؛ مثلا با گفتن اینکه بوی خوبی نمی‌دهند، کافر هستند یا زشت‌اند. تمایل ما این بود که مسیحیان را به‌خاطر اقلیت بودن شرمنده کنیم.

از دیدگاه فرهنگ شرم، ما اغلب آگاهانه تلاش می‌کنیم شرم خود را پنهان کنیم و در شرایط حاد، گاهی حتی با اقداماتی شدید مانند قتل ناموسی، تلاش می‌کنیم شرم را از بین ببریم. آبرو برای ما چنان ارزشمند است که برای حفظ آن و اجتناب از شرم، هر کاری انجام می‌دهیم. به همین دلیل، دروغ گفتن برای محافظت از آبرو در این فرهنگ گاهی به عنوان یک ارزش مثبت تلقی می‌شود.

وقتی آبرویتان را از دست می‌دهید و شرمنده می‌شوید، دو چیز اصلی تحت تاثیر قرار می‌گیرد:

۱. هویتی که توسط خانواده و جامعه‌ای که در آن بزرگ شده‌اید شکل گرفته است، تحت تاثیر قرار خواهد گرفت و ممکن است احساس کنید ارزش شما نزد اطرافیانتان کاهش یافته است. برای مثال، فردی تجربهٔ خود را با ما به اشتراک گذاشت و گفت که زمانی به عنوان یک مسلمان، نظرش در جامعه اهمیت داشت، اما اکنون به عنوان مسیحی احساس می‌کند نظرش در خانواده یا جامعه ارزشی ندارد.

۲. شرم بیشتر اوقات با ترس همراه است. برای مثال، در پیدایش ۳، پس از گناه آدم، او احساس شرم کرد و در باغ عدن پنهان شد. او از خدا پنهان شد زیرا شرم و نافرمانی که تجربه کرد، باعث ترس او شد. بخش زیادی از کتاب مقدس در خاورمیانه اتفاق می‌افتد و شباهت‌های زیادی با فرهنگ خاورمیانهٔ فعلی ما دارد.

بُعد دیگر شرم زمانی است که اختلافات پیش می‌آید. واکنش طبیعی، تمایل به انتقام است. درسی که خدا به من آموخت این بود که کسانی که علیه من گناه کرده‌اند را ببخشم و دلم را از خطای او پاک کنم. دو سال طول کشید تا یاد بگیرم چگونه بر آسیبی که تجربه کردم غلبه کنم. مهم است که اجازه دهیم خدا احساسات عمیق ناشی از شرم را در ما التیام بخشد. خدا تمام جزئیات دردناکی را که از سر گذرانده‌ایم می‌داند. همان‌طور که مزمور ۱۳۹ به ما می‌آموزد، خدا ما را از نزدیک می‌شناسد و نیازی

نیست از حضور او بترسیم یا شرمنده باشیم.

یک دیدگاه مهم این است که به یاد داشته باشیم همهٔ مردم به شباهت خدا آفریده شده‌اند. ما باید به دیگران احترام بگذاریم، حتی بیشتر از احترامی که برای خودمان قائل هستیم. نیازی نیست آنها را رسوا کنیم یا ناپاکی‌هایشان را به نمایش بگذاریم. همهٔ ما گناهکاریم. ما در برابر خدا مسئول و پاسخ‌گو هستیم.

کتاب مقدس مملو از تصاویری دربارهٔ شرم است. وقتی آدم گناه کرد، خدا گناه او را با پوست حیوان پوشاند که به روز کفاره در عهد عتیق اشاره دارد. وقتی نوح برهنه بود، پسرانش پَس پَس راه می‌رفتند تا شرم و برهنگی نوح را نبینند، زیرا برهنه بودن در مقابل دیگران شرم‌آور بود. در عهد جدید، یوسف نجار نمی‌خواست مریم را با بارداری قبل از ازدواجش که می‌توانست طبق روایات یهودی منجر به سنگسار شدن او شود، در معرض شرم قرار دهد. دعای مداوم مادرم برای من این بود که خدا مرا در بر بگیرد؛ این استعاره‌ای از پوشاندن خطاهای ما توسط خدا است. وقتی عیسی برای ما مرد، شرم گناه ما را پنهان کرد. همان‌طور که کتاب مقدس می‌گوید، عیسی ننگ صلیب را تحمل کرد (عبرانیان ۱۲:۲). همهٔ ما به‌دلیل گناه، غرق در شرم هستیم، اما آبروی حقیقی در این است که چگونه پاک از گناه و شرم خودمان، در پیشگاه خدا بایستیم.

واکنش ما به شرم چیست؟ اعتراف و توبه کلید حل این مشکل هستند. اول، ما باید از گناهی که نسبت به برادر/خواهر خود مرتکب شده‌ایم توبه کنیم، زیرا آنها به شباهت خدا آفریده شده‌اند. دوم، ما باید به جای واکنش نشان دادن با پیش‌فرض‌های فرهنگی انتقام یا چشم دوختن به عدالت، با بخشش پاسخ دهیم. سوم، باید یاد بگیریم کسانی که به ما آسیب رسانده‌اند را ببخشیم. مسیحیان باید شریف باشند و ما زمانی شریف هستیم که دیگران را می‌بخشیم و به آنها احترام می‌گذاریم. ما که در خاورمیانه بزرگ می‌شدیم همیشه می‌گفتیم «خون هرگز آب نمی‌شود»، اما وقتی مسیحی شدم، از خانواده‌ام عصبانی بودم که چرا از من شرمنده بودند. مجبور شدم آنها را به‌خاطر این خیانت ببخشم. همان‌طور که در بلوغ ایمان جدیدم رشد می‌کردم، متوجه شدم که آنها به‌دلیل گرویدن من به مسیح، شرمساری را با خود حمل می‌کنند. باید به یاد داشته باشیم که مشکلات همیشه مربوط به کاری که مردم با ما کرده‌اند، نیست، بلکه گاهی مربوط به کاری است که ما با آنها انجام داده‌ایم. ما باید شرم یکدیگر را بپوشانیم.

مسیـح مـا را فـرا می‌خوانـد کـه دیگـران را بیشـتر از خودمـان دوسـت داشـته باشـیم، بـه ایـن معنـی کـه بایـد از کاری کـه بـا دیگـران انجـام داده‌ایـم توبـه کنیـم. مسیـح الگـوی ماسـت. او بـرای مـا مُـرد، و بـا مـرگ شـرم‌آور بـر روی صلیـب، آبـروی خـود را از دسـت داد تا بـه مـا در رابطه‌مـان بـا خـودش آبـرو ببخشـد.

بحث‌هایی در مورد شرم دیرینه: چالش‌ها

آنچـه در ادامـه می‌آیـد، مباحـث جلسـهٔ جانبـی بـا موضـوع شـرم در بافت خاورمیانـه اسـت. مطالـب بـه صـورت چالش‌هـا و سـپس راه‌حل‌هـای پیشـنهادی ارائـه شـده اسـت.

شـرم دیرینـه مسـئلۀ بسـیار عمیقـی اسـت. تقریبـا طاقت‌فرسـا بـه نظـر می‌رسـد. نسـل اول بـا شـرم دسـت و پنجـه نـرم خواهـد کـرد، امـا نسـل دوم بیشـتر از نسـل اول از شـرم دیرینـه رهـایی خواهـد داشـت.

پیچیـدگی شـرم، چندلایـه اسـت: تحقیـر خـود در نظـر دیگـران هزینـه‌ای دارد. نمونـه‌ای از پیچیـدگی شـرم، مربـوط بـه یـک شـبان عـرب اسـت کـه اگـر انتظـارات مـردم از خـودش را بـرآورده نمی‌کـرد، بـا احتمـال از دسـت دادن افـرادی کـه بـه مراسـم او می‌آمدنـد مواجـه بـود. ایـن رابطـه پیچیـده بـود، زیـرا او تلاش می‌کـرد نیازهـای شـرکت‌کنندگان را بـرآورده کنـد، در حـالی کـه بیشـتر آنهـا مسیحـی نشـده بودنـد. از دیـدگاه او، نمی‌توانسـت بـرخلاف هنجارهـای فرهنگـی کـه بخشـی از فرهنـگ آبـرو و شـرم بودنـد عمـل کنـد و هزینـۀ چنیـن رفتـاری بـرای کسـانی کـه بـا او کار می‌کردنـد بسـیار زیـاد بـود، زیـرا شـرکت‌کنندگان در مراسـم او از همـان قوانیـن پیـروی نمی‌کردنـد.

متوجـه شـدیم کـه گفتـوگـو بـه بحـث دربـارۀ هزینـۀ شاگردسـازی عیسـی مسیـح کشـیده شـد، امـا پیشـنهاد شـد بـه جـای تمرکـز بـر هزینـه، دربـارۀ سـودی کـه در مسیـح داریـم صحبـت کنیـم. اَبونـا مَکاری، شـبان فقیـد قبطـی، بیشـتر اوقـات دربـارۀ آنچـه در مسیـح بـه دسـت می‌آوریـم صحبـت می‌کـرد. چالـش ایـن اسـت کـه عیسـی گفتـه مـا ممکـن اسـت پـدر، مـادر، بـرادر و خواهـر خـود را تـرک کنیـم، امـا در عـوض چیزهـای دیگـری را بـه دسـت خواهیـم آورد (مثلا متـی ۱۹:۲۹؛ مرقس ۱۰:۲۹). چالـش کلیسـا بـه طـور کلـی ایـن اسـت کـه آیـا تجربـه و حقیقـت زنـدگی مشـترک در بـدن مسیـح واقعـا منعکس‌کننـدۀ یـک خانـوادۀ جایگزیـن اسـت

که کسی بخواهد عضوی از آن باشد یا خیر. اگر کلیسا تنها به عنوان جمعی از افراد تعریف شود که برای گذراندن اوقات خوش در روز یکشنبه برای پرستش دور هم جمع می‌شوند، در حالی که از دوشنبه تا شنبه هر کس زندگی فردی خود را دارد، این برای کسانی که از فرهنگی آمده‌اند که در آن خانواده و والدین بسیار ارزشمند هستند، چندان جذاب نخواهد بود. آیا آنها حاضرند تمام این روابط را رها کنند و با شرم ناشی از گرویدن به مسیح و به طور هم‌زمان افتخار حضور در این جامعهٔ جدید، در میان قوم خدا زندگی کنند؟

شرم و آبرو می‌توانند مثبت یا منفی باشند. عیسی در فرهنگی مملو از شرم و آبرو زندگی می‌کرد و این ویژگی‌ها به خودی خود منفی نیستند؛ آنها می‌توانند شگفت‌انگیز، مثبت و رهایی‌بخش باشند. نکته این است که شرم و آبرو را در چه چیزی می‌یابیم و آبروی خود را در چه چیزی قرار می‌دهیم: آیا در شخصیت خودمان که خودخواهانه است، یا بیشتر در رابطه‌مان با مسیح و پیروی از او؟ افرادی که از فرهنگ‌های آبرو و شرم می‌آیند، در سطح جهانی چیزهای زیادی برای ارائه دارند و به اندازهٔ کسانی که از فرهنگ غربی یا فرهنگ گناه/عاری از گناه می‌آیند، می‌توانند به بدن جهانی مسیح کمک کنند. در هر فرهنگی عناصر مثبت و منفی وجود دارد. کسانی که بی‌آبرو شده‌اند، از نظر خانواده‌هایشان تعلق و هویت چیزهای زیادی را از دست داده‌اند و هویت خود را به بدن مسیح تغییر داده‌اند. بدن مسیح باید شایستهٔ کسانی باشد که برای پیروی از مسیح چیزهای زیادی را از دست داده‌اند؛ این کار با احترام به کسانی که خانوادهٔ خود را از دست داده‌اند و تبدیل شدن به یک خانوادهٔ جایگزین برای آنها محقق می‌شود. از فردی که بی‌آبرو یا شرمگین شده است نمی‌خواهیم که فقدان خود را تسکین دهد، اما باید درک کنیم کلیسایی که در فرهنگی با پیشینهٔ شرم و آبرو فعالیت می‌کند، باید به کرامت این افراد و هزینه‌ای که می‌پردازند، احترام ویژه‌ای بگذارد.

مشخص شد که بسیاری از این اعضای کلیسای مسیحی (با پیش‌زمینهٔ اسلامی) که در جوامع خود، چه کلیساهای ایرانی و چه کلیساهای عربی، زندگی می‌کنند و به جامعهٔ وسیع‌تر، مانند کلیسای غرب، نگاه نمی‌کنند. آنها کلیسا را در فرهنگ خود تجربه می‌کنند و می‌خواهند در میان همتایان خود مورد احترام قرار گیرند؛ برای انجام این کار، باید خادم شوند. این امر، تمام نظام ارزشی آنها را وارونه می‌کند. این اتفاق پس از

گرویـدن بـه مسیحیـت بـه طـور خـودکار اتفـاق نمی‌افتـد، زیـرا شـاگردان هرگـز تـا پـس از صعـود عیسـی و عطـای روح‌القـدس بـه مـا، مفهـوم خـادم بـودن را درک نکـرده بودنـد. حتـی پـس از پنتیکاسـت، شـاگردان بـا زنـدگی در قالـب خـادم بـودن مشـکل داشـتند.

بُعـدی کـه تنهـا در طـول بحث‌هـا بـه آن اشـاره شـد، تاثیـر وضعیـت ذمیـت بـر مسیحیـانی اسـت کـه از اسلام خـارج می‌شـوند، و ایـن وضعیتـی شـرم‌آور اسـت. اسلام هـر کسـی را کـه از آن خـارج شـود، در دسـتۀ قانـونی شـرم‌آور قـرار می‌دهـد. در پاسـخ، پیـروان خاورمیانـه‌ای مسیـح، هویـت خـود را بـا تصاویـر شـهدا در کلیسـاها و خانه‌هـا ابـراز می‌کننـد. شـهید بـودن بـرای آنهـا امـری کـاملا طبیعـی و بخشـی از هویتشـان اسـت. ایـن شـهدا الگوهـای آنهـا هسـتند و ایـن هویـت از طریـق ثـروت یـا چیزهـای مـادی بـه دسـت نمی‌آیـد، بلکـه شـهید بـودن راهـی بـرای کسـب جلال ابـدی اسـت. آیـا ایـن روش، راهـی بـرای ایمانـداران بـا پیش‌زمینـۀ اسلامی اسـت تـا بـا شـرم خـود کنـار بیاینـد؟

دیـدگاه دیگـری از آبـرو و شـرم نـاشی از زنـدگی در دنیـای جهانـی/محلـی اسـت. پـس از همه‌گیـری کوویـد-۱۹، بسیـاری از کلیسـاها بـه ضـرورت، فعالیت‌هـای خـود را بـه فضـای آنلایـن منتقـل کردنـد. کلیسـاهای مشـهور و بـزرگ، تصویـری از مراسـم پرسـتشی ارائـه می‌دهند کـه بسیـار جذاب اسـت و رونـدی رو بـه رشـد از تبدیـل شـدن ایـن کلیسـاها بـه سـازمان‌های اعـزامی مبشـران قابـل مشـاهده اسـت، و همـراه بـا آن، منابـع مـالی قابـل توجهـی نیـز جـذب می‌کننـد. ایـن تصاویـر نمونـه‌ای از آبـرو و افتخـار زیـاد را نشـان می‌دهنـد و کلیسـای نوپـای مسیحیـان بـا پیش‌زمینـۀ اسلامی می‌خواهـد از آنچـه بـه صـورت آنلایـن می‌بینـد، الگوبـرداری کنـد. اکنـون مـا در جهانـی متصـل بـه هـم و هم‌زمـان در دنیـای محلـی زنـدگی می‌کنیـم کـه مجموعـه‌ای از مشـکلات و فرصت‌هـای خـاص خـود را بـه همـراه دارد.

یـک برداشـت دیگـر ایـن اسـت کـه مـا، بـه عنـوان کلیسـای غـرب، گاهـی بـه چیزهـایی احتـرام گذاشـته‌ایم کـه هسـتۀ اصلـی شـرافت مسیـحی نیسـتند. مـا بـه قـدرت، اعتبـار، میـز خطابـۀ بـزرگ، مقام‌هـای بلندمرتبـه و تعـداد افـراد توجـه می‌کنیـم. بخشـی از مشـکل ایـن اسـت کـه در غـرب، بـه طـور ضمنـی یـا صریـح ایـن پیـام اعلام شـده اسـت کـه بـرخی چیزهـا ارزش احتـرام را دارنـد، در حـالی کـه ارتبـاط کمـی بیـن آنهـا و پیـروی واقعـی از عیسـی و ایمـان کتـاب مقدسـی وجـود دارد. مسیحیـان بـا پیش‌زمینـۀ اسلامی هنگام ورود بـه چنیـن دنیـایی بـا موقعیـتی گیج‌کننـده مواجـه می‌شـوند کـه طـی کـردن مسیـر در آن دشـوار اسـت.

بحث‌هایی در مورد شرم دیرینه: راهکارها

الگوسازی شفافیت: انجیل و ایمان بهترین شکل خود را وقتی نشان می‌دهند که از فردی به فرد دیگر منتقل شوند. رهبران و افراد تاثیرگذار در خاورمیانه باید الگویی باشند که نشان دهند ما تحت اقتدار و تسلیم رهبری کلیسای جهانی عمل می‌کنیم. ما باید نمونه‌ای باشیم که چگونه اصلاح می‌شویم و آشکارا دربارهٔ چگونگی اصلاح خود صحبت کنیم. من بارها با برادران و خواهران عربم در میان گذاشته‌ام که چگونه طی سال‌ها در ازدواجم تغییر کرده‌ام. متوجه شدم کارهایی انجام داده‌ام که احمقانه بوده‌اند؛ مغرور، متکبر و نسبت به همسرم اقتدارگرا بوده‌ام و همهٔ این رفتارها نیاز به تغییر بنیادی داشتند. الگوسازی این نوع شفافیت بهویژه برای شاهدانی که عرب یا ایرانی نیستند، اهمیت زیادی دارد.

دربارهٔ هزینه صحبت کنید: وقتی به مسیح ایمان می‌آورید، همه چیز مثبت نیست. چیزهایی را از دست خواهید داد و فداکاری لازم است، و این یک چیز افتخارآمیز است. افتخاری که به شباهت مسیح باشد با هنجارهای فرهنگی متفاوت به نظر می‌رسد، زیرا با فقدان چیزهایی دیگر همراه است. ما، بهویژه مسیحیان با پیش‌زمینهٔ اسلامی، باید در مورد فقدان‌هایی که برای اطاعت از مسیح متحمل شده‌ایم صادق باشیم و انجام این کار نیز شادی حقیقی را در پی دارد. مردم باید این واکنش ناشی از بلوغ مذهبی را ببینند تا بتوانند در آن سهیم شوند. الگوسازی، کلید ماجرا است.

الگو قرار دادن هویت خود در مسیح: شرافت ما در الگو قرار دادن هویت خود در شباهت خدا، یعنی آفریده شدن به شباهت خدا، قابل مشاهده است. اول، هویت ما در مسیح یافت می‌شود. دوم، پیروی از مسیح شامل برداشتن صلیب و پیروی از عیسی تا زمان رستاخیز اوست. این عیسی است که مصلوب شده است.

الگوسازی از طریق بخشش: درخواست بخشش از دیگران برای گناهانی که بزرگ نیستند، بسیار مفید است. بسیاری از افراد هرگز ندیده‌اند که یک دوست واقعی چگونه رفتار می‌کند، در حالی که این نوع الگوسازی، نشان‌دهندهٔ احساسات صادقانه و واقعی بودن است و شرم‌آور نیست. ما باید شخصیتی مسیح‌گونه را نه با احساس شرم، بلکه با نشان دادن چگونگی انتقال این احساسات به عیسی، الگوسازی کنیم. با این

شفافیت، به مسیحیان با پیش‌زمینهٔ اسلامی نشان می‌دهیم که داشتن هویت در مسیح چه معنایی دارد؛ هویتی که قابل احترام است.

ایجاد یک جامعهٔ تعلیم‌پذیر: همچنین مهم است کسانی را پیدا کنیم که دلشان به آنها می‌گوید: «من باید بیشتر یاد بگیرم.» این نشانهٔ خوبی است که آنها در حال غلبه بر گذشتهٔ شرم‌آور خود هستند. اینها افرادی هستند که باید به دنبال آنها باشیم تا به شکل‌گیری رهبری مسیحی حقیقی کمک کنند. با عیسی، هر چیزی ممکن است، اما در حال حاضر برای ما بسیار دشوار است.

تمرکز بر مسیح: بهترین تجربه‌ای که در حل اختلاف داشتم زمانی بود که مسیر گفت‌وگو را از خود مردم به مسیح تغییر دادم. می‌توانیم به‌سادگی بپرسیم: «بیایید به مسیح و آنچه او انجام داد نگاه کنیم.» تغییر گفت‌وگو از احساسات آنها، فاصله را از وضعیت فعلی کم می‌کند. وقتی در مورد مسیح صحبت می‌کنیم، به نظر می‌رسد همه چیز روشن می‌شود. همه چیز شفاف‌تر می‌شود. زندگی عیسی در نحوهٔ برخورد با هر موضوعی بسیار واضح است. این بهترین راه برای ایجاد تغییر در شرایط فعلی است.

چشم‌انداز بلندمدت برای دگرگونی: این مثال هنگام بحث دربارهٔ مسائل پیچیدهٔ شرم دیرینه به اشتراک گذاشته شد. من یکی از پیشگامان تاسیس کلیسا در مناطق بسیار فقیرنشین نیویورک و نیوجرسی بودم. شورای تاسیس کلیسا می‌خواست هر کلیسای جدید ظرف ۳ تا ۵ سال خودکفا و خودگردان شده و برای ادامهٔ کار متکی به خود باشد. به جای تمرکز بر ۳ تا ۵ سال، پیشنهاد دادم که به ۳ تا ۵ نسل فکر کنیم. اگر بتوانید جلوی ماریپیچ نزولی را در نسل اول بگیرید، خود قدرت انجیل انسان‌ها را دگرگون خواهد کرد. سپس با نسل دوم کار می‌کنید، اما آنها از قبل تحت تاثیر ارزش‌ها و عادات نسل اول قرار گرفته‌اند. کلیسا به عنوان والد جایگزین برای این نسل دوم، راه جدیدی برای زندگی به آنها نشان می‌دهد. سپس، به خواست خدا، از پیوند یک ازدواج مسیحی نسل دوم، نسل سومی ظهور خواهد کرد که رهبران بالغ کلیسا خواهند شد. این فرآیند ممکن است در نسل اول نیز اتفاق بیفتد، اما زیاد رایج نیست. تغییر یک جهان‌بینی، فرآیندی است که برای تحقق کامل، چندین نسل طول می‌کشد. آسان نیست و هزینه‌بر است؛ ما باید مبارزه برای آن را بپذیریم و دربارهٔ آن صحبت کنیم. همهٔ مردم، به‌ویژه تحت فشار خانواده و جامعه یا به‌دلیل نامنی‌های شخصی، حاضر

به پرداخت این هزینه نیستند. این بخشی از خدمت ما با نسل اول است و نیازی به شکایت در این‌باره نیست. داشتن یک چشم‌انداز بلندمدت در خدمت، بسیار مفید است. **منابع:** در دورهٔ پیوستن به خانواده، مصاحبه‌هایی با ایماندارانی با پیش‌زمینهٔ اسلامی (ایرانی، پاکستانی و دیگران) در مورد تجربهٔ آنها در ادغام در کلیساهای غربی وجود دارد.‎ این دوره مفیدی است که مسائلی را که اعضای خانواده‌های مسیحی با آن مواجه هستند، در نظر می‌گیرد. تیم گرین در زمینهٔ کار در جوامعی که آبرو/شرم در آنها اهمیت حیاتی دارد، کارهای خوب زیادی انجام داده است.

نتیجه‌گیری

آبرو و حفظ آن یکی از نیروهای غالب بر افرادی است که در فرهنگ آبرو و شرم بزرگ می‌شوند. آبروی خانواده وابسته به رعایت استانداردهایی است که توسط خانواده، قبیله، محل، فرهنگ و مذهب تعیین می‌شوند. هر دو سخنران ما، شرم را با عباراتی بسیار شخصی توصیف نموده و آن را به عنوان احساسی سنگین از عدم تطابق با استانداردهای فرهنگی تعریف کردند. این احساس با حس بی‌حرمتی، عدم مقبولیت و بی‌دفاع بودن همراه است.

کشورهایی که در نشست مشورتی ما حضور داشتند، در مطالعهٔ هافستِد به عنوان جوامع جمع‌گرا شناخته شدند و تایید شد که در این کشورها، شرم یک ارزش فرهنگی است. با این حال، سخنرانان ما اذعان کردند که شرم در خاورمیانه از بدو تولد بار سنگینی است و تا پایان عمر باقی می‌ماند. هویت فرد شرمسار، به‌ویژه هنگامی که مسیحی می‌شود، تحت تاثیر قرار می‌گیرد و او ارزش خود را در نظر دیگران از دست می‌دهد. ترس نیز با شرم همراه است و واکنش‌ها متعددند؛ از احساس رهاشدگی، کناره‌گیری از جامعه، انزوا و سرزنش خود گرفته تا واکنش طبیعی انتقام از کسانی که فرد را شرمسار کرده‌اند، برای

بازیابی کمی آبرو. اجماع بر این بود که نسل اول با شرم دست و پنجه نرم خواهد کرد، اما نسل دوم در رهایی از شرم دیرینه تجربهٔ بیشتری خواهد داشت.

راه‌حل‌هایی که توسط سخنرانان اصلی ارائه شد، بسیار آموزنده بودند. اولین مورد، داشتن نگاهی بلندمدت به تاثیر فرهنگ شرم بر فرد بود. اگرچه فردی اسلام را ترک کرده و به مسیح گرویده است، اما اسلام به طور کامل نسل اول را ترک نکرده است، که اشاره‌ای به لاویان ۳:۱۸ دارد. نسل اول با اثرات باقی‌ماندهٔ شرم دست و پنجه نرم می‌کند. دوم، الگوسازی شفافیت یا پذیرش آشکار ضعف‌ها و شکست‌ها بود؛ شاگردسازی باید از همان ابتدا گنجانده شود و یاد بگیریم که اعتراف به اینکه همهٔ پاسخ‌ها را در اختیار نداریم، شرم‌آور نیست و باید از تظاهر به دانستن همه چیز دست برداریم. سوم، پاسخ به شرم باید بخشش باشد و نه انتقام‌گیری که واکنش پیش‌فرض این فرهنگ‌هاست. چهارم، یادگیری بخشیدن کسانی که به ما آسیب رسانده‌اند؛ عیسی الگوی ما در بخشیدن شرم بر صلیب است. علاوه بر این، کتاب مقدس مملو از نمونه‌های شرم است که می‌تواند با فرهنگ ما ارتباط برقرار کند.

گروه‌های بحث ما نشان دادند که شرم پیچیده است، اما راه‌های مختلفی برای دیدن آن وجود دارد. بسته به دیدگاه، شرم می‌تواند مثبت یا منفی باشد. بسیاری از اعضای کلیسای مسیحیان با پیش‌زمینهٔ اسلامی به‌خاطر شرم صلیب، آبروی خود را در خانواده و جامعه از دست داده‌اند. مهم است که رهبران کلیسا صادقانه دربارهٔ هزینهٔ پیروی از مسیح صحبت کنند، اما در عین حال پاسخی خردمندانه و حاکی از بلوغ و متمرکز بر مسیح ارائه دهند؛ کسی که صلیب را تحمل کرد، شرم آن را کوچک شمرد و نگاه ما را به خود دوخت (عبرانیان ۱۲). ما باید احساسات صادقانه را الگوسازی کنیم، اما نباید در این احساسات غرق شویم. هویت ما در مسیح، کلیسای او و جامعهٔ ایمانداران مسیحی است.

٥

اختلافات ناشی از رهبری مسموم:

«یک نفر باید مردم را کنترل کند»

بـرخی فرهنگ‌هـا از دیـدگاهی برابری‌طلبانـه سرچشـمه می‌گیرنـد کـه در آن همـهٔ افـراد برابـر تلـقی می‌شـوند، در حـالی کـه بـرخی دیگـر از فرهنگ‌هـا بـر جایـگاه و مقـام در یـک سلسله‌مراتب تاکیـد دارنـد. هـر دو، رویکـرد متفـاوتی بـه رهبـری ارائـه می‌دهنـد. در بسیاری از فرهنگ‌هـا، سـابقه‌ای طـولانی از رهبـری سیـاسی یـا مذهبی وجـود دارد کـه در آن قـدرت بـرای سـرکوب صداهـای مخالـف و تحمیـل اراده بـر مـردم بـه کار گرفتـه شـده است. بـا تکیـه بـر بینش‌هـای هافسـتِد کـه در فصـل اول بـه آن اشـاره شـد، ترکیبـی از فاصلـهٔ قـدرت بـالا (انتظـار مـردم بـرای توزیـع نابرابـر قـدرت)، اجتنـاب زیـاد از عـدم قطعیـت (حفـظ قوانیـن سختگیرانهٔ رفتـاری و عـدم تحمـل رفتارهـا و ایده‌هـای غیرمتعـارف) و قـرار گرفتـن در یـک جامعـهٔ مهـار شـده (جایـی کـه قدرتمنـدان افـراد زیردسـت خـود را کنتـرل می‌کننـد)، باعـث ایجـاد کشـش فرهنگـی بـرای پذیـرش رهبـران اقتدارگـرای قدرتمنـد می‌شـود کـه بـه نوبـهٔ خـود اعضـای کلیسـا را کنتـرل می‌کننـد. آیـا ممکـن اسـت ایـن الگوهـای حکومتـی بـر سیاسـت کلیسـا تاثیـر گذاشـته و منجـر بـه نـوعی رهبـری اقتدارگـرا یـا مسـتبدانه باشـد؟ در چنیـن سیسـتمی، نقـش رهبـر تامیـن نیازهـای افـراد تحـت مراقبـت اوسـت و کسـانی کـه از رهبـر بهره‌منـد می‌شـوند، وفـاداری بی‌چـون و چـرا را دِیـن خودشـان بـه او می‌داننـد. الگـوی فرهنگـی ایـن اسـت کـه مهـار از سـوی صاحبـان قـدرت اعمـال می‌شـود، نـه از درون، بـرخلاف الگـوی کتـاب مقـدسی کـه در آن روح‌القـدس رفتـار را از درون هدایـت می‌کنـد. تغییـر ایـن الگـو

زمان می‌برد تا هم رهبران و هم اعضای کلیسا به روش کتاب مقدسی سوق داده شوند. دو بُعد از این موضوع باید بررسی شود. اول، نقشی است که رهبر سوءاستفاده‌گر و مستبد در اختلافات کلیسا ایفا می‌کند. دوم، نقش اعضای کلیسا است که انتظار دارند و آرزو دارند رهبر، مردی قوی باشد تا آنها را کنترل کند و به آنها بگوید چه چیزی را باور کنند. هر دو بُعد اهمیت دارند، زیرا هر دو در شکل‌گیری و تشدید اختلافات نقش دارند.

ما دیده‌ایم که جماعت‌های کلیسایی در طول «مرحلۀ ماه عسل» حیات یک کلیسا رشد می‌کنند، اما وقتی اختلاف پیش می‌آید، گرایش‌های رهبری آشکار می‌شوند. تمایل انسان این است که از سبک رهبری که با آن آشناست استفاده کند. برای مثال، اگر شبان یا رهبر کلیسا پدر یا بزرگ‌تری در خانواده داشته باشد که رفتار درستی ندارد، در مواقع بحران، تمایل دارد از روشی آشنا برای مقابله با مشکلات بهره ببرد؛ حتی اگر این روش ایده‌آل نباشد، حداقل با آن راحت است. استفاده از روشی متفاوت می‌تواند دلهره‌آور باشد، زیرا رهبران از چهارچوب‌های آشنا فراتر می‌روند. این رهبران انتظار وفاداری بی‌چون و چرا و پیروی از ارادۀ خود را دارند. این وضعیت با هر گونه نامنی عاطفی، کمبود تجربه یا آموزش ناکافی که رهبر ممکن است داشته باشد، پیچیده‌تر می‌شود. نتیجه ممکن است پافشاری در حفظ موقعیت خود باشد، حتی اگر واضح باشد که موضع رهبر اشتباه است. بسیاری از شبانان خودخوانده، اعضا را از شرکت در جماعت‌های دیگر منع می‌کنند. پرسش این است که چگونه می‌توان بر مشکلات و اختلافات مرتبط با چنین سبک‌های رهبری فرهنگی که سعی در کنترل جماعت‌ها دارند، غلبه کرد؟ از دو سخنران، یکی اهل خاورمیانه و دیگری ایرانی، خواسته شد تا یک سخنرانی ضبط‌شدۀ ۲۰ دقیقه‌ای در مورد موضوع رهبری مسموم ارائه دهند و موضوع را معرفی کنند. آنچه در ادامه می‌آید، بحثی است که از این سخنرانی‌های اولیۀ مهم حاصل شد.

اختلاف از سوی رهبران مسموم - سخنرانی از خاورمیانه

من یک شبان دستگذاری‌شده هستم و به مدت سیزده سال به عنوان شبان ارشد در یک کلیسا خدمت کرده‌ام. من، به همراه دیگر رهبران هم‌فکر، در نظارت بر تاسیس

یـک کلیسـا، و کلیسـای خـودم بـه عنـوان یـک کلیسـای حـامی نقـش مهـمی داشـته‌ام. مـن هنـوز هـم نقـشی در رهبـری کلیسـاها دارم. همچنیـن بـه طـور گسـترده در زمینه‌هـای مصالحـه و آشـتی فعالیـت داشـته‌ام.

زنـدگی در فضایـی تحـت رهبـری مسـموم دشـوار اسـت. رهبـری مسـموم بـه نحـوهٔ ارتبـاط رهبـران بـا دیگـران مربـوط می‌شـود و در حقیقـت یـک نگـرش اسـت؛ نحـوهٔ تفکـر رهبـران دربـارهٔ خودشـان و چگونگی نـگاه آنهـا بـه خـود در رابطـه بـا دیگـران.

چگونـه می‌توانیـم از رهبـری مسـموم اجتنـاب کنیـم؟ چگونـه می‌توانیـم از رهبـری کـه خـود را خـدا بـر اطرافیانـش می‌دانـد، فاصلـه بگیریـم؟ راه‌حـل روشـن اسـت و در کلام خـدا آمـده اسـت. مـا بایـد آگاه باشیـم و بـررسی کنیـم کـه آیـا نگـرش برتـری نسـبت بـه دیگـران داریـم و فکـر می‌کنیـم از دیگـران بالاتـر هسـتیم یـا خیـر. بـه عنـوان رهبـران، به‌ویـژه اگـر از عطایـای رهبـری بـرای تاثیرگـذاری بـر دیگـران برخوردداریـم، بایـد مراقـب باشیـم. رهبـران واقعـی خـود را در خدمـت دیگـران قـرار می‌دهنـد، کـه ایـن در اصـل عملـی مسیحـی و بسیـار مثبـت اسـت. عیـسی رهبـر ایـده‌آل اسـت، زیـرا او را «شبان نیکو» می‌نامیدنـد. بـه عنـوان یـک شبان نیکو، جـان خـود را بـر روی صلیـب فـدا کـرد. مـا می‌توانیـم از عیـسی بیاموزیـم کـه چگونـه یـک رهبـر مسـموم نباشیـم.

مـردم نسـبت بـه رهبـران مسـموم چـه احساسـی دارنـد؟ اکثر افـرادی کـه در اطـراف رهبـران مسـموم هسـتند، احسـاس تـرس می‌کننـد. رهبـران مسـموم بـر افـرادی کـه بـه آنهـا اجـازهٔ ایجـاد تغییـرات، چـه مثبـت و چـه منفـی، را می‌دهنـد، اقتـدار دارنـد. سوءاسـتفاده از اقتـداری کـه بـه عنـوان رهبـر بـه مـا داده شـده، کـاری اشتباه اسـت.

فرهنگـی کـه ایمانـداران بـا پیـش زمینـهٔ اسلامـی از آن می‌آینـد، اغلـب فرهنگـی پـر از تـرس اسـت. ایـن تـرس نـاشی از رهبـران اقتدارگـرایی اسـت کـه مـردم را بـا قوانیـن ظالمانـه و قواعـد مذهبی تحـت کنتـرل داشـتند. علاوه بـر ایـن، آنهـا احسـاس گنـاه و شرمسـاری نیـز دارنـد، چرا کـه در فرهنگـی مبتـنی بـر شـرم و آبـرو زنـدگی کرده‌انـد کـه نحـوهٔ زنـدگی آنهـا را شکـل داده اسـت. وقتـی ایـن افـراد از خداونـد پیـروی می‌کننـد، تاریـخ زنـدگی در چنیـن فرهنـگ دشـواری را – گاهی سـی یـا چهـل سـال – بـا خـود بـه همـراه دارنـد. ایـن فرهنـگ تحـت سـلطهٔ تـرس و شرمسـاری بـوده اسـت و رهبـران از آن بـرای سوءاسـتفاده از اقتـدار بهـره می‌بردنـد. ایـن تاریـخ بـر جامعـهٔ کلیسـا نیـز تاثیـر گذاشـته اسـت. آنچـه لازم اسـت، تغییـر ایـن الگوهاسـت. مـا از

شاگردسازی به عنوان ابزاری برای دگرگونی و غلبه بر چنین عوامل منفی که ایمانداران قبل از پیروی از عیسی از فرهنگ خود آموخته‌اند، استفاده می‌کنیم. مهم است که فرهنگ کتاب مقدسی را بر هر چیز دیگری مقدم بدانیم. از طریق شاگردسازی واقعی و پیروی از الگوی رهبری عیسی، می‌توانیم از رهبری مسموم رهایی یابیم.

رهبری مسموم با چالش‌های مختلفی همراه است، به‌ویژه در زمینهٔ خاورمیانه. من سال‌ها شبان کلیساها و شبان ارشد کلیسایی در اورشلیم بودم و خودم یک شبان عرب-فلسطینی هستم. پس از مواجههٔ شخصی با مسیح، خداوند مرا به جمع کوچکی هدایت کرد که تمام چالش‌های مشترک کلیساها در سراسر جهان را تجربه می‌کرد. یکی از این اختلافات مربوط به یکی از رهبران ما بود که به‌دلیل عدم تفویض اختیار به شیوه‌ای مناسب، در سایر خدمات غرق شده بود. وقتی با او روبه‌رو شدم، واکنش او پرخاشگرانه بود و این منجر به شکاف آسیب‌زا در کلیسا شد. بسیاری از اعضا تحت تاثیر این اختلاف قرار گرفتند و واکنش کلیسا خصومت نسبت به رهبران بود. با وجود تمام تلاش‌های واسطه‌گری، بسیاری از اعضا تصمیم خود برای ترک دائمی کلیسا را تغییر ندادند. کسانی که در این اختلاف باقی ماندند و بخشی از آن بودند، توسط بقیهٔ جماعت با سوءظن به آنها نگاه می‌شد. ده سال بعد، زمانی که خودم شبان شدم، تلاش کردم رهبران نسل جدید را توانمند کنم. چند رهبر قدیمی از سبک رهبری من مرعوب شدند و کینه‌های قدیمی بار دیگر نمایان شد، اما این بار کمتر پرخاشگر بودند. هیچ ابراز خشم عمومی وجود نداشت، اما یادداشت‌های زیادی مبنی بر طردشدگی دریافت کردم و برخی از رهبران حتی کلیسا را ترک کردند. به عنوان رهبر، احساس تهدید و حمله می‌کردم. برای من سخت بود و سعی کردم روابط را بازیابی کنم، اما برای برخی دیگر خیلی دیر شده بود. احساس می‌کردم با من عادلانه رفتار نشده است. نمی‌توانم انکار کنم که برخی واکنش‌های من مسموم یا ناسالم بودند. به کسی نیاز داشتم که با او صحبت کنم و از بیرون کمک گرفتم. احساس ناامنی می‌کردم و شک داشتم که آیا رهبر خوبی هستم یا نه. به‌شدت آسیب دیده بودم و به بهبودی نیاز داشتم.

من به هر کسی که تجربه‌ای مشابه را پشت سر می‌گذارد توصیه می‌کنم از راهنماهای افراد باتجربه‌تر و مسن‌تر کمک بگیرد، به دنبال مشورت باشد تا بتواند احساسات خود را به اشتراک بگذارد و از دیگران بخواهد برای او دعا کنند. بینش آنها می‌تواند فرد را در

مسیر درست عبور از چالش‌های رهبری راهنمایی کند. برای کلیساهای خاورمیانه، مانند کلیساهای دیگر زمینه‌ها، تجربهٔ اختلاف اغلب اعضا را از هم جدا می‌کند. در سفرهایم متوجه شدم که کلیساها اختلافاتی مشابه با کلیساهای ما دارند و در بیشتر این موارد اکیدا توصیه می‌کنم از کمک‌های خارجی، مانند سازمان‌ها یا مشاورانی که می‌توانند برای حل اختلاف‌ها راهکاری ارائه بدهند، استفاده شود. در صورت جدایی کلیسا، دو طرف درگیر باید با توافق متقابل و شرایط مناسب از هم جدا شوند. همچنین توصیه می‌کنم گروه‌ها یا خدمات تخصصی در زمینهٔ بهبود آسیب‌های روانی برای ترمیم روابط از هم پاشیده در این اختلافات ورود کنند. اگر این اقدامات انجام شود، نور مسیح بر شما خواهد تابید و به احیای خدمت کمک خواهد کرد.

سفر من در مسیر رهبری توهین‌آمیز و مسموم - دیدگاه ایرانی

واقعا افتخار بزرگی است که از من دعوت شده تا در این موضوع مهم مشارکت کنم. هر زمان که برای بحث در مورد مسائل شاگردسازی در میان جوامع مسیحی با پیشینهٔ اسلامی دور هم جمع می‌شویم، از این موضوع قدردانی می‌کنم، زیرا این موضوعات برای من بسیار عزیز و گرامی هستند. امیدوارم این بحث‌ها به ما کمک کند تا درک خود را از چگونگی شاگردسازی، آموزش و تجهیز جنبش رو به رشد مسیح در جهان اسلام را افزایش دهیم. من دربارهٔ بستر کلیسای ایرانیان صحبت خواهم کرد.

می‌خواهم کمی خودم را معرفی کنم تا مرا بشناسید. من از سال ۱۹۸۵ مسیحی بوده‌ام. در نوجوانی ایران را ترک کردم و از طریق خدمت برخی از مبشران آمریکایی در اروپا، در یک کلیسای مسیحی با انجیل آشنا شدم. من به عنوان یک نوجوان ۱۶ سالهٔ مسلمان ایرانی، تسلیم الوهیت مسیح شدم و از آن زمان تاکنون در این سفر با مسیح همراه بوده‌ام. اکنون کلیساهای ایرانی را تعلیم می‌دهم و تجهیز می‌کنم.

من از سال ۱۹۸۸ با مسیحیان ایرانی خارج از ایران در ارتباط بوده‌ام و در ۲۲ سال گذشته، عمیقا با کلیساهای مسیحی در ایران و مهاجران آن ارتباط داشته‌ام. در دو دههٔ گذشته، افتخار داشته‌ام که به عنوان معلم در دنیای مسیحیت ایرانی خدمت کنم. با کلیساهای رسمی (دارای مکان رسمی) در داخل ایران، جنبش کلیسای خانگی در ایران و کلیساها و جماعت‌های ایرانی در سراسر جهان ارتباط برقرار کرده‌ام. در کنفرانس‌ها و نشست‌ها

تدریس کرده‌ام و در تلویزیون ماهواره‌ای سخنرانی داشته‌ام. همچنین از طریق مرکز الهیات پارس، در آموزش و تربیت نسلی از رهبران جدید ایرانی مشارکت دارم.

موضوع رهبری سوءاستفاده‌گر و مسموم در کلیسا در طول دو دههٔ گذشته، همواره یکی از موضوعات بسیار مهم تدریس من بوده است. خوشحالم که مستقیما به این موضوع می‌پردازیم و از برخی گفت‌وگوهای بسیار دشواری که باید در کلیسا داشته باشیم، طفره نمی‌رویم.

فکر می‌کنم بهترین راه برای صحبت در مورد این موضوع این است که شما را در سفر ۲۰ سال گذشته‌ام با خود همراه کنم تا مروری بر زندگی‌نامه‌ام و چگونگی ورودم به این گفت‌وگو داشته باشید. در طول این سفر، متوجه سه مرحله در رشد من خواهید شد.

اولین باری که از رهبری مسموم آگاه شدم، در سال ۱۹۹۹ و در یک کنفرانس بود. در آن زمان با مسیحیان ایرانی آشنا شدم که در ایران زندگی می‌کردند و برای مدتی کوتاه به خارج از کشور آمده بودند و سپس به کشور بازمی‌گشتند. من مترجم یک سخنران ارمنی-لبنانی بسیار مشهور بودم که برای صحبت با گروه ایرانی ما آمده بود. او حرفی زد که عمیقا بر زندگی، خدمت و تدریس من تاثیر گذاشت و گفت: «در ۳۰ سال خدمتم در خاورمیانه، هرگز ندیده‌ام که شبانی به گناهی اعتراف کرده باشد یا به اشتباهی اذعان کرده و طلب بخشش کند.» این حرف برای من شوکه‌کننده بود. من با وضعیت کلیسا در خاورمیانه و مشکلات مرتبط با تکبر و خودخواهی بسیاری از رهبران مسیحی آشنا بودم، اما شنیدن این نوع اعتراف از یک رهبر برجسته و محترم شگفت‌آور بود. بیشتر اوقات، مردم رهبران را در جایگاهی روحانی قرار می‌دهند، گویی شبان‌ها هرگز با گناه، اشتباه یا چالش‌های شخصی مواجه نمی‌شوند و در سطحی متفاوت از دیگران قرار دارند. وقتی این را شنیدم، تصمیم گرفتم که خودم به عنوان رهبر ایرانی الگویی ایجاد کنم که این قالب را بشکند؛ برخلاف روند پنهان شدن پشت عنوان یا مقام عمل کنم، آسیب‌پذیر باشم و دربارهٔ چالش‌ها، گناهان و اشتباهاتم صحبت کنم. از آن زمان تمرکز زیادی روی معرفی نویسندگان و آثار مسیحی کردم که می‌توانند در پرداختن به این موضوع مفید باشند. برای کسانی که سبک تدریس مرا می‌شناسند، معرفی کتاب‌ها و منابع مناسب مسیحی به کلیسای ایرانیان همواره مورد

علاقهٔ مـن بـوده اسـت؛ برخـی از ایـن کتاب‌هـا بـه فارسـی ترجمـه شـده‌اند و تاثیـر عمیقـی بـر ایمانـداران و رهبـران ایرانـی داشـته‌اند. هـدف مـن ایـن اسـت کـه پُلـی باشـم بـرای معرفـی منابـع ارزشـمند کلیسـاهای غـرب بـه کلیسـای ایـران.

کتاب‌هـای «در نـام عیسـی: اندیشـه‌هایی در بـاب رهبـری مسـیحی» اثـر هنـری نـوون و «فرزنـد اَبـا» اثـر برنـان منینـگ کـه بـه فارسـی ترجمـه شـده بودنـد، را بـه ایـران فرسـتادم و شـروع بـه معرفـی ایـن نویسـندگان کـردم کـه دربـارهٔ آسیب‌پذیـری، اصالـت و ضعـف رهبـران صحبـت می‌کننـد. تصویـری کـه ارائـه دادم ایـن بـود کـه حتـی رهبـران مسـیحی نیـز انسـان‌های درهم‌شکسـته هسـتند؛ مـا خودمـان شفادهنـدگان زخم‌هـا هسـتیم و فراخوانـده می‌شـویم تـا در مناصـب رهبـری خدمـت کنیـم، امـا ایـن بـه معنـای کامـل بـودن مـا در زندگـی شـخصی نیسـت. مـا می‌توانیـم مشـکلات عمیقـی داشـته باشـیم و در عیـن حـال در پیـروی از عیسـی و رهبـری در کلیسـا وفـادار باقـی بمانیـم. ایـن اولیـن مرحلـهٔ رشـد مـن بـود، زیـرا بـه مسـائل مربـوط بـه سوءاستفاده و رهبـری مسـموم مرتبـط می‌شـد و در آن، از طریـق نوشـته‌های هنـری نـوون و برنـان مَنینـگ، بـر موضـوع آسیب‌پذیـری رهبـران تاکیـد کـردم. ایـن، شـناخت فیـض بـرای آشـکار سـاختن خـود و آسیب‌پذیری‌هـای مـا، در حالـی کـه در فیـض خـدا ریشـه داریـم، را نیـز شـامل می‌شـد. کتاب‌هایـی ماننـد «عیسـایی کـه هرگـز نمی‌شـناختم» نوشـتهٔ فیلیـپ یانسـی و «باطـن و بیـرون» اثـر لَـری کـرَب نمونه‌هـای دیگـری از نویسـندگانی هسـتند کـه دربـارهٔ آسیب‌پذیـری رهبـران صحبـت می‌کننـد. ایـن نویسـندگان و مضامیـن بـه مـا کمـک می‌کننـد تـا بـا خـود و چالش‌هایمـان آشـنا شـویم، در حالـی کـه بـه فیـض خـدا پایبندیـم و آن فیـض را در روابطمـان بـا دیگـران در کلیسـا نشـان می‌دهیـم. ایـن مرحلـه، اولیـن مرحلـهٔ مـن در ایـن گفت‌وگـو و تمرکـز تدریـس مـن بـود و در آن تصویـری مثبـت از رهبـر ایده‌آل کلیسـا ارائـه شـد.

مرحلـهٔ دوم در درک مـن از رهبـری مسـموم چنـد سـال بعـد فـرا رسـید و ماننـد دفعـهٔ پیـش، بـا گفت‌وگویـی در یـک کنفرانـس آغـاز شـد کـه تاثیـر قابـل توجهـی بـر مـن گذاشـت. ایـن بـار در برلیـن بـودم و کتـاب فیلیـپ یانسـی، «عیسـایی کـه هرگـز نمی‌شـناختم»، را تدریـس می‌کـردم. در روز دوم کنفرانـس، یـک مـرد ایرانـی از یکـی از کشـورهای اروپایـی مـرا کنـار کشـید و پرسـید کـه آیـا می‌توانـد بـا مـن صحبـت کنـد. گفتـم: «حتمـا». اولیـن پرسـش او ایـن بـود: «از خـودت خجالـت نمی‌کشـی؟» مـن تعجـب کـردم، امـا لبخنـد زده و گفتـم: «نـه، چـرا؟» او ادامـه داد:

«شما تمام این آموزه‌ها و مضامین زیبا را دارید که ما را به ورود به فیض خدا فرا می‌خوانند و مردم را فریب می‌دهید تا وارد کلیساهای ایرانی شوند. وقتی وارد این کلیساها می‌شویم، با انواع سوءاستفاده‌ها و رهبری اقتدارگرا روبه‌رو می‌شویم.» او نمونه‌هایی از آنچه خود و دیگران در برخی کلیساها تجربه کرده‌اند را برای من بازگو کرد. صادقانه بگویم، نمی‌دانم که همهٔ آنها درست بودند یا اغراق‌آمیز، یا صرفاً دیدگاه و تجربیات شخصی او بود.

من از شنیدن برخی از این داستان‌ها بسیار شوکه شدم. به عنوان مثال، شبانی به یک پناهنده در اروپا لطف می‌کرد و به او کمک می‌کرد تا در یک خانهٔ جدید مستقر شود. اما از دیدگاه شبان، چون او این لطف را به پناهنده کرده بود، اکنون پناهنده موظف بود از شبان اطاعت کند، در کلیسا شرکت کند و مطیع او باشد. اگر پناهنده از اطاعت شبان امتناع می‌کرد، او خانواده را به مقامات گزارش می‌داد تا به ایران بازگردانده شوند. من از شنیدن این نوع داستان‌ها بسیار شوکه شدم و به این مرد گفتم که تنها کاری که می‌توانم انجام دهم، ارائهٔ آموزه‌هایی است که به پرداختن به این موضوع کمک کند. به ایالات متحده بازگشتم و کتاب ایمان مسموم: تجربهٔ شفا از سوءاستفادهٔ روحانی دردناک نوشتهٔ استیفن آرتِربِرن را یافتم. این کتاب را در تلویزیون ماهواره‌ای معرفی کردم و با واکنش منفی برخی از شبانان ایرانی در ایران مواجه شدم که می‌گفتند: «شما با صحبت در مورد این مشکلات، مایهٔ شرمساری کلیسا شده‌اید. همهٔ ملاهای ایرانی بسیار مسموم و فاسد هستند. چرا مشکلات یک کلیسای مسموم را برجسته می‌کنید؟» به یاد دارم هفته‌ای که این برنامه را در استودیویی در نشویل، تِنِسی ضبط می‌کردم، رسانه‌های آمریکایی بر سوءاستفاده در کلیسای کاتولیک متمرکز بودند. من مدام تاکید می‌کردم که این مشکل مختص کاتولیک یا پروتستان نیست، مشکل مسیحی یا مسلمان هم نیست، زیرا هر نظامی ممکن است روزی مسموم شود؛ ممکن است یک نظام مذهبی، یک سازمان، یک خانواده یا یک دولت باشد که در نهایت مسموم می‌شود. استیون آرتِربِرن پس از نوشتن «ایمان مسموم»، کتاب دیگری با عنوان «عیسی بیشتر، مذهب کمتر: گذار از قوانین به روابط» را نوشت. من این مجموعه را «ویژگی‌های یک ایمان سالم» نامیدم و بارها در کنفرانس‌ها و نشست‌ها تدریس نموده و بازخوردهای مثبت زیادی دریافت کرده‌ام. مرحلهٔ دوم تمرکز من در تدریس بر روی مسائلی مانند مسموم

بـودن، سوءاسـتفاده، اقتدارگـرایی، اجبـار، تـرس، قانون‌گـرایی، تفکـر سیـاه و سـفید، ذهنیـت «بـا مـا یـا علیـه مـا» و مسائل مربـوط بـه کنتـرل دیگـران بـود.

مرحلـهٔ سـوم در درک مـن از رهبـری مسـموم چنـد سـال بعـد فـرا رسـید. مـن بـا خسـتگیِ شـغلیِ وسیـعی در میـان ایمانـداران ایرانـی و رهبـران کلیسـا مواجـه بـودم کـه نـاشی از رویکردهـای ناسـالم بـه خدمـت و زنـدگی بـود. در ایـن مرحلـه، شـروع بـه مطالعـهٔ نوشـته‌های پیتـر اسـکازرو، از جملـه کتاب‌هـایی کـه مطالعـه کـردم، کتـاب کلیسـای سـالم از نظـر عاطفـی، نسـخهٔ بـه‌روز شـده و کامـل؛ کتـاب اگـر از نظـر عاطفـی نابالـغ باشـید، رسیـدن بـه بلـوغ روحانـی غیرممکـن اسـت؛ و کتـاب رهبـر سـالم از نظـر عاطفـی: چگونـه تغییـر زنـدگی باطنـی می‌توانـد کلیسـا، گـروه و جهان شـما را عمیقا متحـول کنـد، را می‌توانـم نـام ببـرم. تمرکـز اصلـی ایـن مرحلـه، شـناخت مفهـوم یـک کلیسـای سـالم، زنـدگی مسیـحی سـالم و سـبک رهبـری سـالم بـود. پیتـر اسـکازرو بـر تعییـن محدودیت‌هـا، سـوگواری درسـت و زنـدگی در آسیب‌پذیـری و شکسـتگی تاکیـد می‌کنـد، و مـن همچنـان بـر ایـن موضوعـات تاکیـد دارم، زیـرا دیـده‌ام کـه رهبـران و ایمانـداران ایرانـی بـه آن واکنـش بسیـار مثبتـی نشـان می‌دهنـد. علاوه بـر ایـن، آمـوزش دادم کـه مـا بایـد افـرادی ایمـن باشیـم. کتاب‌هـای کلیـدی کـه در ایـن زمینـه تدریـس کـرده‌ام شـامل کتـاب افـراد امـن: چگونـه روابطـی را پیـدا کنیـد کـه بـرای شـما مناسـب هسـتند و از روابطـی کـه مناسـب شـما نیسـتند دوری کنیـد و کتـاب مرزهـای مواجهـهٔ رو در رو: چگونـه آن گفت‌وگـوی دشـواری را کـه از آن اجتنـاب می‌کردیـد، بـه انجـام برسـانید، نوشـتهٔ هنـری کلآود و جـان تاونزنـد هسـتند. در ایـن مرحلـه، تمرکـز مـن بـر حرکـت بـه سـمت تبدیـل شـدن بـه یـک کلیسـای امـن، یـک دوسـت امـن و یـک رهبـر امـن بـود. بـرای تحقـق ایـن هـدف، لازم اسـت بـه مرزهـا، چـه مرزهـای خودمـان و چـه دیگـران، احتـرام بگذاریـم. از طریـق کنفرانس‌هـا و شـهادت‌های دانشـجویان مرکـز الهیـات پـارس، بازخوردهـای فوق‌العـاده‌ای در مـورد ایـن نـوع آمـوزش دریافـت کرده‌ایـم. متاسفانه، اطلاعـات نادرسـت و سـوءتفاهم‌های زیـادی در مـورد ایـن خدمـت وجـود دارد و بسیـاری از کلیسـاهای مسیـحی ایرانـی از فقـدان ایـن مرزهـا، امنیـت و رویکـردی سـالم بـه زنـدگی و رهبـری رنـج می‌برنـد.

تدریـس خـوب همیشـه هـم نتایـج قابـل پیش‌بینـی و مثبتـی نخواهـد داشـت. اولیـن بـار کـه بـا دکتـر مهـرداد فاتـحی در اولیـن نشسـت پـارس تدریـس کـردم و بـا شـبکه‌ای فوق‌العـاده از رهبـران مسیـحی ایرانـی از داخـل ایـران ارتبـاط برقـرار کـردم را به‌خـوبی بـه یـاد دارم. مـن

کتاب‌های کلیسای سالم از نظر عاطفی و کتاب افراد سالم را تدریس می‌کردم. پس از بازگشت آن رهبران به ایران، حدود دو سال بعد فرصتی پیش آمد تا دوباره با برخی از آنها دیدار کنم و همگی دربارۀ تاثیر این کتاب‌ها و آموزه‌های من بر زندگی، ایمان و خدمت خودشان صحبت کردند. با کمال تاسف، به‌دلیل آن آموزه‌ها، شبکۀ کلیسایی که با آن کار می‌کردند دچار فروپاشی شد. علت این تفرقه این بود که آنها متوجه شدند رهبران کلیدی‌شان تا چه حد مسموم و فریبکار بوده‌اند. مطمئن نبودم که آیا باید از تغییر مثبت آنها خوشحال شوم یا از تفرقۀ شبکۀ مهمی از کلیساها ناراحت باشم. هنوز هم گاهی به این موضوع فکر می‌کنم.

بیشتر اوقات سبک رهبری مسموم و سوءاستفاده‌گر قابل مشاهده نیست و مردم به‌دلیل شرم یا ترس در مورد آن صحبت نمی‌کنند. این یک نمونه از داستان‌هایی است که شنیده‌ام: یک رهبر به رهبر دیگری که تحت نظارت او قرار داشت گفته بود که نباید فرزندی داشته باشد، زیرا الزامات بشارتی چنان زیاد است که داشتن فرزند خودخواهی به حساب می‌آید. توصیۀ او به شبان این بود که خود را کاملا وقف خدمت خداوند کند. نمونۀ دیگر این بود که به شبانان جدید گفته می‌شد نمی‌توانند رشتۀ تحصیلی مورد علاقۀ خود را در دانشگاه دنبال کنند، زیرا نیازهای بشارتی بسیار زیاد است و آنها باید خود را کاملا وقف خدمت کنند و شغل یا رشتۀ دیگری را دنبال نکنند. این نوع کنترل و اجبار، سومین مرحلۀ یادگیری من در مورد رهبری مسموم و سوءاستفاده‌گر بود. من بر سلامت عاطفی، زندگی سالم و احترام به مرزها تاکید می‌کنم. مردم را تشویق کردم که به خواندگی، ساختار و مسیر منحصربه‌فرد رشد روحانی و ارتباط افراد با خدا احترام بگذارند. من بر آزادی فردی هر شخص در ارتباط با خدا و نحوۀ هدایت و شکل‌دهی روح خدا به زندگی او تاکید داشتم. تمایل در کلیسای ایران این است که رهبر کاملا مسئول باشد؛ او در مورد همه چیز تصمیم می‌گیرد، زندگی دیگران را با جزئیات کنترل می‌کند و به نظر می‌رسد رابطه‌ای ویژه با خدا دارد. بنابراین، شرکت‌کنندگان باید هر تصمیمی را با تایید رهبر بررسی کنند و مطمئن شوند که او خشنود است. این روندها در طول تاریخ و فرهنگ ایران بسیار شایع بوده و به رهبری مسموم و سوءاستفاده در کلیسا منجر شده‌اند.

من برای آنچه با آن روبه‌رو هستیم فقط یک راه‌حل ندارم، بلکه کاری که بیش از ۲۰

سال است انجـام داده‌ام این اسـت کـه بـه تدریـس در مورد کتاب‌هـا و نویسـندگان مرتبط ادامـه می‌دهـم. می‌خواهـم بـه الگوسازی آن نـوع اصالـت، آسیب‌پذیـری، وقـار، امنیـت، مرزهـا و سـبک زنـدگی و ایمـان سالمی کـه می‌خواهـم دیگـران درک کنند، ادامـه دهم. مـا بایـد بـه تدریـس، الگوسـازی، ارتبـاط برقـرار کـردن و بـه چالـش کشیـدن الگـوی قدیمی کـه می‌گویـد رهبـر همـه چیـز را می‌دانـد و همـه بایـد تسلیم رهبر باشـند، ادامـه دهیـم.

اینها سـه مرحلـه از سفر مـن در نحـوهٔ تعامـل با مضامین مسموم بـودن رهبـران و سوءاستفاده از ساختار اقتدارگـرا در بافـت ایـرانی اسـت. مـا دربـارهٔ شبان‌ها داستان‌های زیـادی داریـم کـه از کسـانی ناراحـت شـده و مـردم را از کلیسـا اخراج کـرده اسـت. اگـر هـر عضـوی بـه هـر دلیـلی، ماننـد ناامـنی شبـان، کمبـود حکمـت یـا تجربـه، شبـان را آزرده‌خاطـر کنـد، هـر زمان کـه شبـان احسـاس تهدیـد یـا چالـش کنـد، آزادانـه افـراد را از کلیسـا اخراج کـرده و آنهـا را بـه آشـوب و گنـاه متهـم می‌کنـد. ایـن نـوع رویکـرد اقتدارگرایانـه بـه خدمـت از طریـق کنتـرل و اجبـار کـردن دیگـران، فرهنـگ تـرس را ایجـاد می‌کنـد. بایـد بـه موضـوع عـدم شفافیـت رسیـدگی شـود. تحـت ایـن نـوع رهبـری، مـردم نمی‌تواننـد در مـورد زنـدگی خـود صـادق باشـند و بایـد وانمـود کننـد کـه بی‌نقـص هسـتند. مـن علیـه ایـن نـوع الگو تدریـس می‌کنـم. مـن بـه معـرفی نویسندگانی ادامـه می‌دهـم کـه حـس آزادی، واقعـی بـودن و زنـدگی در فیـض خـدا را بـه ارمغـان می‌آورنـد.

می‌خواهـم بـا گفتـن ایـن نکتـه بـه دوستان غربی‌مـان بـه سخنانم پایـان دهـم کـه ایـن فقـط یـک مشکـل ایـرانی یـا خاورمیانـه‌ای یـا حـتی مشکـلی مختـص مسیحیان بـا پیش‌زمینـهٔ اسلامی نیسـت. ایـن یـک مشـکل مشـترک مرتبـط بـا طبیعـت بشـر اسـت. کتابی کـه به‌تـازگی منتشـر شـده می‌توانـد مرحلـهٔ جدیـدی در سفر مـن بـرای پرداختـن بـه ایـن موضـوع باشـد. کتـاب جدیـدی کـه ترجمـه می‌کنـم، کلیسایی بـه نـام تـوو: شکل‌دهی فرهنـگ نیکویی کـه در برابـر سوءاسـتفاده از قـدرت مقاومـت می‌کنـد و شـفا را ترویـج می‌دهـد، اثر اسـکات مَکنایـت اسـت. اسـکات مَکنایـت در مـورد سوءاستفاده در کلیسـای آمریـکا و سقـوط بـرخی از شبـانان بسیـار برجسـته، رهبـران مسیـحی و رهبـران سـازمان‌های شِبه کلیسایی مسیـحی صحبت می‌کنـد. مـا در بسیـاری از کلیسـاها و مراکـز خدمـتی آمریـکایی همـان نوع مسمومیت و سوءاستفاده‌ای را می‌بینیـم کـه در خاورمیانـه تجربـه می‌کنیـم. عامـل تـرس، انـزوای رهبـر از جامعـه و ایـن حـس کـه رهبـر پاسـخ‌گو و شفاف نیسـت، در همـه جـا وجـود دارد. مکنایـت

ما را راهنمایی می‌کند: ما باید هم‌دلی را پرورش دهیم و در برابر فرهنگ خودشیفتگی مقاومت کنیم؛ بخشش را پرورش دهیم و در برابر فرهنگ ترس مقاومت کنیم؛ عدالت را پرورش دهیم و در برابر فرهنگ وفاداری مقاومت کنیم؛ خدمت را پرورش دهیم و در برابر فرهنگ رهبری افراد معروف مقاومت کنیم؛ و به شباهت مسیح بودن را پرورش دهیم و در برابر فرهنگ رهبری مقاومت کنیم. مکنایت دربارهٔ کلیسای آمریکا صحبت می‌کند، اما این مضامین مستقیما به بافت ایرانی نیز اشاره دارند. امید من این است که با تاکید بر پادزهر رهبری مسموم و سوءاستفاده‌گر، بتوانیم به تدریج شاهد حرکت کلیسای ایرانی به سمت تبدیل شدن به مکانی امن باشیم. ما می‌خواهیم رهبران خادم امین، فروتن و به شباهت مسیح را ببینیم که کلیسا را با نیکویی، در توو (در عبری به معنای «نیکویی»)، در الگویی به شباهت مسیح، پرورش می‌دهند.

بحث‌هایی در مورد رهبری سوءاستفاده‌گر و مسموم

مطالب زیر برگرفته از بحث‌های انجام شده در نشست‌های جداگانه و پس از آن در مباحث جانبی است. برخی از مطالب از زبان اصلی فارسی ترجمه شده است. غیر از مواردی که خلاف آن ذکر شده باشد، تمرکز این بخش بر ایرانیان است. چندین نفر از مشارکت‌کنندگان به قابلیت کاربرد آن در مورد سایر قومیت‌ها اشاره می‌کنند. در هر بخش جانبی، از سخنان یک مشارکت‌کننده استفاده شده و در بخش‌های جانبی متعددی از چندین سخنران استفاده شده است.

نقش کلیساها و سازمان‌های غربی: کلیساها، رهبران و سازمان‌های حرفه‌ای غربی در حرکت کلیساهای مسیحیان با پیش‌زمینهٔ اسلامی به سوی سلامت نقش مهمی دارند. آنها باید در کنار رهبری نوپای این کلیساها بایستند و همراهشان باشند. البته همهٔ رهبران یا سازمان‌های غربی الگوی کاملی برای سلامت نیستند، اما کلیسای نوپا به دنبال سازمان‌های بشارتی فروتن، آسیب‌پذیر، اصیل و سالم است. ایجاد این نوع دوستی‌ها و الگوها در کلیساهای مسیحی بالغ غربی برای کمک به کلیسای مسیحیان با پیش‌زمینهٔ اسلامی بسیار مهم است. به عنوان نمونه، من روزی به دوستی پیام دادم و پرسیدم آیا سازمان بشارتی او می‌تواند ارتباط بیشتری با جامعهٔ ایرانی داشته باشد.

او پاسخ داد که کلیسـای ایـران بـه تنهایی خـوب عمـل می‌کنـد و نیـازی بـه کمـک نـدارد، سپس پرسید آیـا این تصویـر درسـتی است. مـن گفتـم نـه، تصویـر خیـلی درسـتی نیسـت؛ مـا نیـازی بـه آمـدن مبشـران نداریـم، امـا بـه راهنماهـای سـالم، بـرادران و خواهـران باتجربـه نیـاز داریـم کـه در ایـن سـفر ایمـانی همـراه مـا باشـند و مـا را راهنمـایی کننـد، بـه مـا دل‌گرمی داده و مـا را تعلیـم دهنـد. بسـیاری از مشـکلات بـه ایـن دلیـل پیـش می‌آیـد کـه رهبران کلیسـا در انـزوا عمـل می‌کننـد. مـن ناکارآمدی‌هـای مشـابهی را در کلیسـاهای غـرب نیـز می‌بینـم، بنابراین اسلام را بـه تنهایی مقصر وضعیـت کنـونی نمی‌دانـم. در ایـن مسـیر، وجـود الگوهـا و دوسـتان سـالم در کنـار آمـوزش و کتاب‌هـای مفیـد بسـیار اهمیـت دارد.

منشـأ رهبـران مسـموم: آیـا می‌تـوان گفـت رهبـرانی کـه پیش‌زمینـۀ اسلامی دارنـد بـا رهبـری مسـموم دسـت و پنجـه نـرم می‌کننـد، چـون در اسلام ذات خـدا بـر ایـن اسـتوار اسـت کـه تنهـا کسـانی را دوسـت دارد کـه او را دوسـت بدارنـد؟ آیـا بـه ایـن دلیـل اسـت کـه خـدای اسلام، عمدتـا خدایـی اراده‌گـرا اسـت؟[1] بلـه، الهیـات اسلامی مشـکلات خـاص خـود را در زمینـۀ رهبـری مسـموم بـه همـراه دارد. فرهنـگ ایـران نیـز بـه عنـوان یـک جامعـۀ مردسـالار، بـا جامعـۀ آمریـکا تفـاوت دارد و تاریـخ ایـن دو کشـور اساسـا از هـم جداسـت. آنچـه ایـن موضـوع را پیچیده‌تـر می‌کنـد ایـن اسـت کـه در داخـل کشـور، گفته‌هـای محـلی گوناگـونی از ایـن مشـکل وجـود دارد. بـا ایـن حـال، در حلقه‌هـای بشـارتی مـا، معمـولا سـرزنش‌ها متوجـه اسلام یـا ایـران می‌شـود، در حـالی کـه مـن همـان آشـفتگی‌ها را در کلیسـاهای آمریکایی نیـز دیده‌ام. کسـی از مـن پرسـید: «چطـور کلیسـای ایـران بـا وجـود همـۀ ایـن مشـکلات همچنان در حـال رشـد اسـت؟» پاسـخ مـن ایـن بـود کـه کلیسـای ویلـو کریـک در شیکاگـو اصلا بـا مشـکل مسـلمانان روبه‌رو نبـود، امـا بـا ایـن حـال کلیسـایی بـا سـرعت رشـد بـالا و فعـال بـود کـه در دل خـود، رهبـری عمیقـا مسـموم و ناکارآمـد داشـت. اسـکات مکنایـت در کتـاب

---

1 اراده‌گرایی یک آموزۀ فرااخلاقی است که بر اساس آن اعمال به‌دلیل ارادۀ خدا درست هستند. «اراده‌گرایی»، فرهنگ واژگان دنیای جدید، قابل دسترسی در: https://www.newworldencyclopedia.org/entry/Voluntarism (آخرین دسترسی: ۲۸ سپتامبر ۲۰۲۴)

خـود، کلیسـایی بـه نـام تـوو، دقیقـا بـه همیـن مسئله می‌پـردازد. پشت پـردهٔ نمـای ظاهـری کلیسـای ویلـو کریـک، بـا تمـام برنامه‌هـای جـذاب و رهبـری پرشـور و رویاپـرداز آن، واقعیـتی وجـود داشت: رهبـری منـزوی کـه مـردم را کنتـرل می‌کـرد و دیگـران از رویارویـی بـا او هراس داشـتند.

چـه زمـانی بایـد آمـوزش رهبـری آغـاز شـود؟ در الگـوی رایـج، مـا دانشـجویان را بـه یـک دانشـکدهٔ الهیـات می‌بریـم و آنجا بـرای رهبـری آمـوزش می‌دهیـم، امـا ایـن مرحلـه بـرای وارد عمـل شـدن خیلـی دیـر اسـت. شاگردسـازی یکـی از پاسخ‌های مهـم بـه مشکل رهبـری مسـموم اسـت. مـا بـه یـک نـگاه جامـع بـه رهبـری نیـاز داریـم کـه از همـان آغـاز زنـدگی مسیحی فـرد، بـا شاگردسـازی شـروع شـود. از لحظه‌ای کـه کسـی وارد کلیسا می‌شـود، شاگردسـازی بایـد زیربنـای شکل‌گیـری رهبـری باشـد. از همـان ابتـدا بایـد فروتنـی و فـداکاری را آمـوزش دهیـم. لازم اسـت فروتنـی در رهبـری را همان‌طـور کـه در فیلیپیـان ۴-۳:۲ نشـان داده شـده، هـم تعلیـم دهیـم و هـم در عمـل الگـو باشـیم. آجـر بـه آجـر، بایـد شـاگردان بالـغ را در کلیسـا بنـا کنـیم. بخـش دیگـری از ایـن فراینـد، صحبـت دربارهٔ مشکلات رهبـری اسـت تـا شـاگردان تازه‌وارد از همـان ابتـدا نسـبت بـه رهبـری مسـموم آگاه شـوند. ایـن آگاهی بـه مـا نقطـهٔ مرجعـی بـرای پرداختـن بـه مشـکل می‌دهـد. بـا ایـن حـال، در فرهنگ ایرانی غالبـا ایـن فـرض وجـود دارد کـه اگـر دربـارهٔ چیـزی صحبـت کنیـم، خودبه‌خـود حـل خواهـد شـد. بـرای مثـال، در ایـران مـردم همـواره دربـارهٔ فسـاد صحبـت می‌کننـد، امـا ایـن کشـور همچنان یکـی از فاسـدترین کشـورهای جهـان اسـت. رهبـران ایـران هـم از فسـاد سـخن می‌گوینـد، ولی عـملا هیـچ اقـدامی بـرای حـل ایـن مشـکل صـورت نمی‌گیـرد. چنیـن چیـزی می‌توانـد در کلیسـا نیـز رخ دهـد. وقتـی دربـارهٔ رهبـری مسـموم و اقتدارگـرا صحبـت می‌کنیـم، در عمـل همـان شیوه‌هـای ناسـالم رهبـری را ادامـه می‌دهیـم. مـا خـود را بـا ایـن توجیـه کـه مشکل را می‌شناسـیم و دربـارهٔ آن حـرف زده‌ایـم فریـب می‌دهیـم، گویی همیـن کافـی اسـت و مشـکل برطـرف شـده اسـت. در حالـی کـه صحبـت کـردن دربـارهٔ مشکلات ضـروری اسـت، امـا تنهـا صحبـت کـردن، بـه معنـای حـل شـدن آنهـا نیسـت.

یکـی از رونـدهای رایـج در کلیسـاهای مسـتقل یـا بـزرگ، تبدیـل شـدن بـه سازمان‌های اعـزام مبشـر خودشـان اسـت. آنهـا تحقیقـات خـود را انجـام می‌دهنـد، یـک گـروه موقتی تشـکیل می‌دهنـد و آموزش‌هـای لازم را ارائـه می‌کننـد، امـا گـروه بیشـتر اوقات تنهـا بـا درکی سطحی

از فرهنگ آشناست. سپس با یک رهبر قومی ملاقات می‌کنند که از نظر فرهنگی خود را به عنوان رهبر شبکه‌ای بزرگ از کلیساهای خانگی معرفی می‌کند. گروه غربی نسبت به حمایت از آنچه به نظر یک رهبر قومی خوب می‌آید، هیجان‌زده می‌شود و پیام را بدون بررسی و تایید می‌پذیرد. شاید آنها در واقع تنها به یک رهبر مسموم کمک کرده باشند.

یکی دیگر از روندهای موجود در خدمت‌ها این است که گاهی ورود غربی‌ها با الهیات یا فرهنگ خودشان می‌تواند جنبش بومی در حال شکل‌گیری را تحت تاثیر قرار دهد یا حتی آن را تضعیف کند. در جبههٔ کلیسای قومی، گاهی کارمند یا رهبر قومی، کلیسای غربی را صرفا به عنوان منبع مالی می‌بیند و تمام تلاش خود را می‌کند تا تصویری بسیار مثبت، سالم و رو به رشد از جنبشی که رهبری می‌کند، ارائه دهد. گروه غربی بیشتر اوقات برای تردید در مورد آنچه به آنها ارائه می‌شود هیچ زمینه‌ای ندارد و از رهبر با هر آنچه او می‌خواهد حمایت می‌کنند. بنابراین، ما باید روشن کنیم که کلیسای غربی چگونه باید وارد عمل شود و چگونه می‌تواند کمک واقعی ارائه دهد.

پرورش مشاورانی برای کمک به رهبری مسموم: هیچ راه‌حل آسانی وجود ندارد. من طرفدار سرسخت این ایده هستم که رهبری با شاگردسازی شروع می‌شود. چیزی که من به آن فکر کرده‌ام این است که تمرکز ما بر شاگردسازی، تاکید زیادی بر متخصصان دارد و اینکه چگونه این امر، مقام کهانت همهٔ ایمانداران را تضعیف می‌کند. ما رهبر یا متخصص را طوری بالا برده‌ایم که تمام کارها را برای ما انجام دهد، و سپس وقتی مشکلی پیش می‌آید، کسی را داریم که سرزنش کنیم. این بسیار خودخواهانه است. ما آرزوی داشتن یک قهرمان را داریم که ما را از تمام مشکلاتمان نجات دهد، اما حاضر نیستیم خودمان قدم پیش بگذاریم و ریسک کنیم. باید به رهبران بگوییم که اگر می‌خواهند رهبر سالمی باشند، باید در اطرافشان مشاور داشته باشند، همان‌طور که داوود از ناتان خواست به او مشورت دهد. آنها به بیش از یک ناتان نیاز دارند تا به رهبر کمک کند تا ذات رهبری خدمت‌محور را پرورش دهد. ما باید بارها در مورد آن صحبت کنیم تا هیچ رهبری نتواند بگوید: «من برای مشورت گرفتن به دیگران نیاز ندارم.»

آیا وضعیت چنین نیست که بیشتر این کلیساهایی که ما در مورد آنها صحبت می‌کنیم،

کلیساهای خانگی هستند، جایی که هیچ ناتان یا یوناتانی برای کمک وجود ندارد؟ در یک محیط غربی، افراد بالغ و سالم زیادی وجود دارند که می‌توانند مشورت مبتنی بر دین‌داری ارائه دهند، اما در کلیسای نوپا، مسیحیان بالغ زیادی برای کمک گرفتن وجود ندارند.

کتاب مقدس به ما توصیه می‌کند که مشاوران زیادی داشته باشیم و به مشورت دل خودمان عمل نکنیم. اینجاست که رهبران تکرو، به مشورت دل خودشان گوش می‌کنند. باید با صدای بلند فریاد بزنیم که پدیدهٔ فعلی رهبرانی که به تنهایی کار می‌کنند چقدر گناه‌آلود است. در دراز مدت هیچ نتیجهٔ خوبی از آن حاصل نمی‌شود. اگر می‌خواهید کلیساها و مراکز خدمتی تحت رهبری شما تکثیر و رشد کنند، نباید به مشورت دل خودشان بسنده کنند.

من در مورد مفهوم ناتان‌ها کنجکاو بودم. شما که در میان جماعت‌های ایرانی کار می‌کنید، آیا تجربه‌ای در مورد چگونگی پرورش این ناتان‌ها دارید؟ به عنوان مثال، چگونه ایمانداران جدید را تشویق می‌کنید که در فرآیند شاگردسازی، به ناتان تبدیل شوند؟ آیا ساختاری برای این کار وجود دارد؟ وقتی به کهانت همهٔ ایمانداران فکر می‌کنیم، ناتان‌ها لازم نیست افراد خیلی خاصی باشند، بنابراین همه باید به نوعی ناتان تبدیل شوند.

در منطقهٔ شیکاگو، هشت کلیسای ایرانی شروع به کار کرده‌اند و هر هشت کلیسا شکست خورده‌اند. در آخرین مورد، من سعی کردم ناتان باشم و مدتی این تلاش جواب داد تا اینکه رهبر «از جانب خدا خواندگی الهی دریافت کرد» تا به جای دیگری برود. این باعث شد کلیسا کاملاً آشفته شود. من با یک رهبر جوان نوپا همکاری کردم تا جماعت را ادامه دهم. سپس رهبری که آنجا را ترک کرده بود، شش ماه بعد «خواندگی الهی دیگری از جانب خدا» دریافت کرد تا به منطقهٔ شیکاگو بازگردد. او از تمام افراد حاضر در جماعت قبلی خواست که توبه کنند، زیرا به نظر او، آنها پشت سرش حرف‌های بدی زده بودند. او خود را به عنوان عطیه‌ای از جانب خدا برای دسترسی به ایرانیان در منطقهٔ شیکاگو به تصویر کشید. او گفت که یک جماعت جدید راه‌اندازی خواهد کرد، اما از جماعت قبلی که در این تنگنا قرار داده بود، کسی را برای جماعت جدیدش نخواهد دزدید. اما کمی بعد، او با تمام افراد دیگر در جماعت

قبلی خودش تماس گرفت و آنها را به کلیسای جدیدش دعوت کرد. او یک کلیسای کاریزماتیک مستقل پیدا کرد که از او برای استفاده از امکانات کلیسا برای شروع جماعت جدیدش استقبال کرد. این فقط باعث ایجاد سردرگمی بیشتر و شکافی بزرگ‌تر در کلیسای مسیحی ایران شد. می‌توانیم ناتان‌ها را هم در کنارمان داشته باشیم، اما یکی از مشکلات ما زمانی است که رهبر مسموم معتقد است خدا مستقیما با او صحبت می‌کند و برای راهنمایی فقط باید به روح‌القدس گوش دهد. او معتقد است که ارتباط مستقیمی با خدا دارد، بنابراین به هیچ مشاور یا راهنمایی نیاز ندارد.

ناتان در رابطه با داوود دو نقش را بر عهده داشت: یکی حمایت از او و دیگری مواجهه و اصلاح او. شبانان ایرانی ناتان‌های حامی را می‌پسندند، یعنی کسی که صرفا مفید باشد و آنها را تشویق کند. در رهبری ایرانی، پذیرفتن انتقاد از سوی هر فردی بسیار دشوار است. در حال حاضر، کلیساهای ایرانی برای دریافت این نوع راهنمایی، که شامل انتقاد اصلاحی نیز می‌شود، آماده نیستند. در فرهنگ ما، انتقاد از کسی که مسئول است، معمولا مجاز شمرده نمی‌شود. مدل غالب رهبری ایرانی، مدل رهبری اقتدارگراست؛ ما دوست داریم کسی مانند ناتان باشد که حمایت کند، اما با ما مقابله نکند. در نتیجه، وجههٔ دوم نقش ناتان، یعنی مواجهه و اصلاح، در فرهنگ ما یا در کلیساهای ما کمتر دیده می‌شود. بنابراین، لازم است الگوی رهبری خود را تغییر دهیم تا هم حمایت و هم اصلاح را بتوان پذیرفت.

من به این فکر کرده‌ام که چگونه می‌توانیم برنامه‌ای عملی برای کمک به کلیساهای نوپا با پیشینهٔ مسلمان ارائه دهیم. از دیدگاه اجرایی، یافتن رهبران شایسته و بالغ که بتوانند یک گروه مسیحی را هدایت کنند و هم‌زمان آگاه باشند که چگونه بدون ایجاد یا حفظ فضایی مسموم رهبری کنند، کار دشواری است. در کلیساهای مسیحی در خاورمیانه، پیدا کردن چنین فردی بسیار مشکل است و یافتن کسی با پیش‌زمینهٔ اسلامی در یک کلیسا یا جماعت جدید حتی دشوارتر است. نمی‌توانیم منتظر بمانیم تا یک رهبر ایده‌آل برای راه‌اندازی کلیسا پیدا شود، زیرا مردم نیاز فوری به یک کلیسا یا جماعت و رهبری آن دارند. بنابراین، لازم است اقدامات عملی مشخصی برای پاسخ‌گویی به این نیاز فوری برای کلیساهای کوچک انجام دهیم و من مطمئنم که این منابع به بسیاری کمک خواهد کرد.

موضوع دیگری که باید به آن توجه کنیم، انتظارات اعضای این کلیساهای کوچک است. متاسفانه بسیاری از افرادی که از پیشینهٔ فرهنگی خاورمیانه می‌آیند، انتظار دارند رهبری داشته باشند که به آنها بگوید چه کنند و سپس بدون پرسش از او پیروی کنند. چنین الگویی باعث رشد و بلوغ ایمانی آنها نخواهد شد. با این حال، اگر این نوع رهبری وجود نداشته باشد، مردم احساس می‌کنند اصلا رهبری ندارند. پرسش اینجاست که چگونه می‌توانیم به آنها کمک کنیم تا انتظارات متنوعی را که با خود می‌آورند، در تعادل نگه دارند؟ همچنین، چگونه می‌توانیم به رهبران یاری برسانیم تا بتوانند الگوی کتاب مقدسی رهبری را پیاده کنند و در عین حال اعتماد مردم را از دست ندهند، به‌ویژه وقتی فرهنگ، معیارهای دیگری را نشانهٔ یک رهبر خوب می‌داند؟ من واقعا مشتاقم چند گام عملی روشن دربارهٔ آنچه باید انجام شود، ببینم.

پیچیدگی‌های رهبران قوی – انتظارات جماعت:

اولین سخنران ما وقتی در مورد ارتباطات صحبت می‌کرد، توضیح داد که ایرانیان به دنبال قهرمانی هستند که بیاید و مردم را رهبری کند. رهبر باید شخصیتی قوی داشته باشد و اعضا باید با وفاداری مطلق از او اطاعت کنند. این امر انتظارات فرهنگی را تقویت می‌کند. در این میان، هم رهبران و هم جماعت نقشی در پاسخ به رهبری کتاب مقدسی دارند.

«دو نکته به ذهن خطور می‌کند. نخست اینکه اگر از دیگران انتظار داشته باشیم کاری را انجام دهند که خودمان به آن عمل نمی‌کنیم، پیام چندان قوی‌ای منتقل نمی‌شود. اگر من شبان یا رهبر هستم، باید آشکارا نشان دهم که مشاورانی دارم و با آنها کار می‌کنیم. دوم، چرا این‌همه رهبر مسموم داریم؟ شاید به این دلیل که خود جماعت چنین چیزی را می‌خواهد. آنها رهبری می‌خواهند که به آنها بگوید چه کنند و نیازی به اندیشیدن نداشته باشند. من در رابطه‌ای، شاگردسازی بودم که در آن به عنوان همکار با یکدیگر ملاقات می‌کردیم. با هم به عنوان همکار کتاب مقدس را مطالعه می‌کردیم، اما یکی از افراد گفت این نوع مطالعه بسیار دشوارتر است. گفت‌وگو با کسی که فقط به من بگوید چه کنم، بسیار آسان‌تر است. این دو رویکرد باید در کنار هم متعادل

شوند.»

آخریــن نکتــه مربــوط بــه اعتمــاد و الگوســازی فروتنــی اســت، در حالی‌کــه جماعــت همچنــان انتظــار یــک رهبــر اقتدارگــرا را دارد. ایــن رهبــران ماننــد شیــوخ عمــل می‌کننــد؛ کســانی کــه بــاور دارنــد بیــش از اعضــای جماعــت می‌داننــد و بــا اتکا بــه شناخت الهــی، راهنمــای مــردم در زنــدگی روزانــه هســتند. بــرای رهبرانــی کــه در فرهنگــی مبتنــی بــر شــرم و آبــروی جمعــی زنــدگی می‌کننــد، ایــن وضعیــتی متعادل‌کننــده اســت. آنهــا بایــد اقتــدار و آبرویــی را کــه در آن فرهنــگ بــرای رهبــر خــوب بــودن ضــروری اســت حفــظ کننــد، و در عیــن حــال، فروتنــی را نیــز بــه شیــوه‌ای مناســب الگــو قــرار دهنــد.

بــه عنــوان یــک غــربی کــه بیــش از ۴۰ ســال در بســتر کلیســای ایــران خدمــت کــرده‌ام، دریافته‌ام کــه بایــد در چهارچــوب فرهنــگ و جهان‌بینــی محلــی عمــل کنــم. می‌تــوان رهبــر خیرخــواه، دوست‌داشــتنی و ســالم بــود. بــا ایــن حــال، کلیســاهایی کــه در آنهــا شــبان بــودم انتظار داشــتند رهبــر مقتــدر و قدرتمنــدی باشــم. نخســتین انتقــادی کــه شــنیدم ایــن بــود کــه مــن بــه عنــوان رهبــر، بیــش از حــد ضعیــف هســتم و زیــادی پذیــرای ایده‌هــای دیگــران. بنابرایــن تصمیــم گرفتــم بــه طــور فــردی بــا رهبرانــم ملاقــات کنــم تا دریابــم واقعــا چــه در دل دارنــد و هم‌زمــان الگوســازی کنــم کــه رهبــر خــادم بــودن چــه معنــایی دارد. نمی‌تــوان خلاف سیســتم عمــل کــرد؛ بلکــه بایــد در درون آن حرکــت کــرد. همان‌طــور کــه نمی‌تــوان زبــان را تغییــر داد، بلکــه بایــد آن را آموخــت. امــا در عــوض می‌تــوان الگــوی رهبــر خداتــرس بــود. بیشــتر وقتــم را صــرف دیــدار و گذرانــدن وقــت شــخصی بــا شــبانان ایرانــی، زنــدگی در خانه‌هــای آنــان و گفتوگــو بــا همسرانشــان کــرده‌ام. رهبــری مســموم تاثیر مستقیمی بــر ازدواج‌هــا می‌گــذارد و در بــرخی از ایــن خانه‌هــا، زنــان به‌شــدت مــورد آزار و اذیــت قــرار می‌گیرنــد. بــرای کســانی کــه ایــن اصــول را درک می‌کننــد، مهــم اســت کــه آنهــا را بــه طــور کامــل بــه کار بگیرنــد. بایــد ایــن کار را در بســتر فرهنــگ انجــام دهیــم و به‌گونــه‌ای الگوســازی کنیــم کــه نشــان دهــد رهبــر مقتــدر لازم نیســت مســموم باشــد، بلکــه می‌توانــد خــادم و مایــۀ برکــت دیگــران باشــد.

پیچیــدگی رهبــران قــوی: دســتور دادن بــه عنــوان یــک رهبــر قــوی تنهــا یکــی از اســتراتژی‌های متعــدد بــرای تصمیم‌گیــری اســت. اگــر دســتور دادن پیش‌فــرض باشــد، پــس ایــن روش ســالمی نیســت.

اقتــدار در فرهنــگ شــرم/ آبــرو بایــد آمرانــه باشــد. ایــن همــان چیــزی اســت کــه انتظــار می‌رود.

در فرهنگ جمعی، اقتدارِ کنترل‌کننده، معیاری از یـک رهبر ارزشمند و محتـرم است. قطعا بایـد بـه فرهنـگ توجه داشـت، امـا ایـن فراینـد زمان‌بـر اسـت و کلیسـای نوپـا چنیـن فرصتی در اختیـار نـدارد. مـا ناچاریـم راهـحـلـی فـوری بـرای یـاری بـه کلیسـاهای نوپـا بـا پیش‌زمینـهٔ اسلامی در خاورمیانـه ارائـه دهیـم. بنا کـردن کلیسـا بـرای ایـن گـروه تازه‌وارد بـا دشـواری‌های فـراوانی همـراه اسـت. از یک‌سـو، تربیـت رهبـران سـالم نیازمنـد زمـان اسـت، امـا از سـوی دیگـر، مسیحیـان بـا پیش‌زمینـهٔ اسلامی همیـن امـروز بـه کلیسـا نیـاز دارنـد. پرسـش اصلـی ایـن اسـت کـه چگونـه می‌تـوان بـه چنیـن کلیسـایی کمـک کـرد تـا ایـن مسیر را بپیمایـد، به‌گونـه‌ای کـه هـم رهبـر و هـم جماعـت در کنـار هـم رشـد کننـد، بـه بلـوغ برسـند و بیاموزنـد کـه کلیسـا بایـد چـه ویژگی‌هایی داشـته باشـد.

نمونـه‌ای از پـرورش رهبـران مناسـب: در مرکـز الهیـات پـارس، از آنجـایی کـه مـا رهبـران در سراسـر جوامـع ایـرانی را پـرورش می‌دهیـم، در پی سـاختارهایی هسـتیم کـه رهبـران جـوان نوپـا در یـک جامعـهٔ آمـوزشی بـا دیگـر رهبـران جـوان نوپـا همـراه باشـند. هیچ‌کـس انتظـار نـدارد کـه بنیان‌گـذار نوپـای کلیسـای بشـارتی، بلـوغ معلمـان مـا را داشـته باشـد، امـا بایـد تشـویق کنیـم کـه یادگیـری یـک فرآینـد دائمـی اسـت. مـا در خاورمیانـه افـراد زیـادی، عـرب و ایـرانی، داشـته‌ایم کـه پـس از فارغ‌التحصیـلی از دانشـکدهٔ الهیـات، بـه نـدرت کتـاب دیگـری خوانده‌انـد و فکـر می‌کردنـد یادگیری‌شـان بـه پایـان رسـیده اسـت. حضـور در یـک جامعـه از کسـانی کـه یادگیـری را کاری پیوسـته می‌داننـد و در شـبکه‌ای از بنیان‌گـذاران و رهبـران کلیسـا کـه از یکدیگـر یـاد می‌گیرنـد، بـه معنـای راهنمـایی و هدایـت توسـط رهبـران مسن‌تر و بالغ‌تـر اسـت. ایـن یـک گام بسـیار عملـی اسـت کـه می‌توانیـم بـرای نسـل جـوان انجـام دهیـم و الگـو قـرار دهیـم.

یـک ضرب‌المثـل آفریقـایی کـه در آمریـکا رایـج شـده می‌گویـد: «بـرای بـزرگ کـردن یـک کـودک بـه یـک روسـتا نیـاز اسـت.» بـرای بـزرگ کـردن یـک کـودک فقـط بـه والدیـن نیـاز نیسـت، بلکـه بـه کل روسـتا نیـاز اسـت. بـا اعمـال ایـن اصـل در مـورد کلیسـا، «بـرای بـزرگ کـردن رهبـران بـه کل کلیسـا نیـاز اسـت.» مـا در مـورد نقـش کلیسـاهای غـربی صحبت کرده‌ایـم، امـا منابـع محـدودی داریـم. در پـارس، تمـام تلاش خـود را بـرای تولیـد کتـاب، دوره‌های آمـوزشی و ترجمـهٔ کتاب‌هـایی در مـورد رهبـری انجـام می‌دهیـم، امـا در عیـن حـال بـه همـکاری کلیسـاها نیـز نیـاز داریـم. ایـن فرآینـد یـک یـا دو نسـل طـول خواهـد کشـید.

اشتباه است اگر فکر کنیم پس از ده سال رهبران بالغ و فوق‌العاده‌ای خواهیم داشت. آگاهی و جدیت نسبت به مشکلاتی که کلیسای نوپا با آن روبه‌رو است، نقطهٔ شروع بسیار خوبی است، اما کلیسا به سال‌ها و سال‌ها آموزش نیاز دارد. شاگردسازی باید در ایجاد یک محیط مناسب برای رهبران آینده دوباره تعریف شود. در درازمدت، رهبران خوبی خواهیم داشت، اما همچنان رهبران بد و مسموم نیز وجود خواهند داشت.

ویژگی‌های رهبران خوب: آیا می‌توانیم به دنبال فردی باشیم که شخصیت یک رهبر را دارد، اما مهارت‌های لازم برای رهبری را ندارد؟ شخصیت بسیار مهم‌تر از مهارت است. من به موسی در اعداد ۳:۱۲ فکر می‌کنم: «موسی مردی بسیار حلیم بود، بیش از تمامی مردمان روی زمین.» فروتنی همان قدرت تحت کنترل است، و این چیزی است که مردم به دنبال آن هستند. گروه‌های رهبری می‌توانند در برخی کلیساها کارآمد باشند، به شرط آنکه با هم همکاری کنند و در رشد و بلوغ یکدیگر مشارکت داشته باشند. در جهان عرب، تیم‌های رهبری وجود دارند که گاهی اوقات موفق عمل می‌کنند. ما باید راه‌های مختلفی را برای پاسخ‌گویی به این نیاز امتحان کنیم. من ایدهٔ یک گروه رهبری را دوست دارم. این ایده مشکلات خاص خودش را دارد، اما رهبری مسموم در یک گروه به‌سادگی رشد نمی‌کند. اما مشکلات دیگری نیز وجود دارد که در گروه‌های رهبری رشد می‌کند.

مدل‌سازی یادگیری: آیا برای اساتید شما در دانشگاه پارس آسان است که مدل‌سازی کنند که هنوز در حال یادگیری هستند، یا اینکه آنها متخصصانی حرفه‌ای هستند که به جای مدل‌سازی یادگیری، تدریس می‌کنند؟

این یکی از مواردی است که ما در پارس به‌خوبی از آن الگوبرداری می‌کنیم.

این بسیار مهم است. در زندگی در یک فرهنگ جمعیِ که به آبرو اهمیت زیادی می‌دهد، انتظار این است که رهبر یا معلم همه چیز را بداند، و معلم قرار است این دانش را از طریق یادگیری طوطی‌وار به دانش‌آموزان خود منتقل کند و آن را به آنها آموزش دهد.

در پارس، ما نقاط ضعف زیادی داریم، اما در مورد توسعهٔ فرهنگ یادگیری، آن را به‌خوبی الگوسازی کرده‌ایم. آنها همیشه ما را در حال خواندن کتاب، مطالعه و مراجعه به نویسندگان می‌بینند. به عنوان مثال، دکتر فاتحی دارای مدرک دکترا در عهد جدید

است. وقتی او در حال گذراندن دوره‌ای در مورد تثلیث بود، جدیدترین کتاب‌ها را خواند و ماه‌ها تحقیقات جدید انجام داد. دانشجویان همیشه شاهد توسعهٔ پروژه‌های تحقیقاتی جدید توسط اساتید هستند. ما در حال ایجاد فرهنگ یادگیری هستیم.

آیا باید نگران نفوذ بیش از حد غرب باشیم؟ در خدمت‌هایی که شامل جنبش شاگردسازی می‌شود، روندی وجود دارد که در آن رهبران جنبش شاگردسازی هیچ نفوذی از غرب را بر نمی‌تابند. آنها احساس می‌کنند که بهترین الهیات باید از فرهنگ بومی بیرون بیاید، بدون اینکه بر نحوهٔ ادارهٔ کلیسا تاثیر بگذارد. این نوع مدل برای تکثیر کلیسا، به‌ویژه در غرب، تاثیر زیادی دارد. آیا رویکرد عدم مداخله بهترین راه برای جلوگیری از این مشکلات است؟

بنا بر تجربهٔ شخصی من، هیچ مقاومتی از سوی جماعت محلی که احساس کنند نفوذ غربی‌ها -چه آمریکایی و چه اروپایی- نامطلوب است، مشاهده نکرده‌ام. ممکن است چنین مقاومتی از سوی برخی رهبران محلی باشد، اما نه از سوی خود کلیسا. اگر من یکی از رهبران سازمان‌ها یا کلیساهای غربی بودم و واقعا احساس می‌کردم خدا ما را به انجام کاری در این منطقه از جهان هدایت می‌کند، باید پذیرای یادگیری در مورد فرهنگ محلی باشم و در عین حال از تاثیر منفی بر فرهنگ نترسم. جماعت محلی واقعا می‌خواهد از مبشر غربی بشنود. به نظر می‌رسد کلیسای عرب بیشتر پذیرای شنیدن دیدگاهی متفاوت از آنچه تاکنون تجربه کرده‌اند، است و اغلب ترجیح می‌دهند کسی از خارج فرهنگ خود بشنود تا کسی از درون آن. وقتی غربی‌ها بدون شناخت کافی از خاورمیانه با کتابچه‌های آموزشی خود می‌آیند و انتظار دارند رهبر محلی از آن پیروی کند، مقاومت ایجاد می‌شود. اما اگر سازمان‌های غربی با نگرشی فروتنانه و با هدایت روح‌القدس وارد عمل شوند، می‌توانند نقش بسیار مفیدی ایفا کنند.

چگونه با رهبران مسموم برخورد کنیم: در جنبش شاگردسازی، سالم‌ترین ابزار وجود در مرحلهٔ پایانی بلوغ دیده می‌شود. این زمانی است که تاکید زیادی بر مشارکت‌های سالم وجود دارد. گاهی مشارکت‌های ناسالم زمانی شکل می‌گیرند که رهبران محلی احساس تهدید کنند. روی دیگر سکه، زمانی است که نفوذگران خارجی سعی می‌کنند نفوذی بیش از حد مجاز اعمال کنند. این وضعیت می‌تواند جماعت رو به رشد سالم را تضعیف کند. اما وقتی جماعت سالم باشد، نصیحت و هدایت را می‌پذیرد.

این جماعت‌های سالم مانند جمعیت اهالی بیریه در اعمال ۱۷ عمل می‌کنند، با بررسی متون مقدس تا ببینند آیا آنچه آموزش داده شده درست است یا خیر. آنها تلاش می‌کنند بفهمند خدا چگونه هدایت می‌کند و آماده‌اند بررسی کنند که آیا چیزی نیاز به تغییر یا یادگیری دارد یا نه. جنبش‌های شاگردسازی سالم، مشارکت‌های بسیار سالمی با نفوذگران خارجی دارند؛ این نفوذگران تلاش نمی‌کنند بیش از حد نفوذ کنند، بلکه می‌خواهند رهبران محلی را حمایت و تقویت نمایند.

شاید خوب باشد که کتاب‌های غربی ترجمه‌شده، توسط جماعت یا شبان خوانده شوند تا با کمک این کتاب‌ها بهتر درک کنند که یک نکتهٔ خاص در زمینهٔ فرهنگی کلیسا موثر است، اما باید در زمینهٔ فرهنگی ما اصلاح شود.

به مردم نشان دهید که مهم هستند: من فکر می‌کنم مردم ترجیح می‌دهند با کسانی باشند که نقش بازی نمی‌کنند، بلکه خودشان هستند. آنها به‌راحتی می‌توانند بین این دو تمایز قائل شوند. مردم شهودی هستند و می‌دانند چه زمانی کسی خود واقعی‌اش را نشان می‌دهد یا خود واقعی‌اش را پنهان می‌کند. این معمولا به‌دلیل ترس از آشکار شدن مشکلاتشان اتفاق می‌افتد.

ما همچنین باید به مردم نشان دهیم که برای ما مهم هستند. این به معنای گذراندن وقت با آنها و گوش دادن به آنهاست. بسیاری از مسیحیان ایرانی احساس می‌کنند که هیچ‌کس به آنها گوش نمی‌دهد یا اهمیتی برایشان قائل نیست. ما باید درد آنها را حس کنیم - همان‌طور که عیسی درد مردم را حس می‌کرد.

از نظر فرهنگی، ما ایرانی‌ها آنچه را که در دل‌مان است نشان نمی‌دهیم. ما، به عنوان رهبر، واقعا مردم را دوست داریم، اما این محبت را به آنها نشان نمی‌دهیم.

اعتراف یک رهبر مسموم: من هم یک رهبر مسموم بودم و هم با رهبران مسموم که مرا راهنمایی می‌کردند، کار کرده‌ام. متاسفانه، بیشتر دوران خدمت من در حوزه‌ای بود که مسموم بودم و به دیگران آسیب وارد می‌کردم. ما باید در گفت‌وگوهای خود شفاف باشیم. باید نقاط ضعفی که داریم را بیان کنیم، آنها را اعلام کنیم و با اعضای کلیسا دوست شویم.

من در روند بلوغ هستم و خدا هنوز در من کار می‌کند. گذراندن وقت با مردم مهم است و ما باید در مورد نقاط ضعف خود با آنها صحبت کنیم. پذیرا بودن ما نسبت

به همه، به مردم کمک می‌کند تا به ما اعتماد کنند و حتی باید به آنها اجازه دهیم از ما انتقاد کنند. ما باید فروتن باشیم و بپذیریم که این برای ما که اهل خاورمیانه هستیم، خلاف فرهنگ است.

انجام کار درست: داستانی را به‌خاطر دارم. معلمی به کلاس آمد و به دانش‌آموزانش گفت: «کاری را که می‌گویم انجام دهید، کاری را که انجام می‌دهم انجام ندهید.» به نظر می‌رسد که ما هم وقتی الگوی درستی نداریم، در کلیسا همین کار را می‌کنیم. اما خدا را شکر که متوجه می‌شویم کاری که انجام می‌دهیم اشتباه است و می‌خواهیم کار درست را انجام دهیم.

کلیساهای ایران هم رهبران و هم اعضای مسموم دارند: بیشتر اعضای کلیسای ایرانی، ایمانداران جدید هستند و به رهبران به عنوان الگوی خود نگاه می‌کنند. بنابراین، وقتی رهبران بیشتر شبیه مسیح می‌شوند، اعضا نیز به شباهت مسیح می‌شوند. اما متاسفانه وقتی واعظان رشد نمی‌کنند، این باعث ایجاد شکاف بین واعظان و رهبران می‌شود. گاهی اوقات خوب است که رهبران برای خودشان دعا کنند. این به مردم کمک می‌کند تا متوجه شوند که ما نیز مانند آنها انسان هستیم.

مردم در کلیسا باید درک کنند که رهبران ضعیف هستند، ما هم مرتکب گناه می‌شویم، گریه می‌کنیم و غمگین و افسرده می‌شویم. ما هم انسان هستیم. وقتی به کتاب مقدس نگاه می‌کنیم، متوجه می‌شویم که همهٔ افراد والا یا کامل نبوده‌اند. مردان خدا عموماً ضعیف هستند، به عنوان مثال، داوود و موسی. با این حال، وقتی خود را فروتن می‌کنیم، خدا ما را بالا خواهد برد.

به عنوان رهبران کلیسای ایرانی، ما باید در مقابل اعضا فروتن باشیم و از اینکه مردم چگونه به ما نگاه می‌کنند، ترسی نداشته باشیم.

نباید تحت تاثیر تشویق، لعنت و سنگ‌هایی که به سمت ما پرتاب می‌کنند قرار بگیریم. هدف این است که با کمک خدا خادمان صادق مردم باشیم و آن‌طور که خدا می‌خواهد زندگی کنیم. از دردها، ضعف‌ها و مشکلاتمان بگوییم و از این طریق می‌توانیم با هم رشد کنیم.

ریشهٔ مشکل را پیدا کنید: ریشهٔ مشکلات مسموم چیست و چرا یک رهبر، مسموم می‌شود؟ به نظر من، رهبران مسموم ناامن هستند و به سمت یک مدل

کنترل‌گر متمایل می‌شوند، چرا که احساس می‌کنند هیچ کنترلی بر اوضاع ندارند. آنها همچنین ممکن است باور داشته باشند که اعضای کلیسای آنها بهتر از خودشان هستند، یا دانش بیشتری دارند، یا مهارت‌های رهبری بهتری نسبت به رهبر دارند. برای روشن شدن منظورم از یک تشبیه استفاده می‌کنم. یک صندلی رهبری داریم که همه می‌خواهند آن را به دست آورند و روی آن بنشینند. رهبر مسموم معتقد است که او/ آنها محکم به این صندلی چسبیده‌اند. هر کسی که بخواهد صندلی رهبری را از رهبر بگیرد، بر سر او می‌کوبد و می‌گوید که کنار برود تا رهبر دیگری بتواند این جایگاه اقتدار را داشته باشد.

حالا، چه امتیازی برای چنین رهبری وجود دارد که به آن صندلی چسبیده است؟ یا اینکه از کلیساها پول خوبی می‌گیرند، یا اینکه به دنبال اعتبار و شهرتی هستند که کلیسا به آنها می‌بخشد.

افرادی که در موقعیت‌های رهبری قرار می‌گیرند، اغلب از نظر روانی برای این موقعیت آماده نیستند. آنها ممکن است الهیات خوانده باشند و ممکن است برخی مهارت‌های رهبری را داشته باشند. اما آیا این فرد از زخم‌های درونی خود التیام یافته است؟ چیزی باعث ناامنی او شده است. چه تجربیاتی در گذشته داشته‌اند که آنها را به سمت مدل رهبری کنترل‌گر سوق داده است است؟

قبل از اینکه یک رهبر انتخاب کنیم، لازم است در مورد سلامت روان رهبرانمان فکر کنیم. عیسای مسیح می‌تواند این زخم‌ها را التیام بخشد. اما واقعیت این است که علاوه بر مداخلهٔ خدا، ما باید یک مجموعهٔ مداخلات روانشناختی نیز برای رهبران خود فراهم کنیم و سلامت روان رهبران را در اولویت قرار دهیم. شاید لازم باشد او را پیش یک روانشناس مسیحی بفرستیم تا کمک بگیرد یا آنها را به جلسات روان‌درمانی بفرستیم. بسیاری از این مشکلات می‌تواند ریشه در دوران کودکی آنها داشته باشد و ما این بخش را فراموش می‌کنیم. بیایید روی سلامت روان رهبران خود سرمایه‌گذاری کنیم و سپس در آینده از ثمرات آن بهره‌مند شویم. آنگاه کلیساهای بهتری خواهیم داشت و اعضا شادتر خواهند بود.

دوم، ما درک اشتباهی از رهبری داریم. رهبری یعنی من خم شوم و به نفر بعدی فرصت بدهم که پایش را روی شانه‌ام بگذارد و به مقام بالاتری برسد. درک فعلی ایرانیان

از رهبری، آنها را در مقام کنترل کردن دیگران قرار می‌دهد، در حالی که بقیه پشت سرشان می‌دوند. اما رهبری این‌گونه نیست. ما مدیریت و رئیس بودن را با رهبر بودن اشتباه می‌گیریم. رهبر واقعی کسی است که می‌گوید: «آقا، پایت را روی شانهٔ من بگذار و دو قدم بالاتر برو، اگر در این کار از من جلوتر بروی، خوشحال می‌شوم.»

من در حال تحقیق و مصاحبه با مردم در مورد اتفاقاتی هستم که در کلیساهای ایرانی در ترکیه می‌افتد. مشکل را می‌توان در رهبر اصلی که با چندین رهبر دیگر زیر نظر او کار می‌کردند، ردیابی کرد. رهبران دیگر هرگز به مردم یا اعضا اجازه نمی‌دادند که با آن رهبر اصلی ملاقات کنند یا با او تماس بگیرند، با او سلام و احوال‌پرسی داشته باشند یا با او رابطه برقرار کنند. به آنها گفته شده بود که همیشه باید با این رهبران تحت امر رهبر اصلی در کلیسای محلی سر و کار داشته باشند.

این نشان‌دهندهٔ چیست؟ یعنی ساختارهای موجود معیوب هستند. شاید نهادی که به این افراد خدمات ارائه می‌داد، فکر می‌کرد که اعضا از مرزهای خود عبور می‌کنند. اما این مرزها با مشارکت همه انتخاب نشده بودند.

مرزها: من در حال حاضر مشغول نوشتن کتابی هستم که در آن در مورد این ایده صحبت می‌کنم که مرزها باید به صورت مشارکتی انتخاب شوند. ما نباید مرزهای خودمان را تعیین کنیم و به اعضا بگوییم که باید از این قوانین پیروی کنند. اعضا نیز باید خوشحال باشند. ما باید از اعضا بپرسیم که آیا از تعیین مرزهای من سود خواهند برد و آیا آنها را رعایت خواهند کرد یا خیر.

اتفاق دیگری که در کلیسای ایران می‌افتد این است که شبان یا رهبر بر اساس چهارچوب خودش مرزها را تعیین کرده و اعضا را درگیر نمی‌کند. در واقع، مردم و اعضا از آنچه اتفاق می‌افتد خوشحال یا راضی نیستند. این خود را در این واقعیت نشان می‌دهد که اعضا حق صحبت با دیگران را ندارند. این مرزها مسموم و ناسالم هستند. بنابراین، ما باید روی ناامنی‌های رهبر کار کنیم و ویژگی‌های یک رهبر خوب را آموزش دهیم. آنها باید ویژگی‌های خوبی داشته باشند، انعطاف‌پذیر باشند، با همکاری تصمیم بگیرند و بر اساس نیازها و شرایط گروه، عاقلانه انتخاب کنند.

صحبت در مورد رهبری و رفتار مسموم: آموزش رهبران آینده باید هدفمند باشد. ما باید نسل جدیدی از رهبران را با آموزش خوب و ارائهٔ الگوهای مناسب آموزش

دهیم. برای تغییر آینده، کارهای زیادی باید انجام شود، زیرا مردم به رهبران خود به عنوان الگو نگاه می‌کنند. من شخصا رفتار مسموم را تجربه کرده‌ام و از دوستانم شنیده‌ام که در مورد آن صحبت می‌کنند. وقتی الگوها و رهبرها به شیوه‌ای مسموم رفتار می‌کردند، علیه رفتار مسموم صحبت می‌کردم. پس از چندین سال دیدن این رهبران در موقعیت‌های مختلف، شگفت‌زده شدم. این رهبران تغییر نکرده‌اند، زیرا آنها با همان مدل رهبری مسموم ادامه می‌دهند.

آموزش نسل بعدی بسیار مهم است و ما باید در مورد این موضوع صحبت کنیم. ما باید فرهنگ جدید رهبری را مرتبا در درس‌هایمان، در تلویزیون، در آموزش رهبری و در دوره‌های آموزشی خدمت، آموزش دهیم. باید آن‌قدر در مورد آن صحبت شود که به عنوان یک الگوی مثبت شناخته شود. این رهبری سالم است. و برعکس، باید در مورد آن نوع رهبری مسموم به عنوان ایجاد الگوهای منفی در همه جا صحبت شود. این حداقل باعث ایجاد نوعی خودآگاهی خواهد شد.

نکتهٔ بعدی این است که ما واقعا باید رهبران را به داشتن راهنما تشویق کنیم. همان‌طور که گفته شد، مرکز الهیات پارس یک مرکز مشورتی برای کمک به رهبران آیندهٔ ما راه‌اندازی کرده است. من معتقدم که بسیاری از رهبران ما به مشورت نیاز دارند. بیش از یک یا دو جلسهٔ مشاوره طول می‌کشد، چرا که آنها به التیام درونی نیاز دارند تا آن زخم‌های قدیمی و ماندگار را درمان کنند.

ضریب هوشی، هوش بدنی-حرکتی و هوش هیجانی: حرف شما درست بود. این چیزی است که ما به آن نیاز داریم، شفای درونی برای تغییر آن زخم‌های قدیمی و ماندگار. دردها و مشکلاتی که در ترکیه وجود دارد، به ترتیب در اروپا و آمریکا نیز وجود دارد، اما با شدت کمتر. بستگی به این دارد که چه مدت در آن کشورها بوده‌ایم و چگونه بزرگ شده‌ایم. ما چندین سال با رهبران و خادمان بزرگ شدیم و مسائلی را یاد گرفتیم. همان‌طور که یک نفر گفت: «بیایید به سراغ راه‌حل برویم.» راه‌حل این است که من تغییر کنم. همهٔ ما باید تغییر کنیم.

مطمئنم که همهٔ شما در مورد آزمون‌های ضریب هوشی شنیده‌اید. برای مثال، فرض کنید ضریب هوشی یک فرد بالا باشد. وقتی وارد مسیحیت می‌شویم، به جای IQ، من از واژهٔ BQ استفاده می‌کنم (که به معنای هوش کتاب مقدس است). یعنی ضریب

درک کتاب مقدس شما چقدر بالاست. وقتی به دانشگاه می‌رویم و اصول مسیحی را یاد می‌گیریم، هوش کتاب مقدسی خود را به دست می‌آوریم. سپس من به میز خطابه می‌روم. بله، هوش کتاب مقدسی من بالا است، اما یک کلمهٔ دیگر هم وجود دارد که در آمریکا زیاد استفاده می‌شود و آن EQ است. EQ به معنای هوش هیجانی است، یعنی ظرفیت آگاهی از احساسات، کنترل و ابراز آنها و مدیریت صحیح و همدلانهٔ روابط بین‌فردی. به عبارت دیگر، فردی با هوش هیجانی بالا به‌راحتی عصبانی، افسرده یا ناامید نمی‌شود. بنابراین، من این سه مورد را به این صورت نام‌گذاری کرده‌ام: IQ، BQ و EQ.

یک نفر با هوش هیجانی بالا وارد کلیسا می‌شود. طبیعتا، ضریب هوشی او نیز بالاست، اما متاسفانه، این در مورد تعادل هوش هیجانی او صدق نمی‌کند. این شخص به یکی از بدترین خادمان تبدیل می‌شود و به کلیسا آسیب می‌رساند، به‌خصوص اگر از کودکی مورد آزار و اذیت قرار گرفته باشد. وقتی از او خواسته می‌شود که شبان کلیسا شود، آن شخص به اعضای کلیسا آسیب خواهد رساند. به همین دلیل است که ما باید خودمان را تغییر دهیم.

من یک مسیحی را می‌شناسم که از ایران آمده و ۴۲ سال خدمت کرده است؛ او تمام این دردها را پشت سر گذاشته است. برای من مایهٔ افتخار است که می‌بینم چقدر شفا یافته است و اکنون در کلیسای ما خدمت می‌کند. من هم به شفای زیادی نیاز داشتم. من به دیگران و به کلیسا آسیب زیادی رساندم. من ۲۱ سال است که شبان هستم؛ در طول دوران شبانی‌ام به مردم آسیب رسانده‌ام. اکنون، مجموعه‌ای از درس‌های شفا و آزادی را که خودم آموخته‌ام، تدریس می‌کنم.

هوش هیجانی (EQ) مهم‌ترین مسئله در اینجا است. همهٔ افرادی که در جوامع مسلمان به دنیا آمده‌اند، از جمله من، به نبرد روحانی نیاز دارند. اگر از نحوهٔ برخورد با مسائل نبرد روحانی آگاه نباشیم، در این نبرد شکست خواهیم خورد. ارواح شیطانی و اسلام ما را کنترل و مدیریت می‌کنند. بنابراین، روح کنترل، روح مرگ و روح ترس وارد کلیسا می‌شوند. از همین رو، خادمانی مثل من و ما، با خدمتی که داریم شناخته می‌شویم، در حالی که ما با سه مسئله درگیر هستیم: جایگاه، مقام (منصب) و مالکیت. این سه چیز باید بروند و با خدمت، مسئولیت و تعهد جایگزین شوند.

ما، به عنوان رهبران، گاه در تنگنا قرار می‌گیریم. یک رهبر آینده در کلیسای ما می‌نشیند و نگاه می‌کند که چگونه باید در پشت میز خطابه رفتار کرد. سپس او مسح خدا را تجربه کرده و کتاب مقدس را مطالعه می‌کند. وقتی وارد کلیساهای ما می‌شود، هوش کتاب مقدسی او بالاست و ما از شنیدن تفسیرهای او از کتاب مقدس لذت می‌بریم. اما همین شخص وقتی به خانه بازمی‌گردد، با همسر خود مشاجره می‌کند. و این فرد همان رهبر کلیساست. دست‌کم باید کسی از او بپرسد: «اولویت تو کجاست؟» همان‌طور که کسی گفته است: «برخی از ما ناکارآمدیم، زندگی‌های زخمی و آسیب‌دیده‌ای داریم و وقتی به رهبری می‌رسیم، دچار خشم می‌شویم و به مردم توهین می‌کنیم.» ما به توبه نیاز داریم. ما در یک نبرد روحانی هستیم و به آزادی نیاز داریم. خبر خوش این است که این مشکل قابل حل است. من بارها این را دیده‌ام و خدا را به‌خاطرش شکر می‌کنم. اکنون کلینیک شفا و آزادی‌ای داریم که ویژهٔ شبانان است. امروز دست‌کم با سی شبان کار می‌کنم. به ندرت از چیزهایی که می‌شنوم شگفت‌زده می‌شوم، زیرا خودم نیز مشکلات بسیاری را تجربه کرده‌ام. این کلینیک نه‌تنها برای مردم ایران، بلکه برای خود شبانان نیز هست؛ جایی که بتوانیم آزادانه دربارهٔ این مسائل گفت‌وگو کنیم.

گروه‌های کوچک: من از همهٔ شما عزیزان یاد می‌گیرم. سال‌هاست که به دنبال یک مدل رهبری مناسب برای کلیسای ایران بوده‌ام. علاوه بر مواردی که رهبران گرامی قبلا ذکر کردند، مانند شفا و راهنمایی که همگی بسیار مهم هستند، ما باید گروه‌های کوچکی از رهبران در سطوح مختلف ایجاد کنیم. این رهبران باید فضایی شفابخش داشته باشند تا بتوانند دربارهٔ مسائل مختلف با هم مشارکت کنند و گفت‌وگو داشته باشند و همهٔ ما دور هم جمع شویم و در مورد آنچه در کلیساهای ما اتفاق افتاده، صحبت کنیم. رهبران باید خود آزادانه صحبت کنند و به یکدیگر یاری دهند. من به مدت ده سال به دانشجویان ایرانی تدریس کرده‌ام. آنها ممکن است یک اصل را یاد بگیرند، اما نتوانند آن را به کار گیرند. در میان مردم ما، شکاف عمیقی بین دانش ذهنی و حکمت باطنی وجود دارد.

برای پر کردن این شکاف، علاوه بر داشتن یک مربی یا راهنما، به فضایی مانند این نیاز داریم که در آن دور هم جمع شویم و یاد بگیریم که آسیب‌پذیر باشیم. بیایید در مورد مسائل خانوادگی صحبت کنیم. نباید از عباراتی مانند «ما رهبران» و «آنها»

استفاده کنیم. در عوض، می‌گوییم که این مسائل و مشکلات را داریم. باید در مورد مشکلات شخصی خود، مانند مشکل با همسرم، مشکل با دخترم و مشکل با شبانم صحبت کنیم. چگونه با این مسائل برخورد می‌کنیم؟ بیایید برای یکدیگر دعا کنیم. بیایید یکدیگر را قضاوت نکنیم. من فکر می‌کنم این می‌تواند یک فضای التیام‌بخش باشد که برای ما بسیار مهم است که بنشینیم و در مورد این مسائل صحبت کنیم. من سال‌هاست که در زمینهٔ کار مربیگری و راهنمایی فعالیت می‌کنم و احساس می‌کنم این موضوع در بسیاری از مواقع مغفول مانده است. مردم، به‌ویژه رهبران ایرانی، باید دربارهٔ چالش‌ها و نگرانی‌های خود که بسیار زیاد هستند، صحبت کنند. هر زمان که دربارهٔ رهبری در ایران صحبت می‌کنیم، اغلب «مدل ویژگی» را در نظر می‌گیریم، یعنی رهبری که ویژگی‌های خوبی دارد. بنابراین، همهٔ رهبرانی که در این جلسات حضور دارند، فکر می‌کنند باید رهبران مسیحی خوبی باشند. نقطهٔ شروع ما همیشه «مدل ویژگی» بوده است و این باعث می‌شود مردم بیایند و بگویند که ما خوب هستیم. ما از صحبت کردن دربارهٔ چالش‌ها اجتناب می‌کنیم، زیرا نمی‌دانیم چگونه آنها را در زندگی خود یا برای دیگران پیاده کنیم. دلیلش این است که ما الگوسازی کافی نداریم و این موضوع در مدل‌های رهبری ما مغفول مانده است.

نبرد روحانی: ما ایرانیان از سنت‌های مختلفی مانند ایوانجلیکال و پنتیکاستی آمده‌ایم. ما دیدگاه‌های متفاوتی داریم و خدا را به‌خاطر این تنوع شکر می‌کنیم. اما یک تابو یا ترس از صحبت در مورد نبرد روحانی وجود دارد. ما باید با آن روبه‌رو شویم. تاثیرات اسلام در کلیساهای ما مشهود است. اما ما به ندرت برای حل آنها تلاش می‌کنیم. همان‌طور که یک نفر گفت، ما باید تغییر کنیم.

رهبر/شبان تمام مواضع الهیاتی خود را می‌داند. او می‌خواهد تغییر کند، اما نیروهای شیطانی بر او تاثیر می‌گذارند. ما باید این نیروهای شیطانی را بشناسیم. من نمی‌گویم که باید افراط کنیم. شبان می‌تواند مشکلاتی داشته باشد که از کودکی با خود حمل می‌کند، مانند اینکه پدرش او را تحقیر کرده است. در ایران هم پسران و هم دختران مورد آزار و اذیت جسمی قرار می‌گیرند. این مشکلات باید قبل از اینکه به شبان نقش شبانی در کلیسا داده شود، حل شوند. بله، ما باید از طریق مشورت باطن خودمان را التیام بخشیم، اما با نیروهای شیطانی بیرون نیز مبارزه کنیم. خادم باید این دو بُعد را

بشناسد. اگـر بـه هـر دو واقعیت پرداختـه نشـود، اگـر وقتـی شبان وارد نقـش شبانی می‌شـود بـه هـر دو واقعیـت پرداختـه نشـود، اقتـدار او مختـل خواهـد شـد.

نتیجه‌گیری

اولیـن مطلبـی کـه ارائـه شـد، نقـش کلیساها، رهبـران و سـازمان‌های بالـغ غربی در پرداختـن بـه مشکل رهبـران مسـموم بـود. کلیسـاهای نوپـای مسیحیـان بـا پیش‌زمینـۀ اسلامی و کلیسـاهای بـا پیشینـۀ مسیحی بـرای پیمایش پیچیدگی‌هـای فرهنگی رهبـری در بافت‌هـای شمال آفریقـا، خاورمیانـه و ایران بـه کمـک نیـاز دارنـد. چندیـن بحث بـه مشکلاتی پرداخت کـه به‌دلیـل کار رهبـر در انـزوا رخ می‌دهـد.

پرسشی مطـرح شـد کـه آیا الهیـات اسلامی منجـر بـه رهبـری مسموم می‌شـود یا خیـر. مشخص شـد کـه الهیـات اسلامی مشکلات خـاص خـود را دارد، امـا فرهنـگ غربی نیـز بـا رهبـری مسـموم مشکـل دارد. بـا ایـن حـال، هـر فرهنگـی جلوه‌هـای منحصربه‌فرد خـود را دارد. پیشنهاد شـد کـه پدیدۀ رهبـری مسموم بایـد زمانی کـه فـرد بـه مسیح ایمان می‌آورد، مـورد توجـه قـرار گیـرد، نـه زمانـی کـه رهبـر می‌شـود. انتظـار فرهنگـی از رهبـری بایـد در فرآینـد شاگردسـازی از همـان ابتـدای زندگی مسیحی بـرای رهبـران و پیروان آغـاز شـود. هـر دوی آنهـا بـه درک صحیحـی از رهبـری کتـاب مقـدس نیـاز دارنـد. بـا مطـرح کـردن ایـن موضـوع در ابتـدای زندگی مسیحی، ایمانـداران جدیـد از مشـکل رهبـری مسـموم و نقشـی کـه همـۀ آنهـا در ایـن زندگی ایفـا می‌کننـد، آگـاه می‌شـوند.

پیچیدگی‌هـای رهبـری مسـموم بـه اشکال مختلـف بـروز می‌کنـد. اول، ایمانـداران آرزوی داشـتن قهرمانـی را دارنـد کـه آنهـا را از تمـام مشکلاتشـان نجـات دهـد. دوم، مشخص شـد کـه رهبـران نبایـد در انـزوا کار کننـد. بـا ایـن حـال، در اکثر کلیسـاهای نوپـا، کمبـود رهبـر وجـود دارد، بنابرایـن کسـی کـه توانایی‌هـای طبیعـی دارد، بـه طـور خـودکار بـه عنوان یـک مسیحی جـوان و نابالـغ رهبـری را بـه دست می‌گیـرد یـا بـه سـمت آن سـوق داده می‌شـود. سـوم، ارزش‌هـای فرهنگـی ایجاب می‌کنـد کـه رهبـر بـه اعضا بگویـد چـه کار کننـد و چـه فکـر کننـد، و جماعـت انتظـار دارد کـه رهبـر ایـن نقـش را بـر عهـده بگیـرد. ایـن الگویی ایجاد می‌کنـد کـه منجـر بـه رهبـری مسموم می‌شـود. چهـارم، مـردم بـه دنبـال کسانی هسـتند کـه

در رهبـری مهـارت دارنـد. پیشـنهاد شـد کـه مـا بایـد بـه دنبـال فـردی باشـیم کـه شـخصیت یـک رهبـر را داشـته باشـد، نـه صرفـا مهارت‌هـای او. شـخصیت بسـیار مهم‌تـر از مهارت‌هـای یـک رهبـر اسـت. در عمـل، مطـرح شـد کـه ممکـن اسـت یـک یـا دو نسـل طـول بکشـد تـا رهبـرانِ خـدایی را آن‌طـور کـه در کتـاب مقـدس آمـده اسـت، ببینیـم. در درازمـدت، رهبـران بهتـری خواهیـم داشـت، امـا واقعیـت ایـن اسـت کـه بـا وجـود تمـام تلاش‌هایمـان بـرای دور زدن ایـن گرایـش، هنـوز رهبـران بـد و مسـموم خواهیـم داشـت. در نهایـت، ایـدۀ حضـور ناتـان یـا یوناتـان در کنـار رهبـران بـرای ارائـۀ مشـورت و سـرزنش در صـورت لـزوم مطـرح شـد. در پاسـخ، اظهـار شـد کـه کلیسـاهای ایـران ممکـن اسـت بـرای ایـن نـوع راهنمـایی، کـه شـامل انتقـاد اصلاحـی اسـت، آمـاده نباشـند. در واقـع، در ایـن فرهنـگ، انتقـاد از کسـی مجـاز نیسـت. الگـوی رهبـری اقتدارگـرای ایـرانی و خاورمیانـه‌ای غالـب اسـت. مشـکلات شـناخته شـده‌اند؛ اکنـون بایـد بـرای یافتـن راه‌حل‌هـا تلاش کنیـم تـا شـاهد رشـد رهبـران بالـغ و خداتـرس باشـیم.

۶

واسطه‌گری در حل اختلاف:

آیا همهٔ ما می‌توانیم با هم کنار بیاییم؟

هدف از پرداختن به اختلاف، حل اختلاف و ترمیم رابطهٔ طرفین آسیب‌دیده است. هر فرهنگی برای برخورد با اختلاف، روش‌های خاص خود را دارد. یک فرهنگ ممکن است از رویارویی آشکار استفاده کند که قابل قبول و از نظر فرهنگی مناسب است. در فرهنگ‌های دیگر، رویارویی آشکار به عنوان روشی بی‌آبروکننده و پرخاشگرانه تلقی می‌شود. هر دو رویکرد می‌توانند باعث اختلاف شوند. بنابراین، واسطه‌گری برای برخورد با اختلاف ضروری است. با این حال، شکلی که واسطه‌گری به خود می‌گیرد باید منعکس‌کنندهٔ زمینهٔ فرهنگی باشد.

دو عنصر کلیدی در واسطه‌گری وجود دارد: واسطه و طرفین اختلاف. در برخی فرهنگ‌ها، نقش واسطه بر تعیین طرف مقصر بدون در نظر گرفتن تاثیری که بر افراد درگیر در اختلاف می‌گذارد، متمرکز شده است. در فرهنگ‌های دیگر، واسطه باید آبروی هر دو طرف را حفظ کند و در عین حال طرفین را به نقطه‌ای از راه‌حل قابل قبول برساند.

با این حال، طرفین رنجیده نیز نقشی برای ایفا دارند و واسطه ممکن است کنترل کمی بر این جنبه از واسطه‌گری داشته باشد. بلوغ عاطفی افراد درگیر در اختلاف، نتیجهٔ واسطه‌گری را تعیین می‌کند. اگر طرفین رنجیده خصومت را متوقف کنند یا کسانی که فرار کرده‌اند، دوباره برگردند، خواهیم فهمید که آیا واسطه‌گری موثر بوده

است یا خیر. اما باید یک قدم فراتر برویم. هدف حل اختلاف، بازگرداندن رابطهٔ بین شرکت‌کنندگان به بهترین حالت ممکن است.

گرایش‌های فرهنگی ذکر شده در فصل‌های قبل نیز باید مورد توجه قرار گیرند. با تکیه بر بینش‌های هافستِد که در فصل ۱ به آن اشاره شد، ترکیبی از فاصلهٔ قدرت بالا، همراه با اجتناب زیاد از عدم قطعیت (حفظ اصول رفتاری سخت‌گیرانه)، عدم تحمل رفتارها و ایده‌های نامتعارف و رتبه‌بندی به عنوان یک جامعهٔ محدودکننده، منجر به کشش فرهنگی برای پذیرش رهبران اقتدارگرای قوی می‌شود که به نوبهٔ خود اعضایشان را کنترل می‌کنند. تمام این گرایش‌های فرهنگی، رویکرد و نتایج احتمالی واسطه‌گری را شکل می‌دهند.

تمام مباحث قبلی در مورد اختلاف، الگوهای ارتباطی، شرم و شرم دیرینه، و رهبران مسموم و سوءاستفاده‌گر، جهت و نتیجهٔ واسطه‌گری را شکل می‌دهند. الگوهای ارتباطی، واسطه‌گری را پیچیده می‌کنند. همان‌طور که در فصل ۲ اشاره شد، ارتباط مستقیم و غیرمستقیم وجود دارد. غیرمستقیم به این معنی است که تا زمانی که واسطه علت اصلی اختلاف را درک نکند، موضوع نادیده گرفته می‌شود. الگوهای ارتباطی تمایل دارند از اغراق برای تاکید بر یک نکته یا برای جلب توجه استفاده کنند. این کار ممکن است ساعت‌ها طول بکشد تا موضوع مشخص شود.

همان‌طور که در فصل ۲ بحث کردیم، شرم موضوعی است که باید مورد توجه قرار گیرد. برای مثال، فرهنگ‌هایی که در آنها شرم اهمیت بسزایی دارد، باید به هر قیمتی از شرم اجتناب کنند. شرم باید پنهان شود، بنابراین می‌توان اختلاف را برای مدت طولانی نادیده گرفت. اگر شرم آشکار شود، باید انتقام گرفته شود یا انکار شود. به هر قیمتی، آبرو باید احیا شود. بنابراین، حفظ آبرو می‌تواند مانع پیشرفت در واسطه‌گری شود. افرادی که شرم دیرینه را تجربه کرده‌اند، رویکردی همه یا هیچ نسبت به تهدیدها داشته و نسبت به آسیب‌های درک‌شده حساسیت بالایی دارند، که همهٔ این موارد وظیفهٔ واسطه را پیچیده می‌کند.

اما اگر طرفین رنجیده، از صحبت دوباره یا حتی حضور در یک مکان امتناع ورزند، چیزی عمیق‌تر وجود دارد که باید درک و حل شود. اگر طرفین رنجیده به جای اینکه نسبت به هویت خود مطمئن باشند، بیش از حد حساسیت نشان دهند، واسطه‌گری

منعکس‌کنندهٔ این واقعیت است که آنها را باید مانند کودکانی که فقط از لحاظ جسمانی رشد کرده‌اند مدیریت کنیم. چگونه می‌توانیم بر مشکلات واسطه‌گری در اختلافات به روشی مناسب از نظر فرهنگی غلبه کنیم که پاسخ پیچیدهٔ فرهنگی و فردگرایانه به اختلاف و حل اختلاف را در نظر بگیرد؟ چگونه می‌توانیم روند شکاف یا انحلال جماعت‌ها را معکوس کنیم؟ چگونه می‌توانیم از طریق واسطه‌گری در زمینهٔ فرهنگی، وحدت کتاب مقدس را تثبیت کنیم تا کلیسا بتواند ثمرات زیادی به بار آورد؟

بُعد دیگری که روند واسطه‌گری را پیچیده می‌سازد، جایگاه و نقش «امت» است، یعنی جامعهٔ جهانی مسلمانان و نقش آن در هویت فردی ایمانداران با پیشینهٔ اسلامی است، زیرا تعلق به امت به معنای امنیت، پذیرش، حمایت و شکل‌گیری هویت است؛ بنابراین جایگزینی این منطقهٔ روانی امن با جماعت تازهٔ مسیحی، همراه با پیش‌فرض‌هایی خواهد بود که یکی از آنها این است که تجربهٔ ایماندار در کلیسای مسیحی باید همان چیزی باشد که امت حقیقی باید به آن شباهت داشته باشد. واسطه‌گری ریشه‌های کهنی در خاورمیانه دارد و در حقیقت، مفهوم سپردن اختلاف به یک شخص ثالث بی‌طرف برای یافتن راه‌حل، در سنت‌های اسلامی و عربی سابقه‌ای دیرینه دارد. یک نمونهٔ مشهور، داستان انتخاب محمد، پیامبر اسلام، توسط قبایل متخاصم برای حل اختلاف در جریان بازسازی کعبه است که او با ابتکاری حکیمانه، اختلاف میان طرفین را برطرف کرد و راه‌حلی ارائه داد که برای همه قابل‌پذیرش بود. بر همین اساس، در فقه اسلامی (شریعت) مفهوم واسطه‌گری مستقل از طریق عمل «الواسطه» مورد تاکید قرار گرفته است؛ در این شیوه، یک یا چند واسطه، چه به درخواست یک یا هر دو طرف، یا حتی به ابتکار خودشان، برای حل اختلاف ورود می‌کنند تا با پیشنهاد راه‌حل‌هایی به طرفین، امکان رفع اختلاف را فراهم کنند و در نهایت، تصمیم با طرفین اختلاف است که آیا راه‌حل‌های پیشنهادی را بپذیرند یا خیر. این فهم، اهمیت واسطه‌گری را به عنوان بخش بنیادین حل اختلافات و نیز به عنوان یک مسئولیت فرهنگی نشان می‌دهد.

مورد دیگری که باید در نظر بگیریم، نقش واسطه است. جایگاه و اعتبار واسطه در رویکرد اسلامی-عربی برای واسطه‌گری بسیار مهم است. احترام طرفین به واسطه برای دستیابی به توافقات قابل اجرا اهمیت بسزایی دارد. واسطه به عنوان کسی تلقی می‌شود

کـه تمـام پاسـخها و راهحلهـا را دارد. در نتیجـه، واسطه نقـشی فعـال ایفـا کـرده و موضـع ارزیابیکننـده را بـر عهـده میگیـرد، بـرخلاف واسطۀ غـربی کـه بیطـرف میمانـد و بـا اجـازه دادن بـه طرفیـن اختـلاف بـرای رسیـدن بـه راهحـل توسـط خودشـان، نقـش تسهیلکننـدهای ایفـا میکنـد.

در حـالی کـه واسطۀ غـربی بیشتـر بـه شنـاخت کافی در مـورد رویههـا و سـاختارهای قانـونی اهمیـت میدهـد، واسطه در خاورمیانـه ملـزم بـه شنـاخت بیشـتر دربارۀ تاریـخ و حقایـق اختـلاف اسـت. جـدا از نقـش و رویکـرد واسطه، هـدف نیـز در این دو زمینـه متفـاوت اسـت. در خاورمیانه، ادامۀ رابطـه بیـن طرفیـن و حفـظ هماهنگـی اجتماعـی در گـروه مهـم اسـت. در مقابل، واسطۀ غـربی بـر روی بـه حداکثـر رسانـدن منافـع شخصـی و گـروهی متمرکـز اسـت. هـدف واسطۀ خاورمیانـهای، ترمیـم رابطـۀ از همگسیختـۀ بیـن طرفیـن و درون جماعـت اسـت. واسطۀ غـربی، واسطهگری را دارای نتیجـۀ برد/باخـت یا برد/بـرد میدانـد، در حـالی کـه واسطۀ خاورمیانـهای حفـظ هماهنگـی اجتماعـی را بـه عنـوان یـک هـدف برتـر میشناسـد.

واسطهگری در خاورمیانـه بیشتـر اوقـات در کنـار یـک رونـد قانـونی رسـمی مرتبـط انجـام میشـود، در حـالی کـه واسطهگری غـربی بـه جـای رونـد قانـونی رسـمی انجـام میشـود. اگرچـه هـر دو رویکـرد، اختیـار را بـرای واسطهگری ضـروری میداننـد، امـا در خاورمیانـه، واسطهها ممکـن اسـت بـرای شهـادت در مـورد توافـقی کـه بـه دسـت آوردهانـد، بـه یـک دادگاه رسـمی دولـتی احضـار شـوند.

بـا وجـود پیشینـۀ تاریخـی و فرهنگـی مثبـت، خاورمیانـه شاهد افزایـش استفـاده از نهادهـا و فرآیندهـای واسطهگری نبـوده اسـت. ایـن امـر بـه احتمـال زیـاد بـه ایـن دلیـل اسـت کـه تعـداد بسیـار کـمی واسطۀ فعـال و آموزشدیـده در منطقـه وجـود دارد.

از دو سخنران اول، یـک مهاجـر از جامعـۀ ایرانـی و پـس از او یـک مهاجـر از جامعـۀ خاورمیانـه، درخواسـت شـد تـا یـک سخنرانـی ضبطشدۀ ۲۰ دقیقـهای در مـورد موضـوع واسطهگری بـرای معـرفی ایـن سرفصل ارائـه دهنـد. آنچـه در ادامـه میآیـد، بحثی اسـت کـه از ایـن سخنرانیهای اولیـۀ حیـاتی حاصـل شـده اسـت.

خدمت یک واسطه - مهاجر در بافت ایرانی

من از سال ۱۹۹۴ تا ۲۰۱۳ به عنوان مبشر مذهبی در میان فارسی‌زبانان فعالیت داشته‌ام. من شبان جامعهٔ ایرانیان و کلیسای مسیحیان ایرانی کلرادو هستم. عضو هیئت علمی و هیئت مدیره در مرکز الهیات پارس هستم. علاوه بر این، به عنوان راهنمایی و مشاور شخصی به دنیای فارسی‌زبانان خدمت می‌کنم. من بنیان‌گذار و مدیر اجرایی خدمت تعلیم هستم که منابع کتاب مقدس را برای رهبران فارسی‌زبان در سراسر جهان تولید و توزیع می‌کند.

من این فرصت و این افتخار را دارم که در مورد معنای واسطه‌گری کتاب مقدس در بستر فرهنگ ایرانی مشارکت کنم. در این نشست مشورتی، ویژگی‌های یک واسطهٔ کتاب مقدسی را مورد بحث قرار خواهم داد و سپس برخی از موقعیت‌های خاص را بررسی خواهم کرد.

من با کلیسای ایران آشنا هستم که در آن وجود یک واسطه برای حل اختلاف بسیار مهم بود. هدف ما درک واسطه‌گری در چهارچوب کلیسای ایران است.

معنی ریشه‌ای کلمهٔ واسطه، «ایستادن بین چیزی یا کسی» یا «شخصی در میانهٔ چند شخص دیگر بودن» است. همسرم تا حدودی می‌داند که سرخ‌پوستان قبیلهٔ چروکی چگونه با اختلافات برخورد می‌کنند. آنها دو جوانی را که با هم دعوا می‌کنند، به درختی می‌بندند. آنها را تا زمانی که حاضر به آشتی شوند، همان‌جا رها می‌کنند. ما امروزه مردم را به درخت نمی‌بندیم، اما به روشی مشابه، به عنوان مسیحیان، طرفین درگیر را به درخت جلجتا می‌آوریم، جایی که عیسی از طریق مرگ و قیام خود، آشتی بین خدا و انسان را به ارمغان آورد. این اساس درک ما از چگونگی عملکرد تعمق و آشتی است. قصد ما این است که وقتی دو نفر با هم اختلاف دارند، آنها را به صلیب مسیح بیاوریم تا محبت و رحمت او را تجربه کنند. ما می‌خواهیم آنها درک کنند که همان‌طور که ما از طریق مسیح بسیار بخشوده شده‌ایم، ما نیز باید دیگران را ببخشاییم (افسسیان ۴:۳۲؛ کولسیان ۳:۱۳).

مصالحه یا آشتی، فرمانی است که در دوم قرنتیان ۵:۱۸ آمده است و بیان می‌کند که وظیفهٔ آشتی به همهٔ ما سپرده شده است. چه شبان باشیم و چه غیر شبان، ما به

عنوان مسیحیان فراخوانده شده‌ایم تا از طریق دعا واسطه‌گری کنیم و طرفین اختلاف را به اتحاد تشویق کنیم. ما همچنین می‌دانیم که مسیح را داریم که واسطهٔ کامل ماست، زیرا کتاب مقدس به ما اطلاع می‌دهد که واسطه‌ای بین خدا و انسان وجود دارد و آن عیسی است (اول تیموتائوس ۲:۵).

عیسی حتی قبل از صلیب از واسطه‌گری استفاده کرد. بیایید تعمید عیسی را در نظر بگیریم. عیسی کاملا با گناهان ما یکی شد، زیرا کسی که هیچ گناهی را نمی‌شناخت، برای تعمید به نزد ما آمد. این پیش‌درآمدی است از اینکه عیسی با واسطه شدن برای ما نزد خدا، کاملا با ما یکی شد. کتاب مقدس در یوحنا ۱۴:۶ به روشنی می‌گوید که هیچ‌کس نمی‌تواند جز به واسطهٔ مسیح نزد پدر آید. ذات زندگی مسیحی، واسطه‌گری است. ما باید قومی مقدس باشیم که با گرد هم آوردن مردم از طریق خدمت آشتی، به دنبال صلح‌آفرینی باشیم. ما باید واسطه باشیم.

ویژگی‌های یک واسطه

اولین ویژگی که باید در یک واسطه جست‌وجو کنیم، این است که او باید ایمانداری بالغ باشد. اگرچه بلوغ اهمیت دارد، اما در بافت ایرانی، ایماندار بالغ باید در جامعهٔ کلیسای ایران از جایگاه و اعتبار برخوردار باشد. این فرد باتجربه کسی است که به عنوان فردی درستکار شناخته می‌شود و واقعا با خداوند همراه است. ایرانیان، بهویژه افراد مسن‌تر، اغلب می‌گویند نمی‌توانند نصیحت و خِرَد فرد جوان‌تر را بپذیرند. این ویژگی در کلیسا چندان مهم نیست، اما در فرهنگ ما چنین است. در جست‌وجوی یک واسطه در بافت فرهنگی خود، به دنبال فردی با جایگاه و اعتبار هستیم، کسی که ثابت کرده است مسیحی وفادار است و مسیح و کلیسا را دوست دارد. یکی دیگر از ویژگی‌های واسطهٔ بالغ، بی‌طرفی در هر زمینه‌ای است؛ به عبارت دیگر، او نباید در نتیجهٔ واسطه‌گری هیچ اظهار نظر شخصی یا سودی شخصی داشته باشد. اگر تضاد منافعی وجود دارد، باید از همان ابتدا روشن شود. باید حس شود که واسطه هر دو طرف را دوست دارد و به آنها احترام می‌گذارد، هرچند طرفین اختلاف، دو فرد و یا دو گروه در یک کلیسا باشند. شهرت واسطه باید به عنوان فردی کاملا بی‌طرف تثبیت شده باشد و نمی‌توان اهمیت

این نکته را دست‌کم گرفت.

ویژگی دوم واسطه، توانایی درک دیدگاه‌های مختلف دربارهٔ یک موضوع است. این بدان معناست که واسطه نباید تفکر سیاه و سفید داشته باشد. او باید بلوغ و خِرَد کافی داشته باشد تا بفهمد دو مسیحی متعهد می‌توانند دیدگاه‌های بسیار متفاوتی دربارهٔ کتاب مقدس، زندگی یا یک موقعیت خاص داشته باشند. برای حفظ بی‌طرفی کامل، واسطه نباید خود را جای طرف مقابل بگذارد، اما درک دیدگاه شخص دیگر بخش مهمی از نقش او است. یکی دیگر از جنبه‌های درک دیدگاه‌های مختلف، نیاز به توانایی بالا در گوش دادن است. این بدان معناست که واسطه نباید از پیش قضاوت کند، بلکه باید به هر فرد فرصت واقعی بدهد تا دیدگاه خود را کامل توضیح دهد. من به هر طرف زمان کافی می‌دهم تا استدلال خود را ارائه دهد. نفر اول باید دیدگاه خود را بدون واکنش کلامی از سوی طرف مقابل، اظهارات متناقض یا طغیان‌های عاطفی بیان کند. گرداننده باید به هر دو طرف کمک کند تا واقعا به یکدیگر گوش دهند و فرصت صحبت کردن و شنیده شدن داشته باشند. یکی از جنبه‌های مهم واسطه‌گری، نشان دادن همدلی، نگرانی عاطفی و نشان دادن علاقهٔ واقعی اتفاقات در زندگی طرفین دعواست. برای انجام صحیح این کار، واسطه باید دارای وقار و متانت باشد، زیرا در این موقعیت ممکن است با تنش، خشم، طرد یا اتهاماتی روبه‌رو شود و وقار و متانت برای مدیریت این شرایط ضروری است.

بنابراین، به عنوان یک واسطه، شما باید فردی باشید که ریشه در فیض الهی دارد، تحت کنترل روح‌القدس است، قادر است با آرامش و ملایمت با افراد عصبانی صحبت کرده و به آرام کردن آنها کمک کند. همچنین باید فیض الهی را به آنها معرفی کنید. بعدا به این موضوع خواهیم پرداخت. واسطه‌گری، طی کردن این فرآیند با توجه به فیض الهی است، اینکه هر دوی شما گناهکار هستید و به بخشش نیاز دارید. هر دو حداقل به نوعی دیگری را آزرده خاطر کرده‌اید و همهٔ تقصیرها متوجه شخص دیگر نیست.

سومین ویژگی یک واسطه این است که فردی خردمند باشد، از حکمت کتاب مقدس و معرفت کلام خدا و نحوهٔ به‌کارگیری آن برخوردار باشد. واسطه باید گنجینه‌ای از نمونه‌های کتاب مقدس را در دل و ذهن خود داشته باشد تا بتواند آشتی و بخشش

را بـه تصویـر بکشـد. حکمـت بـا تـرس از خـدا آغـاز می‌شـود و بـا یادگیـری واقعـی فـرد مسیـحی بـرای همـراهی بـا خـدا و به‌کارگیـری متـون مقـدس و داشـتن تجربیـات زنـدگی بـرای بهره‌گیـری، رشـد می‌کنـد. مـردم واسـطه‌ای می‌خواهنـد کـه قبـلا ایـن مسیـر را طی کـرده باشـد و بدانـد چـه می‌کنـد.

آخریـن ویـژگی یـک واسطه ایـن اسـت کـه مـورد اعتمـاد هـر دو طـرف باشـد. بایـد بدانیـم کـه آنهـا بـه نظـر و دیـدگاه مـا اعتمـاد خواهنـد کـرد و بـرای عمـل بـه آن، ملاحظـات جـدی را در نظـر خواهنـد گرفـت. هیـچ فایـده‌ای نـدارد کـه تمـام تـلاش واسطه‌گـری را صرفـا به‌خاطـر ایـن انجـام دهیـم کـه در نهایـت بگوینـد ایـن وظیفـهٔ واسطه‌گـری را برایشـان انجـام داده‌ایـم، امـا هیـچ چیـز در رابطـهٔ طرفیـن اختـلاف تغییـر نکـرده اسـت. مـن از آنهـا تعهـد جـدی می‌خواهـم و از ایشـان می‌طلبـم کـه بـه مـن و بـه خـدا اعتمـاد کننـد. می‌خواهـم بداننـد کـه مـن تمـام تلاشـم را می‌کنـم تـا ایـن کار بـه نتیجـه برسـد. هیـچ یـک از مـا واسطه‌های کاملـی نیسـتیم، امـا یـک عامـل مهـم، دل واسطه اسـت.

واسطه بـودن مسئولیت بسیـار بزرگـی اسـت. مـا ایـن کار را بـا دقـت و تعمـق در دعـا انجـام می‌دهیـم. مـا ایـن نقـش را می‌پذیریـم، هرچنـد گاهـی اوقـات مسئولیت بسیـار دشـواری اسـت.

واسطه‌گری در بافت فرهنگی ایرانی

در فرهنـگ شـرم/آبـرو، عوامـل متعـددی می‌تواننـد باعـث ناراحتـی و آسیـب افـراد شـوند، ماننـد توهیـن، بی‌احتـرامی و شرمسـاری. اختلافـات می‌تواننـد بـه سـرعت در کلیسـای ایـران شعله‌ور شـوند و ریشـهٔ بسیـاری از آنهـا تکبـر اسـت. ایـن اختلافـات معمـولا باعـث دوری افـراد از یکدیگـر می‌شـوند کـه اولیـن مرحلـه در ایجـاد شـکاف اسـت و بیشـتر افـراد از صحبت کـردن با یکدیگـر امتنـاع می‌کننـد. بـرای مثـال، یـک بـرادر ایـرانی بـه مـن گفـت کـه کسـی کـه بـه او آسیـب رسـانده، برایـش مـرده اسـت و دیگـر برایـش وجـود نـدارد. واکنش دیگـر سـرزنش اسـت؛ ایرانیـان می‌تواننـد در انتقـاد بسیـار رک و مسـتقیم باشـند. مـن افـرادی را دیـده‌ام کـه بـه کلیسـا آمده‌انـد و جلـوی همـه مـرا سـرزنش کرده‌انـد تا مـرا شـرمنده کننـد، امـا در نهایـت خودشـان شـرمنده شـده‌اند. ایـن رفتـار می‌توانـد باعـث تفرقـهٔ بیشـتر شـده و حتـی بـه انتقام‌جـویی منجـر شـود؛ کـه بیشـتر اوقـات بـا شـایعات آغـاز می‌شـود، دیـدگاه منفـی نسـبت بـه حریـف را

گسترش می‌دهد و دیگران را از خود دور می‌کند. شنیدن این‌که فرد رنجیده از دوستانش می‌خواهد با شخص دیگری معاشرت نکنند، حتی اگر دوستانشان باشند، چیز عجیبی نیست. این رفتار در کلیسا به طور کامل نمایان و بسیار دردناک است، زیرا باعث ایجاد تفرقه و شکاف در جماعت می‌شود. این یک مسئلهٔ بسیار جدی است که نیاز به توجه و رسیدگی فوری دارد.

بر اساس تجربهٔ من، چهار مدل وجود دارد که نحوهٔ عملکرد واسطه‌گری را نشان می‌دهد:

۱. اولین مدل واسطه‌گری شامل آغاز تماس یا گفت‌وگو بین دو نفر است که از یکدیگر دور شده‌اند. تجربهٔ شخصی من نشان می‌دهد که این روش چگونه عمل می‌کند: یک برادر ایرانی بسیار مهربان با من تماس گرفت و گفت: «می‌دانی که فلانی از تو خیلی ناراحت است.» در ابتدا دلیل ناراحتی او را نمی‌فهمیدم، اما پس از شنیدن توضیحات، متوجه شدم که وقتی به شهر او رفته‌ام، فرصتی برای صحبت با او نداشته‌ام و او از این بابت ناراحت شده است. واسطه مرا ترغیب کرد که با آن برادر تماس بگیرم و از غفلت خودم عذرخواهی کنم. پس از تماس، به او گفتم که امیدوارم دفعهٔ بعد که به شهر بیایم، او را ببینم. این تماس تلفنی باعث بهبود رابطهٔ ما شد. نقش واسطه در این مورد، نزدیک کردن دو نفر و تشویق آنها به عذرخواهی بود، حتی اگر یکی از طرفین اصلا نمی‌دانست که دیگری آزرده شده است. گاهی اوقات، واسطه باید فعالانه عمل کند و گفت‌وگو را آغاز کند.

۲. مدل دوم واسطه‌گری زمانی است که دو نفر با هم اختلاف دارند. من دو نفر از بزرگان کلیسا را می‌شناختم که با هم مخالف بودند، یکدیگر را نقد می‌کردند و نمی‌توانستند با هم کنار بیایند. آنها درخواست واسطه‌گری نکرده بودند، اما من هر دو را به دفترم فراخواندم، آنها را نشاندم، در دفتر را قفل کردم و گفتم: «تا زمانی که این مشکل را حل نکنیم، جایی نمی‌رویم.» مدتی برایشان کتاب مقدس خواندم و سپس دعا کردیم. بعد گفتم: «می‌خواهم شروع کنید به گفتن اینکه در این ماجرا چطور مرتکب گناه شده‌اید. اصلا لازم نیست در مورد دیگری صحبت کنید؛ از روح‌القدس بخواهید به شما نشان دهد که خودتان کجا اشتباه کرده‌اید، نه برادر دیگر.» بعد از مدتی، یکی از برادران پذیرفت که بسیار مغرور بوده و اجازه نداده برادر دیگر بدون انتقاد ابراز وجود

کنـد، و سپس بـرادر دیگـر شـروع بـه بیـان نقـش خـود در ایـن اختلاف کـرد. نتیجـه ایـن شـد کـه آنهـا از یکدیگـر طلـب بخشـش کردنـد و دوبـاره دوسـتان خـوبی شـدند. آنهـا خودشـان نمی‌توانسـتند مشـکل را حـل کننـد؛ بلکـه بـه یـک واسـطه نیـاز داشـتند. فرهنـگ غـرور ایرانی و غـرور شـخصی‌شـان اجـازه نمی‌داد کـه خودشـان بـه ایـن اختلاف رسـیدگی کننـد. وقتـی اختـلاف در کلیسـا رخ می‌دهـد، رهبـران کلیسـا بایـد بیـن طرفیـن مداخلـه کننـد تـا راه بـه سـوی بخشـش و آشـتی بـاز شـود.

۳. مـدل سـوم واسـطه‌گری زمـانی اسـت کـه دو بـرادر ایرانی بـا هـم تجـارت می‌کننـد. متاسـفانه، ایرانیـان معمـولا بـدون امضـای قـراردادی بـا جزئیـات توافـق، وارد تجـارت می‌شـوند و بـا گذشـت زمـان، رابطـۀ ایشـان رو بـه وخامـت می‌رود. در ایـن مـورد، اختـلاف تـا جـایی شـدت یافتـه بـود کـه مبالـغ زیـادی بدهی بـالا آورده بـود و یکـی از شـرکا از نظـر مـالی در مضیقـه بـود. مـن آنهـا را بـه دفتـرم فراخوانـدم، در را بسـتم و پشـت میـز نشسـتیم. از هـر فـرد خواسـتم دیـدگاه خـود را دربـارۀ آنچـه اتفـاق افتـاده بـود، اشـتباهات رخ‌داده و هـر چیـزی کـه در تجـارت احسـاس می‌کردنـد اشـتباه انجـام شـده را بـه اشـتراک بگـذارد. آنهـا چنـدان مشـتاق نبودنـد اشـتباهات خـود را بیـان کننـد، امـا در مـورد تجـارت و مشـکلات تجربه‌شده صحبـت کردنـد. مـن یادداشـت‌برداری می‌کـردم و درسـت ماننـد یـک جلسـۀ دادگاه، مـدام گفت‌وگـو ادامـه یافـت تـا توانسـتم پیشـنهادی بـر اسـاس واقعیت‌هـا ارائـه دهـم. بخشـش صـورت گرفـت و عذرخـواهی شـد و آنهـا توانسـتند بـه عنـوان بـرادران آشـتی‌کرده از اتـاق بیـرون برونـد. پـس از واسـطه‌گری، ممکـن اسـت هرگـز نتوانیـم مطمئـن شـویم کـه بخشـش واقعـی اسـت یـا خیـر، امـا بـه آنهـا اعتمـاد داریـم کـه بـدون عصبانیـت یـا احسـاس نادیـده انگـاری یـا بی‌عدالتـی، اتـاق را تـرک کردنـد. ایـن بخـش سـخت ماجراسـت. مـا تمـام تلاش خـود را کردیـم و احسـاس کردیـم کـه بـه نـوعی راه‌حل رسـیده‌ایم. ایـن رابطـه داشـت باعـث از هـم پاشیده‌شدن کلیسـا می‌شـد، بـه همیـن دلیـل مـن بـرادران و خواهـران کلیسـا را از همـکاری بـدون واسـطه منـع می‌کنـم، زیـرا اغلـب منجـر بـه مشـکلات می‌شـود. مداخلـۀ واسـطه توانسـت از یـک مشـکل بزرگ‌تـر کـه ممکـن بـود کل کلیسـا را تحـت تاثیـر قـرار دهـد، جلوگیـری کنـد.

۴. چهارمیـن مـدل واسـطه‌گری زمـانی رخ می‌دهـد کـه شـکاف جـدی در کلیسـا وجـود داشـته باشـد. مقابلـه بـا چنیـن شـکاف و ترمیـم آن بسـیار دشـوار اسـت. چنـد سـال پیـش، بـه جماعتـی فراخوانـده شـدم کـه دچـار چنیـن شـکافی شـده بـود ـ دو سـوم جماعـت در مقابـل

یک‌سوم دیگر آن. به سرعت تشخیص دادم که علت این شکاف، اختلافات الهیاتی بسیار متمایزی است که قابل حل نیستند. وقتی یک کلیسای ایرانی گرد هم می‌آید، مشکل نه به‌دلیل ایرانی بودن اعضا، بلکه به‌دلیل پیشینه‌های الهیاتی متنوع آنهاست. از آنجا که پایهٔ الهیاتی مشترکی ندارند، شکاف‌ها و جدایی‌ها ناگزیر رخ می‌دهند. علاوه بر تفاوت‌های الهیاتی، سبک‌های رهبری متفاوتی نیز وجود دارد؛ یک سبک، حکومت کلیسایی دموکراتیک‌تر است که بر اساس جهان‌بینی برابری‌خواهانه شکل گرفته و اغلب در کلیساهای کاریزماتیک یافت می‌شود، و سبک دیگر، رهبر سنتی و مقتدر است که بر اساس جهان‌بینی سلسله‌مراتبی ساخته شده است. در کلیسای ایرانی در غرب، با وجود رهبران قدیمی و رهبران جدید که طبیعتا اختلاف نظر خواهند داشت، این دو فرهنگ با هم ادغام شده‌اند. در این موقعیت‌ها، غرور روحانی زیادی موج می‌زند. خیلی زود متوجه شدم که هر گروه، تیم پشتیبان خود را تشکیل داده و از سبک رهبری مورد علاقه‌شان حمایت می‌کرد. مشخص شد که این کلیسا در حال تجزیه شدن است. کار زیادی از دست من برنمی‌آمد؛ سعی کردم با ملاقات با گروه‌های مختلف و التماس برای حفظ جلال خدا و کلیسا، کمی آرامش برقرار کنم. متاسفانه، این کلیسا تجزیه شده و هر گروه عواقب آن را متحمل شد.

درک این نکته مهم است که برای فرهنگ ایرانی، واسطه‌گری یک عامل حیاتی است و در بسیاری از موارد به‌دلیل ماهیت فرهنگ، خدمت رسانی به دیگران نیز اهمیت دارد. این امر می‌تواند بین دو نفر در کلیسا باشد که با هم اختلاف دارند و واسطه‌گری تنها راه حفظ آبرو است. ازدواج نیز حوزهٔ دیگری است که به‌شدت به کمک نیاز دارد. من وارد عمل شده‌ام و سعی کرده‌ام بین بسیاری از ازدواج‌ها واسطه‌گری کنم. منطقی است که ما انرژی و زمان خود را برای تعلیم شبان‌های جوان در هنر واسطه‌گری با استفاده از الگوهای کتاب مقدس صرف کنیم. ما نمی‌توانیم اختلافات بین افراد، اختلافات الهیاتی یا اختلافات بشارتی را متوقف کنیم، اما می‌توانیم آماده باشیم تا به کسانی که با این اختلافات روبه‌رو هستند کمک کنیم تا کلیسای آنها از طریق واسطه‌گری بتواند در برابر این تفرقه ایستادگی کند.

آشتی و واسطه‌گری - مهاجران در خاورمیانه و شمال آفریقا

مـن مدیـر «شـبکهٔ بین‌المللـی تعلیـم الهیـات» هسـتم. بیست‌وهشـت سـال در چهار کشور مختلـف در حـوزهٔ مدیترانـه زنـدگی کـرده‌ام: فرانسـه، مراکـش، مصـر و لبنـان. تمرکـز مـن بـر توسعهٔ شاگردسـازی و رهبـری در بافت اسلامی بـوده است. سـهم مـن در ایـن پژوهـش بـر دو حـوزه متمرکـز خواهـد بـود: ۱) پیش‌نیازهـای آشـتی و واسـطه‌گری، و ۲) ویژگی‌هـای یـک واسطه.

پیش‌نیازهای آشتی و واسطه‌گری

چهـار پیش‌نیـاز وجـود دارد کـه بایـد هنگام تلاش بـرای آشـتی از طریـق واسطه‌گری در نظر بگیریـم.

اول، بپذیریـم کـه یـک تضـاد وجـود دارد. ایـن ممکـن اسـت بدیهی بـه نظر برسـد، امـا لحظه‌ای همـراه بـا مـن در مـورد آن فکر کنیـد. گفتـن اینکـه «مـن آسـیب دیـده‌ام» دشـوار اسـت. شـما خودتـان را افشـا می‌کنیـد و احسـاس آسیب‌پذیـری می‌کنیـد. وقتـی می‌گویـم «مـن آسـیب دیـده‌ام»، باعـث می‌شـود ضعیـف بـه نظر برسـم. اگـر طـرف مقابـل بگویـد کـه ایـن فقـط تصـور مـن اسـت، چـه خواهـد شـد؟ اگـر رنـج مـن را تاییـد نکنـد چـه؟ آنگاه احسـاس انـزوا می‌کنیـم. مـا در فرهنگ‌هایـی زندگی می‌کنیـم کـه بـر اسـاس شـرم و آبـرو عمـل می‌کننـد. پذیـرش دردمـان دشـوار اسـت، زیـرا باعـث می‌شـود احسـاس شـرم کنیـم.

امـا اگـر نتوانیـم بپذیریـم کـه آسـیب دیده‌ایـم، هرگـز پیشـرفتی حاصـل نخواهـد شـد. در خاورمیانـه، مـا بـه زبـان عـربی می‌گوییـم «مَعالِـش» (بی‌خیـال). ایـن راهـی بـرای نادیـده گرفتـن اتفاقـی اسـت کـه افتـاده، انـگار کـه اهمیتـی نـدارد. بـه تفـاوت بیـن گفتـن «أنا حَسـس بَعلَـم» (مـن احسـاس درد می‌کنـم) یـا «أَنـا مَجـروح» (مـن زخمـی هسـتم) توجـه کنیـد. اولـی، «مَعالِـش»، راهـی بـرای نادیـده گرفتـن درد و تلخـی اسـت. البتـه، آن زخم‌ها بـه خـودی خـود از بیـن نمی‌رونـد! دومـی، «أَنـا حَسـس بَعلَـم» یـک اذعـان، یـک درخواسـت کمـک اسـت. ایـن جملـه درد را می‌پذیـرد و یـک نیـاز را بیـان می‌کنـد. مـن بـرای بهتـر شـدن بـه کمـک نیـاز دارم. گفتـن اینکـه بایـد در رابطهٔ خـود بـا شـخصی کـه بـه شـما آسـیب رسـانده احسـاس

امنیت کنید. باید یک پایهٔ اعتماد بین شما و آن شخص وجود داشته باشد. وقتی سابقهٔ اختلاف وجود داشته باشد، این کار آسان نیست. اعتماد باید بازسازی شود، که ممکن است به معنای درخواست کمک از یک واسطه باشد – شخص سومی که در فرآیند ارتباط کمک می‌کند.

دوم، ما باید مسئولیت آسیبی که وارد کرده‌ایم را بپذیریم. وقتی کسی به شما می‌گوید: «به من آسیب زدی؟» و پاسخ شما این است: «منظوری نداشتم!» در واقع از پذیرش مسئولیت فرار کرده‌اید و سهم خود را در آن صدمه نپذیرفته‌اید. این واکنش به نوعی می‌گوید: «تقصیر توست، چون اشتباه فهمیده‌ای.» وقتی برای دیگران ارزش قائل هستیم، باید تمایل خود برای توجیه و دفاع از کارهایی که انجام داده‌ایم را کنار بگذاریم. موضوع این نیست که شما چه قصدی داشته‌اید، بلکه مهم این است که آن رفتار چگونه برداشت شده است و آن شخص چه احساسی داشته است. اگر خودمان را به‌خوبی بشناسیم و همان‌طور که کتاب مقدس ما را راهنمایی می‌کند، همان‌طور در مورد خودمان فکر کنیم، می‌توانیم درک کنیم که ممکن است حرف‌ها یا اعمال ما به دیگران آسیب برساند. وقتی چنین چیزی رخ می‌دهد، نباید شگفت‌زده شویم، بلکه باید با دقت و آرامش به شخص آسیب‌دیده گوش دهیم.

سوم، رازداری را رعایت کنید. ما باید از صحبت با طرف‌های دیگر در مورد رنجش بین خودمان دست برداریم. امثال می‌گوید: «پرگویی خالی از گناه نیست» (امثال ۱۰:۱۹). هرچه بیشتر در مورد اختلاف با دیگران صحبت کنیم، کلمات بیشتر رشد می‌کنند و زخم‌ها عمیق‌تر می‌شوند. دیگر چیزی نگویید! واسطه‌هایی که کار خود را به‌خوبی انجام می‌دهند، به ما برای ابراز رنجش و ناامیدی‌مان زمان لازم را خواهند داد. آنها نیز باید به رازداری متعهد باشند – یعنی موضوع اختلاف را خصوصی نگه دارند.

من مدت زیادی در خاورمیانه و شمال آفریقا زندگی کرده‌ام و می‌دانم که فرهنگ ما این‌طور عمل نمی‌کند. وقتی آسیب می‌بینیم، خیلی سخت است که آن را با اطرافیانمان در میان نگذاریم. دوست داشتن برادران و خواهرانمان در مسیح ضروری است. حتی اگر آسیب دیده باشیم، باید به بهترین ویژگی‌های برادران و خواهرانمان ایمان داشته باشیم. باید آسیب را بین خودمان نگه داریم و از انتشار سم شایعات در جماعت‌ها و کلیساهایمان خودداری کنیم. این تعهد، احتمال موفقیت واسطه‌گری و آشتی طرفین را تا حد زیادی

افزایش می‌دهد.

چهارم، ما باید با یکدیگر همدلی داشته باشیم. اگر قرار است اختلافات حل شود، باید حاضر باشیم خودمان را جای طرف مقابل بگذاریم. باید تمام تلاش خود را بکنیم تا مسائل را همان‌طور که او می‌بیند، ببینیم. این برای نفْس متکبر قدیمی ما فوق‌العاده سخت است. اما این دقیقا همان کاری است که عیسی برای ما انجام داد. او پوست انسان، جسم یک انسان را بر تن کرد تا برای ما صلح ایجاد کند. اگر برادران و خواهران خود را دوست داریم، باید یاد بگیریم که مسائل را از دریچهٔ چشمان آنها ببینیم، و با احساسات آنها احساس کنیم.

واسطه‌گری و ویژگی‌های واسطه

حل اختلافات بین‌فردی دشوار است. ما بیشتر اوقات به یک شخص سوم، یک واسطه، نیاز داریم تا به ما در حل آنها کمک کند. این نکتهٔ متی ۱۸ است. عیسی می‌گوید اگر کسی نسبت به ما گناهی مرتکب شده است، باید به صورت خصوصی به او مراجعه کنیم و به او بگوییم که چه اتفاقی افتاده است. اگر گوش دهند و آشتی حاصل شود، چه بهتر. اما اگر گوش ندهند، عیسی می‌گوید یک یا دو نفر دیگر را با خود ببریم. عیسی به ما دستور می‌دهد که در شرایط دشوار شخص سومی را وارد کنیم. افرادی که می‌توانند در اختلافات واسطه‌گری کنند، عطیه‌ای برای بدن مسیح هستند. شاید شما بتوانید در بدن مسیح برای جهان اسلام نقش یک صلح‌جو را ایفا کنید. ما به‌شدت به این نیاز داریم. اینها برخی از شرایط لازم برای یک واسطه هستند:

۱. واسطه باید مورد قبول هر دو طرف اختلاف باشد. واسطه‌ها افراد مورد اعتمادی هستند. به عبارت دیگر، این شخص جانب‌دارانه عمل نمی‌کند. آنها ذاتا نسبت به یک نفر یا دیگری تعصب ندارند. این بدان معناست که واسطه می‌تواند خود را از اختلاف جدا کند تا به طور عینی به آن نگاه کند. آنها به دنبال تایید دو طرف اختلاف نیستند. آنها به خودی خود دارای قابلیت اعتماد هستند، بنابراین برای احساس ارزشمندی خود به تایید دیگران وابسته نیستند. آنها خود را فرزند خدا و بسیار عزیز می‌دانند. اگرچه چنین افرادی بیشتر اوقات در کلیسا جایگاهی دارند، اما ارزش آنها از

جایگاهشان در جماعت ناشی نمی‌شود، بلکه از فرزند خدا بودنشان ناشی می‌شود. به همین دلیل، آنها قابل اعتماد هستند.

۲. واسطه باید فردی خردمند باشد. افراد خردمند، کمیاب و ارزشمند هستند. آنها باید از حکمت الهیاتی برخوردار باشند. آنها می‌دانند که گناه عمیقا در دل انسان ریشه دوانده است و بیرون کشیدن آن و مقابله با آن می‌تواند بسیار چالش‌برانگیز باشد. این بدان معناست که آنها از یک اختلاف عمیق «شوکه» نمی‌شوند. آنها طبیعت انسان را می‌شناسند و انتظار اختلاف را دارند. آنها همچنین از خرد درک انسان‌ها برخوردارند. آنها می‌دانند که چگونه با همدلی گوش دهند و همچنین می‌توانند به دو طرف رنجیده کمک کنند تا به یکدیگر گوش دهند. اغلب، واسطه‌های خوب افرادی هستند که خودشان رنج را تجربه کرده‌اند، بنابراین می‌دانند چگونه درد دیگران را احساس کنند، اما حس شخصیت اصلی خود را از دست ندهند. آنها آن‌قدر درگیر درد دیگری نمی‌شوند که بی‌طرفی خود را از دست بدهند.

۳. واسطه، مهارت‌های واسطه‌گری را دارد. مراحل و مهارت‌های خاصی در واسطه‌گری وجود دارد که شناخته‌شده هستند:

الف) تعریف ریشهٔ اختلاف. این امر مستلزم گوش دادن دقیق و هدایت دو طرف به توافق در مورد زمان دقیق شروع اختلاف و شرایطی است که به رابطه آسیب وارد کرده است. بیشتر اوقات، اختلاف هفته‌ها یا ماه‌ها قبل از وقوع جدایی در رابطه، از طریق یک کلمهٔ نسنجیده آغاز می‌شود که اکنون به کوهی از اختلاف تبدیل شده است. بیشتر مواقع، ریشه‌های عمیقی در اختلاف بین‌فردی وجود دارد.

ب) یافتن یک راهکار برای حل مشکل: واسطه باید دو طرف را در پیشنهاد کلمات و اعمالی که رابطهٔ از هم پاشیده را التیام می‌بخشد، هدایت کند. آیا عذرخواهی‌هایی باید رد و بدل شود؟ آیا رفتارها باید تغییر کنند؟ آیا جبران مادی یا مالی لازم است؟ اگر یکی از طرفین از نظر عاطفی، جسمانی یا مادی آسیب دیده باشد، طرف مقابل چگونه می‌تواند آن آسیب را به طور واقعی جبران کند؟ واسطه مهارت‌های لازم را دارد تا هر دو طرف را به توافقی در مورد چگونگی ترمیم و بهبود آسیب برساند.

ج) پیشنهاد راه‌های جدید برای تعامل بین‌فردی: واسطه به دو طرف درگیر کمک می‌کند

تا گام‌هایی به سمت یکدیگر بردارند تا رابطهٔ ایشان بهبود یابد و اعتمادشان احیا شود. این ممکن است زمان ببرد و نیاز به گام‌های کوچک در درازمدت داشته باشد. اعتماد باید بازسازی شود، که کار آسانی نیست، اما هدف این است که رابطه با توافق دو طرف برای دوست شدن با هم، دوست داشتن یکدیگر و حفظ ارتباط، احیا شود. در بسیاری از اختلافاتی که دیده‌ام، دو طرف هرگز با یکدیگر صحبت نمی‌کنند. اگر یکی در جلسه باشد، دیگری در آن شرکت نمی‌کند. این آشتی نیست، بلکه تداوم یک اختلاف است. حتی اگر گام‌ها کوچک باشند، باید به سمت آشتی حرکت کنیم.

د) حفظ محرمانهٔ اسرار: طرفین باید مطمئن باشند که پس از توافق بر سر یک راه‌حل، واسطه در مورد آنچه اتفاق افتاده صحبتی نخواهد کرد. توافق بین ایشان، محرمانه است. عدم ایجاد شرمساری مهم است. اگر در مورد اختلاف صحبت شود یا در یک موعظه مطرح شود یا از آن به عنوان مثال استفاده شود، می‌تواند برای طرفین اختلاف شرمساری زیادی به همراه داشته باشد. گاهی اوقات، یک اختلاف به اندازه‌ای بزرگ است که کل کلیسا تحت تاثیر قرار می‌گیرد. در این صورت، ممکن است مهم باشد که آشتی به صورت عمومی اعلام شود.

واسطه مسئول پایان دادن به اختلاف نیست. این مسئولیت بر عهدهٔ طرفین اختلاف است. آنها کسانی هستند که باید گفتار و کردار خود را تغییر دهند و زندگی همراه با اعتماد نسبت به یکدیگر را آغاز کنند.

کاربرد

واکنش‌های ما در مواجهه با اختلاف تقریبا همیشه اشتباه است. روش‌های معمول واکنش ما به اختلاف، جنگ یا گریز (فرار) است.

چنان‌که در غلاطیان ۲:۱۱-۲۱ شرح داده شده است، پولس رسول با پطرس رسول اختلاف نظر داشت. پولس با پطرس به‌دلیل کناره‌گیری از معاشرت با غیریهودیان به‌دلیل آمدن برخی از یهودیان از اورشلیم، دچار اختلاف شد. این اختلاف باید جدی بوده باشد، زیرا پولس گفته بود که پطرس، صخره‌ای که عیسی کلیسا را بر روی آن بنا خواهد کرد، مطابق انجیل عمل نمی‌کرد. تقریبا غیرقابل تصور است که پطرس،

صخرهٔ کلیسا، به انجیل خیانت کرده باشد.

اما من معتقدم پطرس باید این رویارویی را پذیرفته باشد، زیرا ۱) کلیسای انطاکیه به کلیسای پطرس و کلیسای پولس تقسیم نشد، و ۲) زیرا وقتی پطرس رسالهٔ نهایی خود را نوشت، از نامه‌های پولس به عنوان «نوشتهٔ مقدس» یا کلام خدا یاد کرد (دوم پطرس ۱۸-۱۴:۳). از آنجایی که پطرس این تضاد را داشت و توانست اصلاح را بپذیرد و از وحدت بدن مسیح محافظت کند، ما نیز باید مانند او باشیم و وحدت بدن مسیح را حتی از طریق تضاد حفظ کنیم.

خلاصهٔ مباحث

در ادامه، خلاصه‌ای از نشست اصلی و هشت گفت‌وگوی آزاد در این زمینه، که به واسطه‌گری در بافت خاورمیانه می‌پردازد، ارائه شده است. ابتدا با بافت عربی شروع می‌کنیم و سپس به دیدگاه‌های ایرانیان گوش خواهیم داد.

من از حرف‌های سخنران دوم در مورد نقش راهنما خوشم آمد، اما از نظر عملی، آیا می‌توان کسی را یافت که نسبت به هر دو طرف بی‌طرف باشد؟ معمولا همه از خود می‌پرسند که آیا واسطه واقعا بی‌طرف است یا خیر.

نکتهٔ خوبی است. بسیاری از دوستان من، حتی اگر واسطه بی‌طرف باشد، پیش‌فرضشان این است که به نفع طرف مقابل طرف‌داری خواهد کرد. طرفین آسیب‌دیده، پرسش‌هایی مانند «واسطه چه چیزی به دست خواهد آورد؟ واسطه‌ها چه کسانی هستند؟ چرا باید بتوانند در این اختلاف واسطه‌گری کنند؟» را مطرح می‌کنند. مشکل دیگر می‌تواند این باشد که اگر شما کسی هستید که این شخص را برای واسطه‌گری می‌آورید، آیا آنها طرف شما را نمی‌گیرند؟ حتی توافق بر سر اینکه چه کسی باید واسطه‌گری کند، می‌تواند دشوار باشد. اما در یک کلیسا، ممکن است متفاوت باشد، مانند سناریوی سخنران اول که در آن شبان و دو نفر در کلیسا با هم اختلاف داشتند. بنابراین، برای شبان مهم است که از طریق روابطی که در کلیسا ایجاد می‌کند، اعتماد را تقویت کند.

واسطه‌گری پیچیده است: من مثال‌های مختلفی را که سخنران اول به ما ارائه

داد، دوست دارم. به عنوان مثال، در یک موقعیت، طرفین رنجیده به طور فعال برای کمک پیش یک واسطه می‌روند. به ندرت پیش می‌آید که واسطه‌گری صرفا برای تعیین اینکه چه کسی مورد ظلم قرار گرفته و یافتن راه‌حلی برای بازگرداندن رابطه باشد. من واسطه‌گری را بسیار پیچیده می‌دانم. این چیزی بیش از گرد هم آوردن افراد است، زیرا حل اختلافات به خِرد فوق‌العاده‌ای نیاز دارد تا علل ریشه‌ای ظریف هر اختلاف را مشخص کند. به عنوان مثال، ممکن است هر دو طرف مقصر باشند، زیرا آنها اختلاف را بدتر کرده‌اند. واسطه‌گری در این مورد کار بسیار سختی است. واسطه باید هر دو طرف را سرزنش کند تا به آنها کمک کند و دریابند که چقدر بد رفتار کرده‌اند، زیرا هر دو طرف اشتباه می‌کنند. خِرد و شجاعت زیادی لازم است تا طرفین را به نقطه‌ای برساند که گناه عمیق خود را تشخیص دهند. این کار آسانی نیست. سناریوی دیگر زمانی است که هر دو طرف تا حدی حق دارند و حقیقت را می‌گویند. واسطه باید به طرفین رنجیده کمک کند تا ببینند که تا حدی حقیقت را درک می‌کنند، اما کل حقیقت به دیدگاه وسیع‌تری نیاز دارد.

وقتی واسطه با همان مسائلی سروکار دارد که از او خواسته شده به آنها رسیدگی کند، واسطه‌گری حتی دشوارتر می‌شود. قبل از اینکه آشتی‌دهنده از طرفین درگیر بخواهد از یکدیگر طلب بخشش کنند، ابتدا باید خودش بابت گناهش طلب بخشش کند. سخت‌ترین موقعیت زمانی است که تشخیص مسئلهٔ اصلی که باعث اختلاف شده، غیرممکن است. انسان‌ها می‌توانند خیلی فریبکار باشند. به عنوان مثال، در یک مورد، من شکایات را شنیدم و به نفع یک نفر قضاوت کردم. سپس، طرف مقابل آزرده‌خاطر شد. بعدا، جزئیاتی فاش شد که هنگام تعریف داستان‌هایشان حذف شده بودند. در نهایت، اطمینان از حقایق غیرممکن بود. ما به عنوان واسطه و مشاور ممکن است به‌راحتی فریب بخوریم.

ما در مورد سه حوزه صحبت کرده‌ایم. اول، سبک‌های ارتباطی. به جای ارتباط مستقیم، از ارتباط غیرمستقیم استفاده می‌شود. در ارتباط غیرمستقیم، نکات ظریفی وجود دارد که درک آنها دشوار است، بنابراین دقیقا نمی‌دانیم چه چیزی منتقل می‌شود. دوم، چگونه هنگام پرداختن به موضوعی که باعث شرم می‌شود، واسطه‌گری کنیم؟ به عنوان مثال، اگر فرد از شرم دیرینه رنج می‌برد و عمیقا آسیب دیده است، مهم نیست که

چـه توهینـی شـده باشـد، او شـرم را تجربـه خواهـد کـرد. سـوم، اگـر هرگونـه آسیبـی در رابطـه وجـود داشتـه باشـد، هنـگام تلاش بـرای آشتی، لایـهٔ دیگـری از پیچیدگی را اضافـه می‌کند. مـا بـه داستان‌هـا و نمونه‌هـای عینـی نیـاز داریـم. پیـش از هـر چیـز، بایـد بگویـم هـر دو سخنران فوق‌العـاده بودنـد؛ جزئیـات ارزشـمندی ارائـه دادنـد و ابعـاد گوناگـون آشـتی را به‌خـوبی برجستـه کردنـد. بااین‌حـال، به‌نظـر می‌رسـد نمونه‌هـا و روایت‌هـای عملـی انـدک بـود. در گـروه مـا در جلسـهٔ گذشتـه، بـا صراحـت اذعـان کردیـم کـه در زندگـی و خدمـت خـود، داسـتان‌های موفـق چنـدانی از ناتـان (نبـی و مشـاور پادشـاه داوود) نشـنیده‌ایم. مـن مشتـاق شـنیدن روایت‌هـایی از آشـتی هستـم و بـاور دارم کـه بـه چنیـن داستان‌هایی بیشتـر نیـاز داریـم. منظـورم صرفـا آشـتی میـان زن و شـوهر نیسـت، بلکـه رویارویـی بـا اختلاف‌هـای کلیسایـی و اختلاف‌هـای میـان رهبـران اسـت. آیـا مـا داستان‌هـای موفقـی در ایـن زمینـه داریـم؟ هرچنـد می‌توانیـم نظریه‌هـا، اصـول، بینش‌هـای روان‌شـناختی و متـون ارزشـمند کتـاب مقـدس را در اختیـار داشتـه باشیـم، امـا در نهایـت بـه نمونه‌هـای واقعـی از چگونگـی تحقـق آشـتی نیازمندیـم. داشتـن مثـال و منبـع بسیـار مهـم اسـت. کتـاب کوچـک فرانسیـس شِـفر بـا عنـوان نشـان یـک مسیـحی دربـارهٔ حـس وحـدت و محبـت میـان مسیحیان بـر اسـاس آنچـه عیسـی در یوحنـا ۳۵:۱۳ و ۲۳:۱۷ می‌گویـد، صحبـت می‌کنـد: «از همیـن محبـت شمـا بـه یکدیگـر، همـه پی خواهنـد بـرد کـه شـاگرد مـن هستید.» «مـن در آنـان و تـو در مـن. چنان کـن کـه آنان نیـز کامـلاً یـک گردنـد تـا جهـان بدانـد کـه تـو مـرا فرستاده‌ای، و ایشـان را همان‌گونـه دوسـت داشـتی کـه مـرا دوسـت داشـتی.» ایـن کتـاب کوچـک دو مثـال از محبـت و وحـدت ارائـه می‌دهـد. یکـی دربـارهٔ کلیسایـی در آلمـان اسـت؛ نیمـی از اعضـای کلیسـا بـا هیتلر سـازش کردنـد و از آزار در امـان ماندنـد، و نیمـی دیگـر پنهـان و بـرخی شـهید شـدند. سپـس پـس از جنـگ جهـانی دوم، آنهـا دوبـاره ملاقـات کردنـد، بـا هـم دعـا کردنـد، توبـه کـرده و یکـی شـدند. مثـال دیگـری کـه در ظاهـر موفـق بـه نظر نمی‌رسیـد، مربـوط بـه گروهـی سنتـی بـود کـه نسـل جـوان هیپـی در میـان آنهـا وارد شـده بودنـد؛ هیـچ یـک از گروه‌هـا به‌خـوبی بـا دیگـری کنـار نمی‌آمـد، بنابرایـن تصمیـم گرفتنـد بـا حمایـت و دعـای خیـر یکدیگـر، از هـم جـدا شـوند. اینهـا نمونه‌هـای عینـی از یکـی از داستان‌هـای موفقیت‌آمیـز و نمونـه‌ای دیگـر از ایـن بـود کـه چگونـه اوضـاع آن‌طـور کـه می‌خواستـند، پیـش نرفـت. بااین‌حـال، آنهـا هنـوز هـم می‌توانند در حیـن جدایـی و دعـا بـرای هـم، یکدیگـر را دوسـت داشتـه و از هـم حمایـت کننـد. مـن

پیشنهاد می‌کنم بـرای تلاش‌هـای آینـده، الگوهـا و مطالعـات مـوردی بیشـتری دربارهٔ آشتـی داشتـه باشیـم. چنـد پرسـش دربارهٔ واسطه‌گری و بخشـش مطـرح اسـت: آیـا واسطه‌گری، دو رهبـر را بـه مانـدن و همکاری بـا یکدیگـر پیونـد می‌دهـد، یـا حتـی بایـد آنهـا را دوبـاره بـه هـم بازگردانـد؟ آیـا رهبـران بایـد فقـط یکدیگـر را ببخشـند و هیـچ نفـرت یا خشـمی در دلشان نسبـت بـه یکدیگـر نداشتـه باشنـد، یـا بایـد آنهـا را وادار کنیـم دوبـاره در کار و خدمـت خـود بـا هـم ارتبـاط برقـرار کننـد؟ آیـا واسطه‌گری بـه معنـای برقـراری دوبـارهٔ ارتباط و خدمـت متقابـل اسـت، یـا بـه معنـای بخشـیدن یکدیگـر و محافظـت از دل‌هایشـان در برابـر تلـخی اسـت؟ آنهـا ممکـن اسـت یکدیگـر را ببخشـند، امـا شـاید بـه همـکاری بـا هـم ادامـه ندهنـد. مـا زیـاد دربـارهٔ واسطه‌گری و آشتـی صحبـت کرده‌ایـم، امـا بـه تجربـهٔ مـن، اصـل موضـوع بیشـتر دربـارهٔ بخشـش اسـت. فـرد ضعیف‌تـر در کلیسـا کسـی اسـت کـه می‌رود، و دیگـری می‌مانـد. مـن سـعی کـرده‌ام بـه داستان‌هـای موفقیـت فکـر کنـم، امـا بـه طـور کلـی، افـراد راه خـود را می‌رونـد. رفتـن بـه دو مسـیر مختلـف ممکـن اسـت مناسـب باشـد، امـا بخشـش اهمیت دارد. بیاییـد مطمئـن شـویم کـه بخشـش واقعـا رخ می‌دهـد. در بافـت عـربی، ایـن موضـوع دشوارتر از هـر چیـزی اسـت کـه قبـلا بـا آن روبـه‌رو شـده‌ام؛ بخشـش مسئلـهٔ بـزرگی اسـت. آیـا نمونه‌هـای خـوبی از رهبـران کلیسـا یـا مسائلـی داریـم کـه واقعـا بـا هـم آشتـی کرده‌انـد، جـایی کـه افـراد درگیـر مشـکلات خـود را حـل کـرده و مسیـر خـود را در یـک جهـت ادامـه داده‌انـد؟ مـن نمونه‌هـای بیشـتری از بخشـش دارم، امـا معمـولا افـراد راه‌هـای جداگانـه‌ای در پیـش گرفتـه‌انـد. آنهـا بـه نقطـه‌ای می‌رسـند کـه بـا فیـض خـدا انتخـاب می‌کننـد رنـج خـود را ببخشـند و از آن دسـت بکشـند. در سـطح کلیسـای محلـی، دیـده‌ام کـه مـردم بـه همـکاری بـا یکدیگـر ادامـه می‌دهنـد، امـا وقتـی موقعیت‌هـای اخـتلاف بیـن کلیسـایی پیـش می‌آیـد، ایـن امـر بسیـار دشوارتـر اسـت. آنچـه لازم اسـت، عضویـت در سـاختاری ماننـد یـک کلیسـای جامـع یـا یـک سـاختار کلیسـایی اسـت کـه آنهـا را بـه ادامـهٔ رابطـهٔ کاری فـرا می‌خوانـد. مـن موافقـم کـه هـدف اول بایـد بخشـیدن، رهـا کـردن و توانـایی پذیـرش بـرادر باشـد، امـا گاهی بـه‌دلیـل اختلافـات کلامی یـا تفاوت‌هـای شـخصیتی نمی‌تـوان بـا افـراد کار کـرد. اشـکالی نـدارد؛ تلاش بـرای بخشـش بسیـار مهـم اسـت. مـن دربـارهٔ بخشـش زیـاد تدریـس می‌کنـم، زیـرا ایـن موضـوع بسیـار اشـتباه درک شـده اسـت. بخشـش بـا آشتـی متفـاوت اسـت. آشتـی زمـانی رخ می‌دهـد کـه دو نفـر می‌تواننـد دوسـتان خـوبی شـوند، امـا ایـن همیشـه نتیجـه نمی‌دهـد.

مـن نمونه‌هایـی از داستان‌های قهرمانانـه از واسطه‌گری دارم کـه در خدمـت خـودم بـه کـار گرفتـه شـده‌اند.

تجربـهٔ ایرانیـان در واسطه‌گری: می‌خواهـم نکتـه‌ای را دربـارهٔ فرهنـگ و بافـت ایرانـی بـا شـما در میـان بگـذارم. مـردم از شـما می‌خواهنـد کـه در آشـتی بـه آنهـا کمـک کنیـد و به‌دلیـل فرهنـگ مـا، بـه رهبـر بـه عنـوان یـک شـخصیت پدرانـه کـه معمـولا از آنهـا حمایـت می‌کنـد نـگاه می‌کننـد. در طـول زمـان اختـلاف، هـر دو طـرف می‌خواهنـد واسطه طـرف آنهـا باشـد. وقتـی شـما موضـع بی‌طرفانـه‌ای از حقیقـت و عدالـت می‌گیریـد و بـا کسـی روبـه‌رو می‌شـوید و می‌گوییـد بایـد از طـرف مقابـل طلـب بخشـش کنـد، طـرفی کـه بایـد عذرخـواهی کنـد آزرده‌خاطـر می‌شـود. از دیدگاه فرهنگـی، انتظـار ایرانیـان از رهبر واقع‌بینانـه نیسـت؛ آنهـا انتظـار ندارنـد کـه قاضـی در هنـگام رسیدگـی بـه پرونـده بی‌طـرف باشـد. هـر دو طـرف انتظـار دارنـد کـه واسطه از دیـدگاه آنهـا حمایـت کنـد و ایـن انتظـارات، واسطه را در موقعیـت دشـوار و بـدون بـرد قـرار می‌دهـد.

بـرای مثـال، وقتـی دو نفـر از مـن خواسـتند کـه بیـن آنهـا واسطه‌گری کنـم، مـن بـا هـر دو طـرف دوسـت بـودم. بعـد از اینکـه توصیـه‌ام را ارائـه دادم، هـر دو گفتنـد کـه انتظـار چنیـن پیشـنهادی را از مـن نداشـتند. انتظـار فرهنگـی ایـن اسـت کـه کسـی را پیـدا کننـد کـه از موضـع آنهـا حمایـت کنـد. ایـن فشـاری اسـت کـه مـا شـبانان ایرانـی متحمـل می‌شـویم. شـبان تحـت فشـار قـرار می‌گیـرد تـا نتوانـد بیـن افـراد بـه طـور منطقـی یـا بی‌طرفانـه داوری کنـد. بـه عنـوان یـک دوسـت، شـما نمی‌توانیـد بـا یـک حکـم عادلانـه، خـلاف دوسـتی عمـل کنیـد.

در یـک مـورد، گـروهی را داشـتیم کـه از رهبـران سوءاستفاده‌گر رنـج می‌بردنـد. صحبـت بـا آنهـا در مـورد سوءاستفاده غیرممکـن بـود، زیـرا آنهـا بسـیار آسـیب دیـده بودنـد. از آنجایـی کـه نمی‌توانسـتیم بـا آنهـا در مـورد آسـیب صحبـت کنیـم، پیشـنهاد کردیـم کـه بـه بخشـش فکـر کننـد. در نهایـت، ایـن گـروه رهبـران خـود را بخشـیدند. وقتـی آسـیب روحانـی وجـود دارد، نمی‌توانیـد انتظـار داشـته باشـید کـه مـردم بـه نقطـهٔ آشـتی برسـند. بهتریـن اتفـاق ایـن اسـت کـه بـه بخشـش دسـت یابنـد.

نیـاز بـه منابـع بـرای واسطه‌گری: مـن بـا دو منبـع آشـنا هسـتم؛ کِـن سَـندی کتـاب «آشـتی‌دهنده: راهنمـای کتـاب مقدس بـرای حل اختلافـات شـخصی» را نوشـته اسـت و مـن اخیـرا کتـاب «عطیـهٔ بخشـش» اثـر چارلـز اسـتنلی را در تلویزیـون ماهـواره‌ای تدریـس کـردم.

اما از نظر پویایی واقعی واسطه‌گری و آشتی، منابع زیادی نداریم که به حساسیت فرهنگی که اولین سخنران ما در مورد آن صحبت می‌کرد یا پیچیدگی‌های مطرح شده در این فصل بپردازد.

از نظر فرهنگی، اگر دوست هستید، باید جانب یکی از طرفین را بگیرید و نمی‌توانید واسطهٔ بی‌طرف باشید؛ این در فرهنگ ما قابل قبول نیست. در داوری یک اختلاف، برخی از رهبران کلیسای پدرانه، پرفیض و دلسوز ما احکام سختی صادر کردند و حساسیت روانی و همدلی برای هر دو طرف وجود نداشت. نتیجه این است که مردم واقعا آسیب می‌بینند و کلیسا را ترک می‌کنند. ما به منابع خیلی خوبی نیاز داریم. این موضوع ممکن است باعث شود برخی از رهبران غربی ما به اندازهٔ خادمان مسیحی خودمان که از نظر فرهنگی حساس‌تر هستند، مفید نباشند.

چند سال پیش کتابی دربارهٔ نسل‌کشی ارامنه خواندم. موضوع کتاب، هیئتی از ارامنه بود که برای ایجاد آشتی بین ارامنه و ترک‌ها به ترکیه رفته بودند، چیزی که در فرهنگ ارمنی ما غیرقابل تصور است. هر ارمنی که جرات انجام این کار را داشته باشد، به عنوان خائن به ملت شناخته می‌شود و با طرد کامل روبه‌رو خواهد شد. ارامنه معتقدند که ترک‌ها مرتکب عملی شده‌اند که می‌توان آن را «جنایت علیه بشریت»، یعنی علیه ملت ما نامید. رافی شاهوردیان کتاب **شراب ارمنی، نان ترکی: سفری واقعی برای آشتی** را نوشت. این کتاب دربارهٔ سفری است که این ارامنهٔ شجاع به ترکیه رفتند تا با شبانان کلیسای انجیلی آنجا گفت‌وگو کنند. هیئت ارمنی به‌دلیل نفرت از ترک‌ها طلب بخشش کردند و در پاسخ، شبانان ترک از ارامنه طلب بخشش کردند، زیرا اجدادشان مردم آنها را قتل‌عام کرده بودند. در آن تبادل نظر بین دو گروه از مسیحیان، اتفاق خاصی رخ داد: آشتی از طریق شجاعتی که ارامنه برای شروع این ماجراجویی پرخطر به خرج دادند، حاصل شد. برادر رافی به‌خاطر مشارکتش در این ماجرا توسط برخی از شبانان ارمنی مورد انتقاد قرار گرفت و متهم شد که به کشوری خارجی رفته است که قاتلان اجدادشان در آنجا بودند. این شبانان ارمنی تحت فشار زیادی بودند، نه از سوی مسیحیان ترک، بلکه از سوی ملی‌گرایان ترک. یکی از اعضای هیئت ارمنی توسط ملی‌گرایان ترک به مرگ تهدید شد. این نمونه‌ای است از ورود به چیزی که یک تابوی فرهنگی و ملی محسوب می‌شد.

برای یک ارمنی، ارتباط برقرار کردن با یک ترک می‌تواند غیرقابل تصور باشد. سال‌ها پیش با یک برادر ترک که دکترای خود را از کمبریج گرفته بود، ملاقات کردم. پایان‌نامهٔ او دربارهٔ نسل‌کشی ارامنه بود. او یک برادر انجیلی و فعال مسیحی ترک بود که با نسل‌کشی ارامنه مقابله می‌کرد. از زمانی که او سعی در دفاع از ارامنه داشت، حتما از سوی هم‌وطنان ترک خود تحت فشار زیادی بوده است. هدف کار دانشگاهی او ایجاد آشتی بین دو ملت بود و در پایان‌نامهٔ خود نسل‌کشی را جنایتی علیه ارامنه خواند. گاهی مسائل آن‌قدر حساس هستند که نزدیک شدن به موضوع تقریبا غیرممکن است و آسیب‌های عاطفی زیادی با واقعهٔ نسل‌کشی ارامنه مرتبط است. در واسطه‌گری، مانند این مورد که گفتم، آسیب‌های شخصی و گاهی آسیب‌های ملی وجود دارد.

برخی از کتاب‌های مربوط به فرهنگ شرم به موضوع واسطه‌گری می‌پردازند. چند سال پیش از من خواسته شد که نشستی برای TCI (یک پخش‌کنندهٔ تلویزیونی مسیحی در ایتالیا) دربارهٔ آشتی در فرهنگ شرم ارائه دهم. من مطالعهٔ گسترده‌ای در این زمینه انجام دادم و متوجه شدم که دو مسئله وجود دارد: مسائل الهیاتی و کتاب مقدسی و مسائلی دربارهٔ چگونگی دستیابی به آشتی از طریق فرهنگ. به این درک رسیدم که کتاب مقدس در چهارچوب فرهنگ شرم نوشته شده است. بسیاری از تصاویر موجود در عهد عتیق و جدید دربارهٔ چگونگی وقوع آشتی صحبت می‌کنند؛ به عنوان مثال، نحوهٔ احترام عیسی به زکا، که فردی منفور بود، با به اشتراک گذاشتن انجیل با او که منجر به ایمان آوردن او شد. من کتاب خاصی در این مورد پیدا نکردم، اما وقتی به برخی از کتاب‌های مربوط به فرهنگ‌های شرم/آبرو می‌پردازید، بخش‌ها و گنجینه‌های پنهانی دربارهٔ چگونگی دستیابی به آشتی و چگونگی واسطه‌گری پیدا می‌کنید.

مدام به این ایده برمی‌گردم که ما به داستان نیاز داریم. ما به الهام نیاز داریم. این یک قطعهٔ بزرگ از پازل است. من یکی از مترجمان کنفرانس بیلی گراهام در آمستردام در سال ۲۰۰۰ بودم. پنجاه نفر از ایران از کلیساهای مختلف و طیف‌های شاخه‌های مذهبی مختلف حضور داشتند. آنها با یکدیگر رابطهٔ خوبی نداشتند. من در حال ترجمهٔ جلسه‌ای بودم که به موضوع شهادت گروه مبشران جیم الیوت در اکوادور می‌پرداخت. پسر یکی از مبشران با دو یا سه نفر از سرخپوستان ائوکا (Auca) که مبشران را کشته بودند، آنجا بود. یکی از سرخپوستان گفت: «این مرد مرا تعمید داد؛ او شبان کلیسا است

و مـن یـک شیـخ هسـتم.»

مـن بـا شـور و شـوق ایـن را بـرای ایرانیـانـی کـه از شاخه‌های مذهبی مختلـف آمـده بودنـد و حتـی بـا یکدیگـر صحبـت نمی‌کردنـد، ترجمـه می‌کـردم. بـا شـور و شـوق ایـن داسـتان را تاییـد کـردم کـه اگـر ایـن مـرد می‌توانـد بـا افـرادی کـه پـدرش را بـه قتـل رسـاندند چنیـن رابطـه‌ای داشـته باشـد، مـا بایـد بـه عنـوان یـک کلیسـای مسیـحی بهتـر عمـل کنیـم. در پایـان آن نشسـت، رابطـۀ بیـن رهبـران مختلـف مسیـحی ایرانـی بسیـار بهتـر شـده بـود، نـه فقـط به‌خاطـر آن شـهادت، بلکـه به‌دلیـل کلـی چیزهـای دیگـر. مـا بـه داستان‌های قهرمانانـه نیـاز داریـم. پـاپ فرانسیـس در مراسمـی قبـل از عیـد پـاک در نزدیکـی رم در آوریـل ۲۰۱۹، پـای بـرخی از زندانیـان، از جملـه بـرخی از مسلمانان را شسـت. ایـن کار پـاپ آن‌قـدر الهام‌بخـش بـود کـه یـک فعـال برجسـتۀ ایرانـی، یـک مسلمان شیعـه در ایـران، بـه خانـۀ یـک خانـوادۀ بهایـی رفـت و پـای کـودکان بهایـی کـه والدینشـان توسـط رژیـم اسلامی زندانـی شـده بودنـد را شسـت. مـا بـه الهـام نیـاز داریـم. مـا بـه الگوهایـی بـرای چگونـگی به‌کارگیـری ایـن اصـول نیـاز داریـم. یـک شـب، مـن بـه کار تهیـۀ برنامـه‌ای بـرای تلویزیـون بـا موضـوع مالکـوم گلدوِل، یکـی از پرکارتریـن نویسنـدگان زمـان مـا، مشغـول بـودم؛ او ایمـان مسیـحی خـود را تـرک کـرده بـود، امـا دوبـاره بـه آن بازگشـته بـود. او هنگـام کار روی یـک کتـاب، بـا یـک خانـوادۀ مسیـحی در کانـادا آشـنا شـد کـه فـردی را کـه بـه دخترشـان تجـاوز کـرده و او را بـه قتـل رسـانده بـود، بخشیـده و بـه او محبـت می‌نمودنـد. بـا مشـاهدۀ اینکـه ایـن اتفـاق می‌توانـد در زندگی انسان‌هـا رخ دهـد، ایـن نـوع محبـت، بخشـش و آشتـی تاثیـر زیـادی بـر او گذاشـت و او را بـه ایمـان مسیـحی بازگردانـد. اهمیـت الگوهـا بـرای تشـویق جماعـت مسیـحی یـک نیـاز عظیـم اسـت، زیـرا مـردم بـه فکـر تولیـد منابـع هستنـد.

در حـال حاضـر در ایـالات متحـده، به‌دلیـل تیراندازی‌هـا، تبعیـض و سـابقۀ بـرده‌داری، بحث‌هـای زیـادی در مـورد آشتـی سیاه‌پوسـتان و سفیدپوسـتان وجـود دارد. گلـن کریـن و رالـی واشـنگتن کتـاب «فـرو ریخـتن دیوارهـا: الگویـی بـرای آشتـی در عصـر نـزاع نـژادی» را نوشـته‌اند کـه در مـورد آشتـی بیـن جوامـع سیاه‌پوسـت و سفیدپوسـت صحبـت می‌کنـد. آیـا ایـن داستان‌هـا، اگرچـه در زمینـۀ خاورمیانـه نیسـتند، از آن نـوع کتاب‌هایـی هسـتند کـه بتـوان بـه عـربی یـا فارسی ترجمـه کـرد؟

مـن می‌گویـم بلـه. بـا کمـال شـرمندگی، چنـد مـاه پیـش یـک مستند در شبکۀ تلویزیـونی

پی. بی. اِس (PBS) در مورد کلیسای سیاه‌پوستان دیدم و متوجه شدم که چقدر به داستان‌هایی از کلیسای سیاه‌پوستان در ایران نیاز داریم. داستان‌هایی از مقاومت و وفاداری آنها در میان ظلم و بی‌عدالتی چیزی است که ما هم باید بشنویم. احساس می‌کنم کلیسای تحت ستم باید اطلاعات بیشتری در مورد کلیسای سیاه‌پوستان در آمریکا داشته باشد.

بله، هر داستانی دربارهٔ بخشش و آشتی، صرف نظر از پیشینهٔ فرهنگی، با دل ما سخن می‌گوید. آنچه آمریکایی‌های آفریقایی‌تبار تجربه کردند تجربه وحشتناک است و درس‌های زیادی به ما می‌دهد که باید یاد بگیریم. ما به داستان‌هایی نیاز داریم که واقعی باشند. به عنوان مثال، ده سال پیش، همسر یک برادر مسیحی در ایران او را ترک کرد. او حتی با شوهرش دربارهٔ رفتن صحبت نکرد. این زن، برادر عزیز را ترک کرد، فرزندشان را با خود برد و با مردی که با او رابطه داشت ازدواج کرد. این مرد با من در میان گذاشت که همسرش را به‌خاطر کاری که انجام داده بخشیده است. این یک داستان باورنکردنی از فیض و بخشش بود که مرا تحت تاثیر قرار داد. اما داستان به اینجا ختم نمی‌شود. به نظر می‌رسید که این ازدواج دوم خوب پیش می‌رود، اما پس از چند سال، شوهر دوم او را طلاق داد. این زن مسیحی از نظر مالی در وضعیت بسیار سختی قرار داشت، با دو فرزند، یکی از ازدواج اول و دیگری از ازدواج دوم. شرایط زنان مطلقه در ایران بدون کمک دوام آنچنانی ندارد. او در ناامیدی برای کمک مالی به شوهر اولش متوسل شد. شوهر اول کمکش را دریغ نکرد و حمایت مالی ماهانه را به عهده گرفت تا آن زن بتواند به زندگی ادامه دهد. او دوباره با آن زن ازدواج نکرد، اما از نظر مالی به او کمک کرد. عیسی واقعا می‌تواند دل انسان‌ها را تغییر دهد. این نمونه‌ای خوب از بخشش و آشتی مسیحی است.

یکی از شاهدانی که دوستان من در منطقهٔ خلیج فارس را تحت تاثیر قرار داد، داستان ۲۰ کارگر ساختمانی مسیحی قبطی مصری بود که در ۲۱ فوریهٔ ۲۰۱۵ در ساحلی در لیبی نزدیک شهر سِرت، سرهایشان را بریدند. مادران، برادران و خواهران شهادت دادند که تروریست‌های داعش را به‌خاطر این اعدام بخشیده‌اند و سخنان عیسی را بر بر روی صلیب به یاد آوردند که گفته بود آنها عاملان این جنایت را بخشیده‌اند، زیرا نمی‌دانستند چه می‌کنند.

مثـال دیگـری برایتـان می‌زنـم. مـن بـه رالی واشـنگتن و وضعیـت نـژادی سیاه‌پوسـتان و سفیدپوسـتان اشـاره کـردم. اخیـرا در یـک نشسـت بـودم کـه در آن رالی واشـنگتن دربارهٔ داسـتان آشـتی خـود در گذشـته صحبـت کـرد. در پایـان پیامـش، او زانـو زد و از بـرادران سفیدپوسـت خـود طلـب بخشـش کـرد، زیـرا بـرادران سیاه‌پوسـتش همـهٔ سفیدپوسـتان را فقـط به‌دلیـل سفیدپوسـت بودنشـان نژادپرسـت خطـاب کـرده بودنـد. دکتـر واشـنگتن گفـت: «از طـرف همـهٔ سیاه‌پوسـتان، لطفـا مـا را ببخشـید.» او افـزود کـه روایـت کامـلا تغییـر کـرده و حـالا همـهٔ سفیدپوسـتان را به‌دلیـل رنـگ پوستشـان بـه سـتمگری متهـم می‌کننـد. ایـن نقطـهٔ عطـف نشسـت بـود.

تاثیـر آسیب‌هـای روانی بـر واسطه‌گری: چـه زمـانی آسیب‌هـا و صدمـات روحـانی آن‌قـدر عمیـق هسـتند کـه اجـازهٔ بخشـش را نمی‌دهنـد؟ یکـی از چیزهـایی کـه مـا درگیـر آن هسـتیم، چگونگـی خدمـت بـه افغان‌هـایی اسـت کـه بـه ایـالات متحـده می‌آینـد. مسئلـهٔ اصلـی کـه بایـد بـه آن بپردازیـم، مشـورت دادن بـرای آسیب‌هـای روانـی اسـت. وقتـی بتوانیـم بـه آسیب‌هـای روانـی آنهـا رسیـدگی کنیـم و آنهـا را از مراحـل آسیب روانی عبـور دهیـم، آنگـاه آنهـا را آزاد می‌کنیـم تـا بـه بخشـش و آشـتی فکـر کننـد. عبـور از لایه‌هـای رنـج، ماننـد کنـدنِ پوسـت پیـاز اسـت. قبـل از اینکـه بتوانیـم بـه نقطـهٔ بخشـش و آشـتی برسـیم، بایـد لایه‌هـا کنـار برونـد. در زمینـهٔ آسیب‌هـای روانـی، آیـا منظـور مـا ایـن اسـت کـه مـواردی وجـود دارد کـه اگـر ابتـدا بـا گـذر از رونـد بهبـود آسیـب، بـه آسیب‌هـای روانـی نپرداختـه باشـیم، نمی‌توانیـم بـه آن مـوارد بپردازیـم؟

دقیقـا! از نظـر روانشناسـی، بـرای هـر یـک از ایشـان غیرممکـن اسـت کـه حتـی دربـارهٔ بخشـش و آشـتی صحبـت کنـد یـا بـه آن فکـر کنـد. تجربـهٔ آسیب‌زای آنهـا چنـان بـه ناخودآگاهشـان فشـار می‌آورد کـه فـرد ممکـن اسـت پـر از نفـرت شـود. نقطـهٔ شـروع، درمـان عمیـق آسیب‌هـای روانـی اسـت کـه زمـان می‌بـرد. شـما بایـد بـا صحبـت و بیـان احساسـات منفـی بـه فـرد کمـک کنیـد تـا آنهـا را پـردازش کنـد. بیشـتر اوقـات، فـرد بـه چیـزی بیـش از صحبـت کـردن دربـارهٔ آسیب‌هـای روانـی نیـاز دارد و بایـد آن را بیـان کنـد. ایـن کار را می‌تـوان از طریـق هنردرمـانی، روان‌نمایـش (بازسـازی موقعیت‌هـای واقعـی یـا تخیـلی بـه شـکل نمایـش یـا بازیگـری) و سـایر روش‌هـای درمـانی انجـام داد. پـس از ایـن فرآینـد طـولانی بـرای بهبـود آسیب‌هـای روانـی، فـرد بـه نقطـه‌ای می‌رسـد کـه می‌توانـد دربـارهٔ آنچـه بـرای او اتفـاق افتـاده اسـت فکـر کنـد. در ایـن

مرحله است که می‌توانیم بخشش را مطرح کنیم. بدون این فرآیند، تمام تلاش‌های ما بی‌فایده است. تنها پس از گذراندن یک دورۀ عمیق و طولانی‌مدت درمان آسیب‌های روانی، فرد آسیب‌دیده می‌تواند تصمیم بگیرد که آیا می‌خواهد ببخشد یا خیر.

اگر آسیب‌های روانی یکی از عوامل بازدارندۀ بخشش و آشتی است، چگونه می‌توانیم با این مانع مقابله کنیم؟ از آنجایی که بسیاری از مسیحیان در این منطقه از جهان توسط رژیم استبدادی اسلامی یا دست سنگین رهبران تمامیت‌خواه یا دولت‌های شکست‌خورده آسیب دیده‌اند، آیا همه به مشورت آسیب‌های روانی نیاز دارند؟ آیا ما در این مشورت بدون پرداختن به علت اصلی، به دنبال حل اختلافات هستیم؟

فکر نمی‌کنم همه به مشورت دربارۀ آسیب‌های روانی نیاز داشته باشند. ایرانیان به عنوان یک ملت، دچار آسیب‌های روانی می‌شوند، اما من خوانده‌ام که از نظر آماری بسیاری از افرادی که با وقایع تاسف‌بار روبه‌رو می‌شوند، به‌دلیل عواملی که آنها را مقاوم می‌کند، شخصا تحت تاثیر آسیب‌های روانی قرار نمی‌گیرند. همه به معنای روانشناختی کلمه دچار آسیب‌های روانی نمی‌شوند. من معتقدم که آسیب‌های روانی عامل بزرگی است، اما تاکنون آن را در شاگردسازی خود لحاظ نکرده‌ایم. باید در سطح شاگردسازی به آن پرداخته شود. گاهی اوقات وقتی مردم دربارۀ شرم صحبت می‌کنند، به آسیب‌های روانی پرداخته می‌شود، اما احساس می‌کنم که ما دربارۀ نقش آسیب‌های روانی و اینکه چگونه بر شاگردسازی، موعظه، مشورت و توسعۀ رهبری ما تاثیر می‌گذارد، خیلی هوشیار نبوده‌ایم. این اعتقاد جدید من است؛ من معتقدم چیزی است که باید در نظر بگیریم.

کاملا موافقم. در شاگردسازی‌مان باید به مقابله با آسیب‌های روانی توجه کنیم. یک بُعد این است که اعضای کلیسا از آسیب روانی رنج می‌برند و این آسیب‌ها بر روابط درون کلیسا تاثیر می‌گذارند. بُعد دیگری که باید به آن بپردازیم این است که یک رهبر آسیب‌های روانی عمیقی را تجربه کرده است. این موضوع چه تاثیری بر آیندۀ کلیسا خواهد داشت؟ متاسفانه، من شخصا رهبرانی را می‌شناسم که از آسیب روانی رنج می‌برند و می‌توان اثرات آن را در نحوۀ تعامل رهبر با اعضا دید. همچنین، اعضای کلیسایی را می‌شناسم که به‌دلیل رهبر، آسیب‌های روانی عمیقی دیده‌اند و هیچ‌کس به آنها گوش نمی‌دهد. دلیل این سکوت این است که رهبر، فردی کاریزماتیک است که به‌خوبی

موعظه می‌کند. رهبر آسیب‌دیده می‌تواند معلم خوبی باشد، توانایی‌های فکری خوبی داشته باشد و درک خوبی از مسائل فلسفی داشته باشد، اما در روابط شخصی به مردم آسیب می‌رساند. خطر بزرگ‌تر زمانی است که برخی از افراد در نقش‌های رهبری از آسیب روانی رنج می‌برند. برخی ممکن است اعتراض کنند که یک فرد در رهبری می‌تواند با آسیب روانی دست و پنجه نرم کند، اما این امکان وجود دارد. یک بررسی سریع از تاریخ نشان می‌دهد که رهبران ملت‌ها نیز می‌توانند از آسیب‌های روانی خود عبور کنند. برای مثال، آدولف هیتلر و ژوزف استالین در دوران کودکی آسیب‌های روانی دیدند، اما به‌دلیل هوش و توانایی‌های رهبری‌شان، رهبران قدرتمند کشورهای خود شدند. همان‌طور که پیش‌بینی می‌شد، آنها در جنگ جهانی دوم فاجعه آفریدند.

غربالگری رهبران مسموم یا آسیب‌دیده: جنبه‌ای دیگر که به همان اندازه مهم است، چگونگی جلوگیری از ورود افرادی است که از آسیب‌های حل‌نشده رنج می‌برند و نمی‌توانند رهبری کلیسا را بر عهده بگیرند. من پیشنهاد می‌کنم که باید غربالگری پیشگیرانه‌ای انجام دهیم تا بتوانیم رهبران بالقوهٔ سوءاستفاده‌گر را شناسایی کنیم و مسیر رهبری در کلیسا را برای کسانی که از آسیب‌های خود برای آسیب رساندن به دیگران استفاده می‌کنند، مسدود کنیم. متاسفانه، تنها معیاری که ما برای رهبران خود داریم، توانایی آنها در وعظ و این است که معلم و مبشر خوبی باشند. یک بُعد مهم که باید در نظر گرفته شود، رابطه و نحوهٔ تعامل رهبر با دیگران است. من در کلیساهای فارسی‌زبان می‌بینم که رهبرانی داریم که از آسیب‌های روانی رنج می‌برند.

پول و قدرت در واسطه‌گری: چند نکته وجود دارد که باید به آنها توجه کنیم. در جلسهٔ قبلی، بحثی در مورد نقش پول و قدرت در ایجاد مسائل مسموم‌کننده مطرح شد. ما در مورد پول بسیار سکوت کرده‌ایم. پول و قدرت دو موضوع اصلی هستند که در این دو روز هنوز در مورد آنها صحبت نکرده‌ایم. وقتی در مورد زمینهٔ آشتی صحبت می‌کنیم، گاهی اوقات حسادت، رقابت و تنش وجود دارد، زیرا قدرت و پول در وسط هستند. کلیسایی در ترکیه به ذهنم خطور کرد که تا حدی به‌دلیل حسادت و رقابت بر سر منابع مالی، رهبری آن از هم پاشید.

توصیه‌هایی برای مشورت‌های آینده: اول، باید به مسائل قدرت و پول پرداخته شود. دوم، وقتی درباره اختلاف و آشتی صحبت می‌کنیم، باید به موضوع عدالت نیز

بپردازیم. عنصر عدالت در صحبت دربارهٔ اختلاف بین دو طرف در این بحث‌ها جایی نداشت.

این موضوع مرا به یاد موقعیتی می‌اندازد که در کلیسایی داشتیم، جایی که چند عرب مسلمان به شوخی به یک عرب مسلمان دیگر گفتند: «وقتی ما به این کلیسا پیوستیم، مقداری پول به ما دادند، پس چرا به تو ندادند؟» آنها شوخی می‌کردند، زیرا هیچ پولی دریافت نکرده بودند. آن شوخی کوچک منجر به یک سردرد بزرگ و اختلاف و شکاف در کلیسا شد. پول و قدرت، حتی اگر شوخی باشد، می‌تواند مشکلات زیادی ایجاد کند.

منبع: کتاب ریچارد فاستر، «پول، جنسیت و قدرت: چالش زندگی منضبط»، اگر تا به حال به فارسی ترجمه نشده باشد، باید به فارسی ترجمه شود.

با ادامهٔ بررسی واسطه‌گری در بافت خاورمیانه، از صدای اعراب به صدای ایرانیان می‌پردازیم.

راهی به جلو: مهم نیست که یک واسطه تا چه حد در کار خود متخصص باشد و تجربهٔ منحصربه‌فرد داشته باشد، و مهم نیست که هر دو طرف چقدر بخواهند صلح برقرار کنند؛ گاهی ریشهٔ اختلاف آن‌قدر عمیق است که نمی‌توانیم دربارهٔ مسائل به توافق برسیم. این، ریشه در جهان‌بینی و تجربیات زندگی ما دارد. بنابراین، من فکر می‌کنم مشکل موجود در کلیساها این است که ما برای مقابله با چیزهایی که نمی‌توان دربارهٔ آنها توافق کرد و پرسیدن (گام بعدی چیست؟) راهکار روشنی نداریم.

مری دینسمور آینزوُرث یک روانشناس رشد آمریکایی–کانادایی بود که به‌خاطر کارش در توسعهٔ نظریهٔ دلبستگی شناخته شده است. او در کتاب خود با عنوان «موقعیت عجیب»، سه وضعیت جالب را در شخصیت افراد شناسایی می‌کند:

۱. افراد در شخصیت خود ایمن هستند.

۲. آنها نگران/مضطرب هستند.

۳. آنها یا در حالت پیشگیری یا در وضعیت اجتنابی هستند.

او در کتاب راهنمای خود نشان می‌دهد که این تیپ‌های شخصیتی چگونه می‌بخشند، چگونه به مسائل نگاه می‌کنند، چگونه صلح کرده و چگونه به خدا نگاه می‌کنند. یعنی نحوهٔ بخشش، صلح و درک ما از خدا متفاوت است. به عنوان مثال، افرادی

که ویژگی‌های اجتنابی (شمارهٔ ۳) را دارند، مهم نیست که شما چه کار کنید، اغلب نمی‌بخشند یا بخشیدن برایشان بسیار سخت است. افرادی که شخصیت امن (شمارهٔ ۱) دارند، به‌راحتی نظر مخالف را می‌شنوند، فکر می‌کنند و می‌پذیرند.

به نظر من آنچه بسیار مهم است این است که ما به عنوان واسطه، باید به شخصیت طرفین اختلاف توجه کنیم و نحوهٔ مواجهه و واکنش آنها در بحران‌ها، مخالفت‌ها و تنش‌هایی که نشان می‌دهند، و واکنش مناسب به آن را در نظر بگیریم.

برداشت شخصی من این است که ما ایرانی‌هایی که جنگ را تجربه کرده‌ایم، ویژگی‌های اجتنابی داریم. به همین دلیل است که بخشیدن برایمان دشوار است. افراد دیگری هم هستند که بحران‌های جدی مانند جنگ و قحطی را تجربه کرده‌اند و آنها نیز مانند ما برای نجات جان خود به حالت پیشگیری و اجتناب می‌روند. ما این را هشت سال در ایران تجربه کرده‌ایم.

شاید این یکی از دلایلی باشد که ما خاورمیانه‌ای‌ها به سختی می‌بخشیم، چون در طول زندگی‌مان با بحران‌های سختی روبه‌رو شده‌ایم. من معتقدم که ما هنوز به التیام نیاز داریم تا بتوانیم حل اختلافات را درک و تجربه کنیم. بعد از التیام یافتن، می‌توانیم با مردم بهتر برخورد کنیم.

چه نوع افرادی نگران یا مضطرب هستند؟ افرادی که همیشه نگران یا مضطرب هستند، بحران را بسیار بدتر از آنچه واقعاً هست می‌بینند. ارزیابی آنها از موقعیت اغراق‌آمیز است و نسبت به موقعیت واکنش بیش از حد نشان می‌دهند. این واکنش برای آن موقعیت مناسب نیست. به عنوان مثال، شخصی از شخص دیگری خواست از روی صندلی بلند شود و روی صندلی دیگری بنشیند. فردی که از او خواسته شده جابجا شود، این کار را بی‌احترامی می‌داند و فکر می‌کند طرف مقابل قصد بی‌احترامی به او داشته است. این یک درخواست ساده بود، اما واکنش آن شخص نامناسب بود.

افراد مضطرب می‌توانند جلسهٔ مطالعهٔ کتاب مقدس را پرتنش کنند. رهبر مطالعهٔ کتاب مقدس به گروه می‌گوید که کلام خدا را با هم باز کنند، اما فرد مضطرب با دیدگاهی وارد می‌شود که به او می‌گوید خدا جای امنی برای او نیست و او خدا را به عنوان یک خطر می‌بیند. بنابراین، وقتی می‌خواهیم کلام را با او بخوانیم، باید در نظر بگیریم که او چگونه به خدا نگاه می‌کند و به طور مناسب به آن پاسخ دهیم.

شفافیت نشان دهید: نقش واسطه، رعایت میزان مشخصی از شفافیت است. وقتی آنها پیشرفتی در حل اختلاف مشاهده کردند، و اگر چنین پیشرفتی حاصل شد، می‌توانند شهادت خود را در مورد برخورد با مسائل یا مشکلات مشابه در زندگی خود به اشتراک بگذارند. با بیان چنین مسائلی، آنها می‌توانند به سرعت بخشیدن به روند بهبودی کمک کنند.

یک مثال برایتان می‌زنم. پدری در کلیسا بود که ۲۰ سال با پسرش مشکل داشت و با او صحبت نمی‌کرد. او خیلی رنج می‌برد و می‌گفت که نمی‌تواند پسرش را ببخشد چون تمام دارایی‌اش را نابود کرده است. من با او در مورد تجربهٔ شخصی خودم در مورد مشابه صحبت کردم که چگونه آن شخص را بخشیدم و شفا وارد زندگی‌ام شد.

وقتی این را به او گفتم، دلش کمی نرم شد و با هم دعا کردیم و او وارد فرآیند بهبودی شد. این روند زمان برد و زندگی‌اش تغییر کرد. این پدر در آن سال‌ها درد زیادی را تحمل کرد که نمی‌توانست با پسر خودش ارتباط برقرار کند.

مشکلات کلیسا معمولا مربوط به اعضای کلیسا نیست؛ بلکه ممکن است آنها با خانواده‌هایشان مشکل داشته باشند. موردی وجود داشت که شخصی با برادرش مشکل داشت. در مورد دیگری، زنی عزیز از مادرش متنفر بود و نمی‌توانست او را ببخشد. ما تجربیات شخصی خود را با آنها به اشتراک می‌گذاریم تا بدانند که با آنها همدردی می‌کنیم و درک می‌کنند که فقط نمی‌خواهیم برایشان نسخه بپیچیم. این روش می‌تواند به آنها کمک کند تا برای حل راحت‌تر این مشکلات، وارد فرآیند شفا یا بخشش شوند.

قبل از واسطه‌گری، بخشش را تجربه کنید: گاهی اوقات، افرادی می‌خواهند ما شبانان را که سال‌هاست دیگران را نبخشیده‌ایم، مسخره کنند و این مشکلات دیگری ایجاد می‌کند. ضرب‌المثلی وجود دارد که می‌گوید: «اگر طبیب بودی، خودت را درمان می‌کردی.» چطور یک نفر که خودش نمی‌تواند دیگران را ببخشد می‌خواهد واسطه شود تا دو نفر دیگر را آشتی دهد؟

ما در گروه‌های رهبری ردهٔبالای خود که سال‌ها چنین بارهایی را به دوش کشیده‌اند، مسائل ریشه‌دار زیادی داریم. وقتی دربارهٔ زخم‌هایشان صحبت می‌کنند، می‌توان خشم را در ایشان مشاهده کرد. چنین افرادی نمی‌توانند افراد موفقی در کلیسا باشند. خیلی خوب

است کـه ابتـدا بخشـش را تجربـه کنیـم و سپس واسطه‌ای شـویم تـا عمـل بخشـش را بـه دیگـران بیاموزیم.

شفا، امری ضـروری اسـت: مـن موافقـم کـه همـهٔ رهبـران و اعضـای کلیسـا بایـد در رونـد شـفا قـرار بگیرنـد، زیـرا همـه مشـکلاتی دارنـد. فکـر نمی‌کنـم رهبـر یـا عضـوی وجـود داشـته باشـد کـه ایـن مشـکلات یـا مسـائل مربـوط بـه فقـدان بخشـش را نداشـته باشـد. مـا بایـد همـواره خودمـان را ارزیـابی و آزمایـش کنیـم.

نیـاز بـه یادگیـری حـل اختـلاف: پـس از اتمـام ایـن سخنرانی‌هـا، متوجـه می‌شـویم کـه یادگیـری و آمـوزش اصـول و فنـون واسطه‌گری چقـدر ضـروری اسـت. اطلاعـات زیـادی در ایـن زمینـه وجـود دارد. اگـر می‌خواهیـم موفـق باشـیم، بایـد ایـن مـوارد را یـاد بگیریـم. ایـن سخنرانی بـرای مـن بسـیار آموزنـده بـود. مـن پیـش از ایـن بـه ایـن شـکل بـه واسطه‌گری فکـر نکـرده بـودم. اصـول کار سـاده بودنـد و مـا چیزهـای زیـادی یـاد گرفتیـم. ایـن مسئله‌ای نیسـت کـه بـا یـک نسـخه حـل شـود. اگـر بـه مشـکلات خـود نپردازیـم، معمـولا نتیجـه بدتـر می‌شـود و آتـش اختـلاف شعله‌ورتر می‌شـود. ایـن بـدان معناسـت کـه واسطه‌گری واقعـا کار حسـاسی اسـت. بیاییـد ایـن موضـوع را آمـوزش دهیـم و موعظـه کنیـم. واسطه‌گری اصـول و فنـونی دارد، امـا متاسـفانه مـا هنـوز ایـن روش‌هـا را نمی‌دانیـم. شـاید همـه چیـز آن‌قدرهـا هـم پیچیـده نباشـد و فقـط بایـد آن را یـاد بگیریـم. مـن درک می‌کنـم کـه چقـدر بایـد روی ایـن موضـوع کار کنیـم. بیاییـد ابعـاد مختلـف آن را یـاد بگیریـم و کسـانی کـه نقـش واسـطه را در جماعـت مسـیحی ایرانیـان ایفـا خواهنـد کـرد را آمـاده کنیـم.

عدالـت و بخشـش: می‌خواهـم میروسلاو وُلـف را معرفی کنـم کـه کتاب‌هایش در مـورد بخشـش شایسـتهٔ ترجمـه هسـتند. او رنـج زیـادی کشـیده و داسـتان زندگی‌اش بسـیار جالـب اسـت. او تحت شـکنجه‌های روانی و عاطفی قـرار گرفتـه اسـت. مـن دو کتـاب او، «طـرد و آغـوش» و «بـدون هزینـه» را خوانـده‌ام کـه بسـیار خـوب هسـتند. بـا ایـن حـال، کتـاب طـرد و آغـوش در کنـار مباحـث نظـری، بسـیار کاربردی‌تـر اسـت. ایـن کتـاب، آیـات کتـاب مقـدس مربـوط بـه بخشـش را مـورد بحـث قـرار می‌دهـد.

مسـائل مربـوط بـه واسطه‌گری می‌توانـد بسـیار مشکل‌سـاز باشـد. رونـدی وجـود دارد کـه بـه جـای واسطه‌گری، کاری نمادیـن، عدالـت یـا حقیقت‌گویـی، انجـام می‌دهنـد. در آفریقـای جنـوبی، اسـقف دزمونـد توتـو و رئیـس جمهـور مانـدلا، بـه همـراه کمیسـیون حقیقـت و صلـح،

بر عدالت ترمیمی تاکید کردند. آنها نمی‌خواستند ظالم را نابود کنند، بلکه می‌خواستند حقیقت را در یک مجمع عمومی آشکار کنند.

به نظر می‌رسد که به مسائل عدالت و بخشش، و گفتن حقیقت، به‌خوبی پرداخته نشده است. ولف در کتاب‌هایش، به‌ویژه در کتاب «بدون هزینه»، در مورد چگونگی بیان حقیقت بسیار واضح سخن گفته است. اینکه وانمود کنید هیچ اتفاق خاصی نیفتاده است و همین‌طور راه بیفتد و دیگران را ببخشید، یک نسخهٔ تجویزشده نیست.

مسئلهٔ دیگری که به موضوع بخشش مربوط می‌شود این است که گاهی اوقات جای قربانی و خطاکار عوض می‌شود. من این را برای جامعهٔ ایران بسیار مضر می‌دانم. ما به سراغ فردی که قربانی است می‌رویم و به او می‌گوییم «ببخش، ببخش، ببخش». اما کسی که به قربانی توهین کرده، کسی است که باید از کار اشتباه خود توبه کند. این، تجربهٔ شخصی من است که بارها مورد آزار قرار گرفته‌ام. من به دنبال مجازات کسی نبودم که به من توهین کرده بود، بلکه به دنبال حقیقتی بودم که گفته شود. من کسی بودم که سرزنش می‌شدم که: چرا نمی‌بخشی، چرا نمی‌بخشی؟ بعد از مدتی متوجه شدم که مشکل از کسی بود که به من آسیب رسانده بود و نه از کسی که آسیب دیده بود. احساس می‌کنم در جماعت‌های ایران، با توجه به مسئلهٔ عدالت در مقابل افشای حقیقت، عدالت به حاشیه رانده می‌شود.

اختلافاتی که ریشه در حقیقت ندارند: بیشتر اوقات، اختلافات ما ریشه در حقیقت ندارند، زیرا ما درک، دیدگاه و چشم‌انداز متفاوتی داریم که از طریق آن موقعیتی که باعث اختلاف شده است را بررسی می‌کنیم. من کاملا حرف شما را قبول دارم که بی‌عدالتی‌هایی که در بسیاری از جاها انجام می‌شود باید بخشیده شوند. اما بسیاری از اوقات حقیقت در مورد بخشش مشخص نیست.

وقتی از دیدگاه هر دو طرف به مشکل نگاه می‌شود، هر دو طرف خود را قربانی می‌دانند، زیرا دو دیدگاه جداگانه دارند. این بدان معناست که در بسیاری از موارد، حقیقت این است که از بیرون، می‌توانیم یک مشکل را از دیدگاه افراد مختلف ببینیم و فقط سعی کنیم آنها را به هم نزدیک‌تر کنیم. با این حال، این ممکن است همیشه اتفاق نیفتد. درک آنها از مشکل آن‌قدر قوی است که نمی‌خواهند با دیدگاه دیگری به آن نگاه کنند. نکتهٔ شما بسیار خوب بود و من کاملا موافقم که تا وقتی حقیقت مشخص نشود، عدالت اجرا

نمی‌شود و بخشش و التیام بعید است که اتفاق بیفتد.

بلوغ واسطه: توجه داشته باشید که ما در مورد واسطه‌گری در چهارچوب مسیحیت و کلیسا صحبت می‌کنیم. کسانی که در هر نوع منصب رهبری در کلیسا هستند، با مردم سر و کار دارند. بنابراین، خواسته یا ناخواسته، مستقیم یا غیرمستقیم، در میانۀ روابط قرار دارند. این بدان معناست که رهبران ما با مردم رابطه دارند و مردم نیز با آنها رابطه دارند. واسطه نیز در چنین روابطی قرار دارد.

ما در مورد واسطه‌گری در چهارچوب کلیسا صحبت می‌کنیم. هر کسی که می‌خواهد در هر نوع بشارتی، مانند شاگردسازی، کار کند، با افراد گناه‌کاری سروکار دارد که در روابط انسانی مشارکت دارند. همیشه اختلاف نظر وجود خواهد داشت. همیشه دو نفر می‌توانند دیدگاه‌های متفاوتی در مورد مسائل، تیپ‌های شخصیتی متفاوت، نگرش‌ها و دیدگاه‌های متفاوتی نسبت به آینده داشته باشند. وقتی این افراد دور هم جمع می‌شوند، امکان اختلاف نظر همیشه وجود دارد. اختلاف نظر اجتناب‌ناپذیر است. تنش‌ها، جدایی‌ها و اختلافات در روابط وجود دارد، اما بخش مهم، حل آن است.

شخصیت واسطه بسیار مهم است. واسطه باید حداقل از نظر روابط به بلوغ شخصیتی رسیده باشد. اگر واسطه به سطحی مناسب از خِرد و بلوغ عاطفی نرسیده باشد، می‌تواند مشکل را بدتر کند.

بنابراین، شخصیت واسطه مهم است. با این حال، ما ایرانی‌ها فکر می‌کنیم که توانایی‌ها و مهارت‌های لازم برای ایجاد روابط درست را داریم. این فرض به ندرت دری را برای ما باز می‌کند تا برویم و توانایی‌ها و مهارت‌های بیشتری یاد بگیریم. ما فکر می‌کنیم همه چیز را می‌دانیم و در خدمت باتجربه هستیم، بنابراین سعی نمی‌کنیم بیشتر بیاموزیم. بد نیست که در نشست‌هایی مانند این، با یادگیری از یکدیگر، خِرد بیشتری کسب کنیم.

گزارش گروه نشست‌های جانبی دربارهٔ آشتی و واسطه‌گری

پــس از اتمــام نشســت‌های گروه‌هــای جانبــی، هــر گــروه بایــد خلاصــه‌ای پنــج دقیقــه‌ای از آنچــه گروهــش مــورد بحــث قــرار داده بــود را ارائــه می‌داد. در ادامــه خلاصــه‌ای از گروه‌هــای جداگانــه در مــورد واسطه‌گری آمــده اســت.

گروه ۱ – عرب‌زبانان (مصری، مراکشی، سوری، لبنانی، فلسطینی):
ابتــدا دربــارهٔ واسطه‌گری در مصــر صحبــت کردیــم. ایــن کار آســان اســت، زیــرا یــک هنجــار فرهنگــی خــارج از چهارچــوب کلیســا اســت و بــه رشــد کلیســا در مصــر کمــک می‌کنــد. بــا ایــن حــال، بایــد توجــه داشــت کــه مشکلِ خودِ واسطه‌گری نیســت، بلکــه انتخاب فــرد مناسب بــرای ایــن ســمت اســت. همچنیــن پیشــنهاد شــد کــه واسطه بایــد از قبل عضــو کلیسا باشــد و از جایــگاه و اقتــدار روحــانی در کلیســا برخــوردار باشــد، زیــرا در ایــن صــورت بــا مســائل کلیسا آشــنا خواهــد بــود و بــه انــدازهٔ کافی خردمنــد خواهــد بــود تــا مشــکل را تســهیل کنــد.
بــا ایــن حــال، در خــارج از مصــر در ســایر جوامــع عربــی، داشــتن ایــن نقــش در کلیسا دشــوار اســت. ایــن نقــش بایــد توســط رهبــران کلیســا بــه عنــوان یکــی از عطایــای روحــانی مــورد توجه قــرار گیــرد. کلیســا بایــد یــک معلــم، یــک نبــی و یــک واســطه داشــته باشــد. کلیســا بایــد آگاه باشــد کــه در دام انتخــاب واســطهٔ اشــتباه، کــه بــرای آرام کــردن افــراد درگیــر بــه جــای حل خود مشــکل تلاش می‌کنــد، نیفتــد.
یکــی دیگــر از عوامــل در وضعیــت اعــراب ایــن اســت کــه شــما بایــد از طریــق تلافــی، چشــم در برابــر چشــم، حــق یــا آبــروی خــود را پــس بگیریــد. بنابرایــن، نقــش واســطه ممکــن اســت چندان آســان نباشــد. خودبرتربینــی یــک مســئله فرهنگــی عظیــم در کشــورهای عربــی اســت، به‌ویــژه وقتــی جنبــهٔ مذهبــی پیــدا می‌کنــد. ممکــن اســت شــخصی بگویــد کــه فــرد را می‌بخشــد، امــا نمی‌خواهــد هیــچ رابطــه‌ای بــا خطــاکار داشــته باشــد. بنابرایــن، واســطه بایــد فــردی عاقــل و مــورد اعتمــاد و یــک مــرد مســن باشــد. گــروه کمی دربــارهٔ اینکــه آیا واســطه بایــد عضو کلیسا باشــد یــا کســی از خــارج از کلیســا، اختلاف نظــر داشــت. در نهایــت گــروه توافــق کــرد کــه اگر مســئله شــخصی باشــد، واســطه بایــد توســط هــر دو طــرف شــناخته شــده باشــد، امــا اگر مســئله مالــی باشــد، اشــکالی نــدارد کــه واســطه فــردی غریبــه باشــد.

یکی دیگر از دغدغه‌هایی که واسطه‌گری در آن از همه دشوارتر می‌باشد، مربوط به ازدواج است، زیرا مردان ممکن است از صحبت درباره آن خجالت بکشند. این مشکل باید محرمانه نگه داشته شود. ما بحث کردیم که یک راه‌حل خوب، مطرح کردن اهمیت یک واسطه در برخورد با اختلافات است، بویژه در میان گروه مسیحیان با پیش‌زمینه اسلامی. ما همچنین درباره مشکلات بین پدران و فرزندان، بویژه از پیشینه مسیحیان با پیش‌زمینه اسلامی، صحبت کردیم. مشکلات خانوادگی ممکن است بر رابطه آنها با خدا تاثیر بگذارد و در این شرایط، واسطه ممکن است ترجیح دهد همه طرفین را درگیر بحث درباره این موضوع به شیوه‌ای بهتر نکند.

اجماع بر این بود که نقش واسطه بسیار مهم است. در مصر، به‌راحتی می‌توان واسطه را در اختلافات دخیل کرد، اما در سایر کشورهای عربی، یافتن واسطه دشوار است.

گروه ۲

اختلاف‌ها، ویژگی طبیعی زندگی ماست و هر انسانی سطوح و جنبه‌های مختلفی از آن را تجربه خواهد کرد. اولین مسئله مهم، نقش واسطه است و ما باید خود را به مهارت‌های لازم برای واسطه‌گری مجهز کنیم؛ در غیر این صورت، نقش ما به عنوان واسطه مشکل را تشدید کرده و منجر به بحران‌های بیشتر می‌شود. برای آموزش خود، باید در تمام طول عمر یادگیرنده باشیم. به عنوان رهبر، باید مهارت‌های واسطه‌گری را با برگزاری کارگاه‌ها، ترجمه کتاب و به طور خاص‌تر، نوشتن و گردآوری متون برای زمینه خاص مسیحیان با پیش‌زمینه اسلامی ارتقا دهیم. ما همچنین به واسطه‌های آموزش‌دیده نیاز داریم تا به مسائلی که حل آنها دشوار است، بپردازند. با این حال، اگرچه از علوم اجتماعی بهره می‌بریم، اما نباید نقش روح‌القدس را فراموش کنیم. ما باید او را به کار ببندیم و عاقلانه از عطیه روح استفاده کنیم، بدون اینکه مزایایی را که علوم اجتماعی در واسطه‌گری ما خواهد داشت، نادیده بگیریم و به خطر بیندازیم.

مسئله دوم، اهمیت عدالت و آشکار شدن حقیقت است. ما معتقدیم که بخشش اتفاق نمی‌افتد مگر اینکه حقیقت آشکار شود. با این وجود، می‌دانیم که مرزهای حقیقت در برخی موقعیت‌ها می‌تواند مبهم باشد. با این حال، باید تمام تلاش خود را برای روشن کردن و کشف جنبه‌های واضح برای تقویت فرآیند بخشش انجام دهیم. من

همچنیـن موافقـم کـه گاهی رسیـدن بـه یـک راه‌حـل ممکـن نخواهـد بـود. بنابرایـن، بایـد راهکارهایـی بـرای مقابلـه بـا موقعیت‌هایـی کـه طرفیـن اختلاف نمی‌تواننـد آشتـی کننـد، داشـته باشیـم. گام مهـم دیگـر در حـل مناقشـه، توجـه بـه شخصیت افـراد مربوطه اسـت. افـراد بـه مشـکلات و اختلافـات واکنش‌هـای متفاوتی نشـان می‌دهنـد و ظرفیت‌هـای آن‌هـا بـرای بخشـش متفـاوت اسـت. برخـی سـرزنش را بـه دیگـران منتقـل می‌کننـد و برخـی دیگـر اجتنـاب می‌کننـد. مـا بحـث کردیـم کـه به‌دلیـل تاثیـر جنـگ، بسـیاری از مـردم خاورمیانـه بـه اجتنـاب متوسـل شـده‌اند، کـه بخشـش و آشتـی را بـرای آن‌هـا دشـوار کـرده اسـت.

گروه ۳

مـا گفت‌وگـوی خـوبی داشتیـم و پیام‌هـای ضبط‌شـده و بحـث گروهـی را ارزشـمند دانستیـم. متوجـه شدیـم کـه اگـر خـود واسطـه آسیـب دیـده باشـد، ایـن نقطـهٔ قـوت اوسـت زیـرا امـکان هم‌دلـی بیشـتر را فراهـم می‌کنـد. شنیدن توضیحاتـی دربـارهٔ پطرس کـه مایـل بـود توسـط پولـس رسـول اصلاح شـود، بسـیار آموزنـده بـود. مـا در ایـن فکـر بودیـم کـه آیـا در پس‌زمینـه، سـرزنش پطرس توسـط عیسـی و بهبـودی او توسـط عیسـی بخشـی از آمـوزش رهبـری او بـوده اسـت؟ آیـا ایـن امـر منجـر بـه فروتنـی بیشـتر او بـه عنـوان یـک رهبـر و همچنیـن واسطه‌گری شـد؟

بحـث اصلـی مـا دربـارهٔ موقعیت‌هـای موجـود در خـارج از کشـور بـود. مـا دربـارهٔ اینکـه آیـا واسطـه بایـد مـرد باشـد، صحبـت کردیـم. زنی در گـروه مـا در موقعیتـی قـرار گرفت کـه مجبور بـود بیـن دو مـرد واسطه‌گری و آشتـی کنـد. از آنجایـی کـه او در آن موقعیـت موفـق بـود، اقتـدار پیـدا کـرد. بنابرایـن، واسطه‌گری می‌توانـد توسـط هـر جنسیتـی انجـام شـود. وقتـی شـما بـه عنـوان واسطه موفـق هستیـد، اقتـدار پیـدا می‌کنیـد و مـردم پـس از آن بـرای مشـکلات خود به شـما مراجعـه می‌کننـد و بـه دنبـال واسطه‌گری هستنـد. ایـن یـک داستان دلگرم‌کننـده بـود. بیشـتر اوقـات، اختـلاف سطحـی دلیـل اصلـی اختلافـات نیسـت. آن‌هـا سـابقهٔ طـولانی آسیـب روانی و آزردگـی در زندگی خـود دارنـد و اختلاف فقـط به‌دلیـل چیـزی کـه قـادر بـه صحبـت در مـورد آن نیسـتند، ایجـاد می‌شـود. رسیـدن بـه علـت اصلـی اختلاف ممکـن اسـت یـک رونـد طـولانی باشـد. متاسفانه، مـا بیشـتر اوقـات قـادر بـه درک علـت واقعـی نیستیم.

موضوع بعدی ما خشونت خانگی، مانند طلاق و حمایت از کودکان بود. در محیط اروپایی/ غربی، این یک فرآیند سه‌مرحله‌ای است. در مورد یک مشکل زناشویی که طلاق راه‌حل فوری آن نیست، باید با مددکار اجتماعی صحبت شود. اگر کودک‌آزاری جسمی وجود داشته باشد، دور کردن کودک از خانه ممکن است بهترین راه‌حل نباشد. این موضوع باید با مددکار اجتماعی یا شورای محلی بررسی شود. در مرحلهٔ بعد، دربارهٔ کودک‌آزاری یا غفلت باید با شوهر یا والدین صحبت کنیم. سپس باید با همسر و فرزندان وارد گفت‌وگو شویم. ما متوجه شدیم که زنان و کودکان سریع‌تر از مردان با فرهنگ جدید سازگار می‌شوند. به عنوان واسطه، باید در طول فرآیند طولانی تغییر رفتارها در کنار خانواده بمانیم. در ابتدا ممکن است نیاز به برخی سازش‌ها باشد، مانند گفت‌وگو دربارهٔ صبر هنگام سازگاری با فرهنگ جدید. آشتی و بخشش لزوما به این معنی نیست که بعدها بهترین دوستان هم شویم. اگر بتوانیم در برخی موقعیت‌ها به بخشش دست یابیم، بهتر است طرفین راه خود را از یکدیگر جدا کنند.

در آخر، ما در مورد ازدواج‌های بین‌فرهنگی صحبت کردیم. خوب است که مردم بدانند وقتی وارد یک ازدواج بین‌فرهنگی می‌شوند، باید در ایجاد سازش بسیار ماهر شوند.

گروه ۴

ما دریافتیم که اگر یکی از طرفین تمایلی به آشتی نداشته باشد، روند آشتی عملا غیرممکن می‌شود و در صورتی که هیچ یک از دو طرف نخواهند برای آشتی اقدامی بکنند، شرایط بسیار دشوارتر خواهد شد. در چنین وضعیتی، فروتنی از سوی هر دو طرف اهمیت حیاتی دارد، زیرا در طول اختلاف، هر دو آبروی خود را از دست داده و از آنچه رخ داده احساس شرم می‌کنند. به همین دلیل، دستیابی به آشتی برای آنها دشوار است مگر اینکه بتوانند به شیوه‌ای درست، آبروی خود را نزد دیگران حفظ کنند. در برخی موارد نیز نیاز به مراجعه به یک مشاور حرفه‌ای وجود دارد، چرا که بعضی افراد اختلافاتی دارند که در هر محیطی همراه آنهاست. حتی ممکن است این فرد یکی از رهبران کلیسا باشد که با بسیاری از اعضا درگیر است. در چنین شرایطی، یک رهبر غیرروحانی توان محدودی برای رسیدگی به مشکل عمیق خواهد داشت و بنابراین مراجعه به مشاور حرفه‌ای تنها راه‌حل ممکن به شمار می‌آید.

بُعد دیگر، خودِ اعضای خانوادهٔ مسیحی با پیش‌زمینهٔ اسلامی و بازتاب زمینهٔ فرهنگی آنهاست. برای برخی از اعضای خانوادهٔ مسیحی با پیش‌زمینهٔ اسلامی، زندگی مسیحی آنها فراتر از شهادتشان نمی‌رود. این تحول فراتر از تجربهٔ تغییر مذهب آنها نرفته است، زیرا زندگی آنها تغییر نکرده است. آنها همان الگوهای فرهنگی تعامل قبل از تغییر مذهب را دارند. ما در بحثمان می‌خندیدیم، زیرا این شبیه به گفتن شهادتین در اسلام است که در آن چیزی می‌گویید و به طور خودکار مسلمان می‌شوید. مسیحی انجیل را ارائه می‌دهد و برای مسیحی شدن دعا می‌کند و انتظار دارد که این دعا او را مسیحی کند. با این حال، هیچ تغییری وجود ندارد. باید اتفاقی در زندگی آنها بیفتد تا آنها بدانند که دوست داشتن دشمن و دوست داشتن همسایه به چه معناست. اگر این تحول اتفاق نیفتد، کار با این شخص دشوار است. آنها باید اجازه دهند روح‌القدس در دلشان کار کند تا بتوانند پذیرای کار او در زندگی خود و آشتی با دیگرانی باشند که با آنها اختلاف دارند.

ما همچنین در مورد مشکلی بحث کردیم که در آن مبشران مذهبی خیلی سریع افرادی که به تازگی ایمان آورده‌اند را تعمید می‌دهند، بدون اینکه برای بلوغ در خداوند و در روابطشان با برادران و خواهرانشان در خداوند به آنها فرصتی بدهند. بنابراین، پیشنهاد می‌کنیم مسیر تعمید باید کند شود تا مطمئن شویم آنها در رابطهٔ خود با خداوند و با همسایگانشان در حال رشد هستند. ما با گروه دیگر موافقیم که فقط به این دلیل که با شخص دیگری بخشیده و آشتی کرده‌ایم، نیازی نیست دوست هم باشیم. علاوه بر این، قبل از اینکه به آشتی بپردازیم، به مدتی زمان نیاز داریم تا احساسات آرام شوند. اگر افراد آن‌قدر عصبانی و پر از مسائل عاطفی هستند، باید مکث کنیم تا اوضاع آرام شود. ممکن است چند ماه طول بکشد یا در یک مورد دو سال طول کشید تا طرفین رنجیده آمادهٔ رسیدگی به اختلاف شوند. اهمیت دعا باید با کسانی که رنجیده‌اند، مورد تاکید قرار گیرد. ما همچنین دربارهٔ واسطه صحبت کردیم که باید توسط هر دو طرف پذیرفته شود. این واسطه می‌تواند یک فرد داخلی یا خارجی باشد، زیرا عنصر کلیدی شخصی است که آنها موافقت می‌کنند به عنوان واسطه عمل کند. در برخی موارد، ما تشخیص دادیم که اختلاف خارج از کنترل ماست و خدا باید در این اختلاف مداخله کند و ما باید پذیرای این احتمال باشیم.

گروه ۵ - گروه ایرانی

گاهی اوقات، کلیساهای ما به جای مکان‌هایی برای آشتی، به مکان‌های آسیب زننده تبدیل شده‌اند. ما شاهدیم که کلیساهای قومی ما به مکان‌هایی تبدیل می‌شوند که مردم پس از اولین مواجهه با آنها، سعی می‌کنند از آنها اجتناب کنند، زیرا به نوعی آسیب دیده‌اند. ما شش حوزه را شناسایی کرده‌ایم که باید به آنها پرداخته شود.

۱. هویت فرهنگی. ما معمولا ایده‌هایی را که از اطرافیانمان می‌شنویم درونی می‌کنیم و این درونی‌سازی، هویت ما را شکل می‌دهد. مهم است که با تمرکز بر جنبه‌های مثبت فرهنگ‌ها، عزت نفس فرهنگی خود را نیز افزایش دهیم. ما باید فرهنگ خود را به عنوان مسیحیان ایرانی درک کنیم، اما این می‌تواند به مسیحیان عرب نیز تعمیم داده شود، به طوری که دیگران از خارج مجبور نباشند درک خود از ما را تنها بر اساس کلیشه‌هایی که می‌شناسند، بنا کنند.

۲. تشویق در تعلیم. ما باید هم بر جنبه‌های مثبت و هم منفی فرهنگ خود تمرکز کنیم. مسائل منفی که بیشتر بر آنها تاکید می‌شود، غرور و نگرانی در مورد چگونگی آسیب رساندن آن به کلیساست. با این حال، ما همچنین می‌دانیم فرهنگ ما جنبه‌های مثبت زیادی دارد. یکی از اعضای ما در مورد خطر تمرکز بر یک داستان واحد صحبت می‌کرد، که معمولا بر آبرو و شرم به عنوان تنها جنبهٔ فرهنگ ما متمرکز است. اما فرهنگ ما بسیار پیچیده‌تر است و ویژگی‌های مثبت زیادی دارد که می‌توانیم در مورد آنها نیز صحبت کنیم و یکدیگر را تشویق کنیم. واسطه‌گری عنصر مهمی در فرهنگ ماست و ما این کار را روزانه انجام می‌دهیم. مادران در موقعیتی قرار می‌گیرند که این کار را بین پدران و فرزندان در خانواده‌ها انجام می‌دهند. آموزش بسیار مهم است.

۳. توجه به آشتی. ما بیشتر بر آشتی دادن روابط تمرکز می‌کنیم، اما متوجه نیستیم که این روابط چقدر می‌توانند صدمه بزنند و مسموم باشند. هر دو طرف می‌توانند تا حدی، اما نه کاملا، حرف دلشان را به اشتراک بگذارند. آنها معمولا احساسات منفی خود را در طول فرآیند آشتی پنهان می‌کنند و بنابراین، یک رابطهٔ طولانی‌مدت شکل نمی‌گیرد. این ممکن است نکته‌ای دیگر باشد که باید در نظر بگیریم.

۴. مشورت. انتقال تجربه بسیار مهم است. ما خوشحالیم که این نشست مشورتی

سازماندهی شده و بـه مـا کمـک کـرده اسـت تـا از دیگـران حکمـت و خِـرد زیـادی کسـب کنیـم. مـا فکـر می‌کنیـم کـه ایـن بایـد یـک فرآینـد مـداوم باشـد.

۵. تمرکـز بـر بخشـش بـه عنـوان عنصـری از آشـتی. درک مـا از بخشـش بسیار مهـم اسـت. گاهـی اوقـات، خدمـت مشـترک ممکـن اسـت گزینـهٔ مناسـبی نباشـد و درخواسـت سـریع بـرای ادامـهٔ یـک رابطـهٔ صمیمـی، توصیـه نمی‌شـود. جالـب اسـت کـه لوقـا ۳:۱۷ بـه نظـر می‌رسـد توبـه را شـرط بخشـش می‌دانـد. اگـر کسـی توبـه نمی‌کنـد، چـرا خـود را مجبـور بـه بخشـش کنیـم در حالـی کـه آن شـخص بخشـش نمی‌خواهـد؟ گفتـن «مـن تـو را نمی‌بخشـم.» بـدون توبـه ممکـن اسـت توهین‌آمیـز باشـد. بخشـش زمـان می‌بـرد و درک ایـن نکتـه کـه چگونـه ایـن رابطـه در طـول زمـان، بـا شـاهد بـودن آسیب‌هـا و صدمـات ناشـی از آن و تاثیـر منفـی کـه بـر مـا گذاشـته اسـت، اهمیـت دارد. مـا بایـد بـه فرآینـد بخشـش بازگردیـم. بخشـش ممکـن اسـت بـا یـک تصمیـم درسـت پـس از اختـلاف شـروع شـود، امـا ادامـه خواهـد داشـت و هرگـز پایـان نمی‌یابـد، زیـرا دائمـا در حـال یادگیـری هسـتیم کـه چگونـه مسـائل بـر مـا تاثیـر می‌گذارنـد.

۶. عذرخـواهی، نشـانگر یـک گـروه جمع‌گـرا اسـت. وقتـی مـردم توسـط یـک رهبـر گـروه یـا یـک جنسـیت خـاص آسـیب می‌بیننـد، بـه تعمیـم دادن ایـن موضـوع تمایـل دارنـد، بـه طـوری کـه همـهٔ شبانان یـا تمـام افـراد آن جنسیت بـه عنوان خطاکار شـناخته می‌شـوند. یـک راه بـرای مقابلـه بـا تمایـل بـه تعمیـم دادن گروهـی کـه بـه دیگـری آسـیب رسـانده اسـت، عضویـت در آن گـروه، یعنـی مـرد، زن یـا شـبان، اسـت. سـپس بـه عنوان نماینـدهٔ آن گـروه جمعـی عذرخـواهی کنیـد. مـا دیده‌ایـم کـه اگـر حتـی خـود فـرد ایـن کار را نکنـد، نیـز چگونـه ایـن کار باعـث بهبـودی می‌شـود.

گروه ۶

سخنان این گروه به طور کامل در بالا ثبت شده است.

گروه ۷

واسطه‌گری از دیـدگاه نظـری کامـلا کار درسـتی اسـت، امـا گاهـی اوقـات واسطه‌گری پیچیده‌تـر یـا دشـوارتر از آن چیـزی اسـت کـه تصـور می‌کنیـم. به‌دلیـل گنـاه، واسطه‌گری همیشـه جـواب

نمی‌دهد. گاهی اوقات تفرقه یا دشمنی شدید وجود دارد. گاهی دو گروه در یک کلیسا دل‌های نیک و بینش عالی دارند، اما باز هم آشتی نمی‌کنند. حتی اگر دو کلیسای بزرگ به‌دلیل تفرقه ایجاد شوند، جدایی همچنان باقی می‌ماند. التیام پس از یک تفرقه یا جدایی زمان می‌برد و نقش واسطه تنها گرد هم آوردن دو نفر یا گروه نیست. گاهی قبل از درخواست واسطه‌گری، نتیجه‌ای از قبل گرفته شده است. ما جدایی‌ها در کتاب مقدس را بررسی کردیم، به‌ویژه دو مورد: پولس و برنابا، که نتیجهٔ آن دو گروه بزرگ مبشرین بود، و پولس و پطرس که می‌توانست به کلیساهای جداگانه منجر شود، اما در نهایت راه‌حلی وجود داشت. جدایی‌ها نشان‌دهندهٔ شکستن‌های مداوم در بدن مسیح هستند، اما خدا شکستن‌های ما را ترمیم می‌کند. به فیض خدا، برخی کلیساهای ایرانی دچار انشعاب شدند و نتیجهٔ آن کلیساهای جدید بود، اما این انشعاب همچنان نمایانگر گناهی است که باعث جدایی شده است. یک دلیل خوب برای انشعاب یک کلیسا، زمانی است که بخشی از یک کلیسا برای تاسیس کلیسای جدید جدا می‌شود؛ این باید برجسته‌تر از انشعاب به‌دلیل اختلافات باشد. مثال مثبت دیگر، ورود فردی جدید به یک خدمت و ارائهٔ انواع تغییرات است. برخی رهبران پیشنهاد کردند که او برود و ماموریت خود را آغاز کند تا ایده‌های خود را به اجرا درآورد. این فرد جدید واقعا رفت و گروه پیشروان (Frontiers) را تاسیس کرد و کلیساهای زیادی را در میان مسلمانان در سراسر جهان بنا کرد.

ما باید در دعا متحد شویم تا با دشمن مشترکمان، شیطان، مبارزه کنیم و از ایجاد تفرقه یا دشمنی در کلیساهایمان جلوگیری کنیم. متحد بودن و دوست داشتن یکدیگر کاملا متفاوت از آن است که همه یک فکر داشته باشند. تنوع می‌تواند مفید و سالم باشد. واقعیت این است که همهٔ ما متفاوتیم، اما باید همکاری کنیم و تفرقه را دوست نداشته باشیم یا تشویق نکنیم. اگر یکدیگر را دوست داشته باشیم، یک بدن هستیم که با هم کار می‌کند. حتی اگر تفرقه یا جدایی ناشی از گناه هم باشد، خدا هنوز می‌تواند آن را جبران کند. شکر که خدا خطاهای ما را برمی‌چیند.

گروه ۸

ما در مورد آیاتی که در متی ۵ و ۱۸ آمده بود، بحث کردیم. متی ۵ می‌پرسد وقتی

کسی را ناراحت می‌کنم، چـه بایـد بکنـم و متـی ۱۸ می‌گویـد وقتی مـن ناراحـت هسـتم، چه کاری انجام دهـم؟ اولیـن قـدم در هـر دو مـورد ایـن اسـت کـه برویـم و بـا شـخص مقابل صحبـت کنیـم. در حالی کـه می‌خواهیـم واسطه‌هـای خـوبی باشـیم، بایـد آنچـه را کـه عیسی گفتـه اسـت نیـز موعظـه و آمـوزش دهیـم و ببینیـم چـه چیـزی آشـکار می‌شـود، سـپس مرحلـهٔ بعـدی را تعییـن کنیـم. همچنیـن بایـد پرسـش «چـرا» را ادامـه دهیـم، زیـرا بیشـتر اوقـات مسـئله، سـطحی نیسـت و عمـق بیشـتری دارد. همان‌طـور کـه آن فکـر را بـررسی کردیـم، بیشـتر اوقـات مسـائل عمیق‌تـری پشـت اخـتلاف اولیـه وجـود دارد. ما از داستان‌سرایی لـذت بردیـم و بـه ارزش بـه اشـتراک گذاشـتن داسـتان‌های صلـح و میـزان مفیـد و معنـادار بـودن آنهـا پی بردیـم. داسـتان در ذهـن می‌مانـد و بهتریـن داسـتان‌ها آنهایی اسـت کـه عیـسی در سراسـر عهـد جدیـد بـه اشـتراک می‌گـذارد. بـه اشـتراک گذاشـتن ایـن داسـتان‌ها یـک تمریـن خـوب اسـت، زیـرا بسـیار مفیـد هسـتند. شـما می‌توانیـد از ابتـدا بگوییـد کـه احتـمالا اختلافات در رونـد کار وجـود خواهـد داشـت، و گـروهی کـه بـا آن کار می‌کنیـد را از قبـل آمـاده کنیـد. مـا انسـان هسـتیم و اخـتلاف یـک امـر مـداوم اسـت. اگـر مـردم از قبـل آگاه باشـند، هنگام بـروز مشـکلات، آن‌قـدر شـوکه نخواهنـد شـد. مـا بایـد فروتـن باشـیم و در مـورد شکسـت‌های خودمـان صحبـت کنیـم. همچنیـن دربارهٔ مفهـوم کتـاب مقـدسی سـوگواری گفت‌وگـو کردیـم. مـا در مـورد زبـان مـورد اسـتفاده در برخـورد بـا اختلافـات و واسطه‌گری صحبـت کردیـم، کـه می‌توانـد تفـاوت ایجـاد کنـد. شـناخت مخاطـب و افـرادی کـه بـا آنهـا کار می‌کنیـد اهمیـت زیـادی دارد. مهـم اسـت بدانیـد کـه اگـر در قلـب خـود در حـال تـقلا هسـتید، مشـکل درون خـود شماسـت. مـا واقعـا از سـخنرانان قـدردانی کردیـم و احسـاس کردیـم کـه آنهـا اطلاعـات بسـیار خـوبی را بـه اشـتراک گذاشـتند.

نتیجه‌گیری

اگرچـه بحـث در مسـیری کـه پیش‌بینی می‌شـد پیـش نرفـت، یعنـی در ایـن مسیر کـه واسطه‌گری یـک مـدل فرهنـگی قابـل قبـول در مدیریـت اختلافـات در بافت‌هـای شمال آفریقـا، خاورمیانـه و ایـران اسـت، امـا بحـث مـا، اعتمـاد ایجـاد شـده بیـن شـرکت‌کنندگان در طـول نشسـت مشـورتی را نشـان داد. شـرکت‌کنندگان، واقعیـت پیچیدهٔ تلاش بـرای انجام

واسطه‌گری را مطرح کردند. آنها ابراز داشتند که واسطه‌گری به ندرت فقط به این دلیل انجام می‌شود که بفهمیم چه کسی مورد ظلم قرار گرفته و برای بازگرداندن رابطه چه راه‌حلی می‌توان یافت. این امر بسیار پیچیده‌تر است و در مورد موقعیت‌هایی که ممکن است هیچ راه‌حلی در آنها وجود نداشته باشد، به خرد و بینش زیادی نیاز دارد.

برای مثال، اگر واسطه دوست یکی از طرفین اختلاف باشد، انتظار می‌رود که واسطه طرف دوستش را بگیرد و داور بی‌طرفی نباشد. در واسطه‌گری، طرفین ممکن است اطلاعاتی را پنهان کنند که بعدها فاش می‌شود و باید در ابتدا افشا می‌شد. آسیب‌های روانی نقش مهمی را در اختلافات ایفا می‌کنند و ممکن است رسیدن به یک راه‌حل قابل قبول را غیرممکن کنند. حمایت از یک فرد آسیب‌دیده قبل از اینکه آمادهٔ بخشش دیگران شود، کاری زمان‌بر است، و شاید سال‌ها طول بکشد.

بحث به سمت داستان‌های واقعی و تاثیرگذار در مورد چگونگی آشتی و بخشش تغییر جهت داد. داستان‌ها قدرتمند هستند، اما داستان‌های کمی از این بافت فرهنگی آمده‌اند تا تصویری از زندگی مسیحی در اجرای دستور کتاب مقدس کولسیان ۳:۱۲-۱۴ ارائه دهند: «پس همچون قوم برگزیدهٔ خدا که مقدّس و بسیار محبوب است، خویشتن را به شفقت، مهربانی، فروتنی، ملایمت و صبر ملبس سازید. نسبت به یکدیگر بردبار باشید و چنانچه کسی نسبت به دیگری کدورتی دارد، او را ببخشاید. چنانکه خداوند شما را بخشود، شما نیز یکدیگر را ببخشایید. و بر روی همهٔ اینها محبت را در بر کنید که همه چیز را به هم می‌پیوندد و شما را کامل می‌گرداند.»

۷

راهی به جلو:
وارونه کردنِ روند اختلافات

اختلاف، واقعیتی است که نسل بشر از زمان سقوط با آن زیسته است و بخشی از لعنت ناشی از نافرمانی انسان در خوردن میوهٔ درخت ممنوعهٔ شناخت نیک و بد به شمار می‌آید (پیدایش ۱۵:۲-۱۷). هرچند اختلاف در فرهنگ‌های گوناگون جلوه‌های مشابهی دارد، اما ویژگی‌های فرهنگی خاصی نیز وجود دارد که در هر جامعه به شکل منحصربه‌فردی بروز می‌کند. هدف از گرد هم آوردن رهبرانی با پیشینهٔ اسلامی از سه منطقهٔ جغرافیایی با اکثریت مسلمان، ایجاد فضایی امن برای گفت‌وگو و تعمق بود؛ جایی که رهبران کلیسا بتوانند بی‌پرده و بدون ترس از قضاوت، تجربیات خود را با همتایانشان در میان بگذارند، بینش‌ها را از زاویهٔ بین‌فرهنگی بررسی کنند و از خردی که هر جامعه آموخته و اندوخته است، بهره‌مند شوند. این فرصتی ارزشمند برای مسیحیان با پیش‌زمینهٔ اسلامی فراهم آورد تا به محک خود خود بپردازند، میراث خود را بازکاوی کنند و ریشه‌های مشکلاتی را که امروز با آن دست و پنجه نرم می‌کنند و برخاسته از همان میراث است، دوباره ارزیابی نمایند. همان‌گونه که دیگر اعضای کلیسای جهانی موظف‌اند، مسیحیان با پیش‌زمینهٔ اسلامی نیز باید جهان را از دیدگاه مسیح بنگرند و آنچه را که در فرهنگشان شایستهٔ پذیرش است، نگاه دارند و آنچه را که نیازمند ترمیم است، به او بسپارند.

هدف اصلی ما در این فصل پرداختن به چگونگی تفسیر جوامع خود در پرتو مسیح و چگونگی سوق دادن این جوامع دچار اختلاف، به‌ویژه با نسل اول که از اسلام بیرون

آمده‌اند، به مسیری از امید برای آیندهٔ کلیسا است. برای انجام این کار، ما اذعان داریم که هدف شاگردسازی، دگرگونی است، نه فقط بقا در یک محیط خصمانه. به عبارت ساده، دگرگونی فرد، شبیه‌تر شدن به مسیح است. همان‌طور که در مقدمه آمده است، شاگردسازی با هدف تغییر رفتار، باورها و جهان‌بینی‌ها، نه‌تنها فرد، بلکه جماعت نوپای کلیسا.

اغلب، رهبران جماعت‌های کوچک خانگی به این دلیل انتخاب می‌شوند که ممکن است شخصیت کاریزماتیک داشته باشند، مبشران بااستعدادی باشند یا معلمان بااستعدادی. گاهی اوقات، این رهبران به‌دلیل ضرورت و بدون بررسی کافی شخصیت یا میزان بلوغ آنها به عنوان رهبران مسیحی، که قبلا مورد بحث قرار گرفت، در مناصب رهبری قرار می‌گیرند. اگر می‌خواهیم شاهد یک تحول واقعی باشیم، باید به جهان‌بینی‌ای که گرایش‌های فرهنگی را شکل می‌دهد، از ریشه پرداخته شود. این کار آسانی نیست. اکثر مردم تصور می‌کنند که جهان‌بینی فرهنگی که در آن بزرگ شده‌اند، نحوهٔ انجام کارها است. تغییر آن با مقاومت روبه‌رو خواهد شد، هم از سوی مسیحیان با پیش‌زمینهٔ اسلامی و هم از سوی جامعهٔ وسیع‌تر. با این حال، عیسی جهان‌بینی غالب زمان خود را به چالش کشید و از شاگردان جدید خود خواست تا چرخهٔ اختلاف، انتقام، خشم و سایر رفتارهای گناه‌آلود را متوقف کنند. عیسی ایمانداران خود را به معیار بالاتری فرا می‌خواند و با ارزش‌ها و رفتارهای فرهنگی مقدس مقابله می‌کند. این موضوع در موعظهٔ بالای کوه دیده می‌شود، زمانی که او می‌گوید: «شنیده‌اید که به پیشینیان گفته شده (...) اما من به شما می‌گویم (...)» (متی ۵-۶).

نشست مشاورهٔ مشورتی‌ای که این کتاب برآمده از آن است، بستری را هم برای قدردانی و هم نقد سازنده فراهم کرد. این فضا مکانی امن بود تا چالش‌های ارتباطی که اعضای هیئت‌مدیرهٔ کلیساهای مسیحی با آن روبه‌رو هستند برجسته شود؛ چالش‌هایی که در واقع همهٔ ایمانداران مسیحی با آن مواجه‌اند. با این حال، به سبب جایگاه قانونی و اجتماعی اعضای هیئت‌مدیره، این چالش‌ها در برخی زمینه‌ها شکلی ویژه و متفاوت به خود می‌گیرند.

کلیساهای مسیحی در منطقهٔ خاورمیانه و شمال آفریقا با چالش‌هایی مشابه آنچه اعضای کلیسای مسیحی در زمینهٔ ارتباطات، رهبری و حل اختلاف تجربه می‌کنند روبه‌رو است.

تغییری که مشتاق دیدن آن هستیم باید کل جامعهٔ وسیع‌تر کلیسا را در بر بگیرد، نه صرفاً اعضای کلیسای مسیحی را. عیسی از نظر فرهنگی اهل خاورمیانه بود و هم به طبیعت گناه‌آلود بشر و هم به گرایش‌های فرهنگی زمان خود سخن گفت. در عین حال، جامعهٔ بزرگ‌تر او را شورشی می‌پنداشت، زیرا آموزه‌ها و اعمالش آداب و رسوم ریشه‌دار و ساختارهای قدرتی را که رفتار انسان‌ها را تعیین می‌کردند، به چالش می‌کشید؛ چرا که او مردم را به پادشاهی خدا فرا می‌خواند. عیسی ایمانداران خود را به سطحی والاتر فرا می‌خوانَد، به شهری که بر فراز تپه‌ای است و نوری برای جهان. «شهری را که بر فراز کوهی بنا شده، نتوان پنهان کرد.» (متی ۱۴:۵-۱۶). این خواندگی، از طریق پرسیدن پرسش‌های درست و نگریستن به کلیسا از دریچهٔ نگاه عیسی، خداوند ما، تحقق می‌یابد.

متوقف کردن چرخهٔ رفتار خودمان - فرهنگ خودمان - هزینه‌ای دارد؛ برای برخی، این هزینه بسیار زیاد است. عیسی ما را فرا می‌خواند تا هزینه را در یک الگوی مداوم تغییر رفتار بپذیریم، که خود به یک فرهنگ جدید تبدیل می‌شود (متی ۱۶:۲۴-۲۶). این شیوهٔ جدید زندگی توسط جامعهٔ وسیع‌تر با مقاومت مواجه خواهد شد. پولس به تیموتائوس اطلاع می‌دهد که جفا وجود خواهد داشت، «براستی، همهٔ کسانی که بخواهند در مسیحْ عیسی با دینداری زیست کنند، آزار خواهند دید» (دوم تیموتائوس ۳:۱۲). این جامعهٔ جدید، که سعی می‌کند مطابق با شباهت مسیح زندگی کند، ذاتاً رفتار، باورها و جهان‌بینی‌های گناه‌آلود دیگران را افشا خواهد کرد و این امر توسط خانواده، جامعه و ساختارهای قدرت مذاهب مورد مقاومت قرار خواهد گرفت. با این حال، بدن زندهٔ مسیح، یعنی کلیسا، باید یک عامل تغییر ضدفرهنگی از جانب پادشاهی خدا باشد. کلیسای نوپا باید نشان دهد جماعتی از افرادی است که انجیل را زندگی می‌کنند. اگرچه سخت است، اما ما را از اختلاف به امید سوق می‌دهد.

برای ایجاد محیطی که بتواند جماعت جدید را حفظ کند، سه عنصر باید در ذات مسیحی جدید و در بطن جماعت کلیسای نوپا قرار گیرد: اعتماد، آسیب‌پذیری و پاسخ‌گویی. برای رسیدن به بلوغ کلیسا، لازم است گروه‌های اصلی پایدار شکل گیرند که بنای مسیحیان بالغ کمک کنند. شاگردسازی که به صورت فردی انجام شود، تاثیر الگوسازی جماعت امن برای افرادی که تجربهٔ از دست رفتن اعتماد در سطوح مختلف را داشته‌اند، نخواهد

داشت. بنابراین، شاگردسازی بیشترین اثر را زمانی دارد که در بستر جماعت انجام شود. ایجاد یک جماعت موثر بر اساس سه اصل اعتماد، آسیب‌پذیری و پاسخ‌گویی بهتر است در گروه‌های کوچک صورت گیرد. این گروه‌ها محیطی فراهم می‌کنند که به اندازۀ کافی صمیمی است تا بتوانیم نقاب‌های خود را برداریم و آنچه در زندگی خصوصی و افکارمان می‌گذرد، به اشتراک بگذاریم. اعضای این گروه، افراد مورد اعتمادی هستند که می‌توانند در طول سفر روحانی ما را یاری دهند، زیرا حوزه‌هایی را که در آنها با مشکل مواجه‌ایم، می‌شناسند و فصل زندگی ما را درک می‌کنند.

این نشست مشورتی نمونه‌ای از ایجاد جماعتی مبتنی بر اعتماد بود، زیرا ما دربارۀ مسائلی بحث کردیم که صحبت دربارۀ آنها معمولا ممنوعه تلقی می‌شود. ما مکانی امن برای گفت‌وگو در مورد اختلافات فراهم کردیم، اختلافاتی که مانند سرطانی هستند که به بدن مسیح آسیب می‌زنند. اگر از پرداختن به چهار حوزۀ اصلی اختلاف اجتناب می‌کردیم، پیامدهای جدی برای کلیسا به دنبال داشت. در این فصل پایانی، بررسی خواهیم کرد که چگونه می‌توان نفوذ و کشش فرهنگ غالب را به ارزش‌های جدیدی تبدیل کرد که امید را به جماعت‌های کلیسایی که با اختلاف دست و پنجه نرم می‌کنند، بازمی‌گرداند. کلیسا در دنیایی وارونه زندگی می‌کند؛ عیسی آمد تا دنیایی را که در گناه گم شده بود، نجات دهد و آن را همان‌طور که خدا خلق کرده بود، به مسیر درست بازگرداند. ما در جماعتی نجات‌یافته زندگی می‌کنیم که هم‌اکنون حضور دارد اما هنوز کامل نیست؛ به این معنا که همواره با گناه و گرایش‌های فرهنگی درگیر خواهیم بود، اما در عین حال نمونۀ مسیح، کلام خدا و قدرت روح‌القدس را داریم تا ما را به شیوه‌ای هدایت کند که باید زندگی کنیم. ما بخشی از یک داستان زنده هستیم و با مواجهه با گرایش‌های فرهنگی خود در گروه‌های کوچک، می‌توانیم مسیری برای شفا و سلامت در کلیساهای خود ایجاد کنیم.

این فصل توسط نویسندگان و بر اساس سخنرانی‌ها و بحث‌های انجام‌شده نوشته شده است.

مسیری به سوی شفا و امید: ارتباط

شناسایی مشکل

سوءتفاهم در هر فرهنگی یک مشکل اساسی است. هر فرد و فرهنگی دیدگاه خاص خـود را در مـورد ارتبـاط دارد. بـه عنـوان مثـال، افـراد از فرهنگ‌هـای مختلـف بـه طـور متفاوتی ارتباط برقرار می‌کنند. برخی به سمت ارتباط مستقیم تمایل دارند و از اختلاف نمی‌ترسند، در حالی کـه بـرخی دیگـر از ارتباط غیرمستقیم استفاده می‌کنند و از تنش یا اختلاف اجتناب می‌کنند. حتی چیزی به‌سادگی سلام کـردن می‌توانـد پیام‌های متفاوتی داشته باشد. به عنوان مثال، دست دادن پیـام اعتمـاد یـا برابـری را بـه همـراه دارد، بوسـه بـر گونـه پیام دوستی را بـه همـراه دارد و تعظیـم نشـان از احتـرام بـه دیگـری. امـا حـتی در هـر نمونـه از سلام کـردن، تنوع‌هـا و پیچیدگی‌هـایی وجـود دارد کـه می‌توانـد باعـث ایجاد اختلاف شـود. امکان سوءتفاهم در هر سطحی از جامعـه همیشـه وجـود دارد. از زمـان سقوط در پیدایش ۳، ارتبـاط، هـم در بُعـد عمـودی مـا بـا خـدا و هـم در بُعـد افقـی میـان انسان‌ها یـک مشکل بـوده است. کتـاب مقـدس پـر از نمونه‌هـایی از اختـلاف و نابـودی است کـه می‌توانـد سردرگمی ارتبـاطی را بـه همـراه داشته باشـد.

بـرای گـذار از تضـاد بـه امیـد، بایـد بـرخی از پیچیدگی‌هـای مشکل را شناسایی کنیـم. اگـر فقـط بـه سـراغ کتاب مقـدس برویـم و بخش‌هـایی را کـه بـه ارتبـاط می‌پردازنـد موعظه کنیـم، مراحـل مهـمی را کـه در مقدمـه ارائـه شـد، از دسـت می‌دهیـم. بایـد خـودآگاه شـویم کـه الگوهای شخصی و فرهنگی ارتباط، بخشـی از مشکل هسـتند. تفسیـر کتاب‌مقدسِ کتاب‌مقدس الگوهـای ارتبـاطی مـا را آشکار می‌کنـد و موعظـه و تعلیـم خـوب بایـد پلی هرمنوتیـکی (تفسیـری) ایجاد کند کـه مـردم را بین فرهنگ کتاب‌مقـدس و فرهنگ خودشـان جابجـا کنـد. زمینه‌سازی انتقـادی، دیدگاه‌هـای مذهبـی، ملـی و فرهنگـی را در نظر می‌گیـرد و بـه امیـدی کـه مـا در زنـدگی در یـک جامعـۀ جدیـد داریـم اشاره می‌کنـد. این کتـاب واقعیت فرهنگـی را کـه بـر کلیسا تاثیـر می‌گـذارد، بـررسی می‌کنـد و این فصـل آخـر، راهی جدیـد بـرای امیـد بخشیـدن بـه کلیسای نوپـای در حـال رشـد همـوار می‌کند.

توضیح پیچیدگی‌های ارتباطات

همان‌طور که در مقدمه بحث شد، شمال آفریقا، خاورمیانه و ایران امتیاز بالایی در فاصلهٔ قدرت دارند. این ارزش فرهنگی بر ارتباطات به صورت سلسله‌مراتبی تاثیر می‌گذارد. افراد در رهبری، قدرت و نفوذ را در دست دارند، بنابراین رهبر انتظار دارد که در نظرات خود بدون چالش باشد. از زیردستان انتظار می‌رود که به آنها گفته شود چه کاری انجام دهند. این بدان معناست که الگوهایی که افراد با آنها بزرگ شده‌اند، ممکن است دانش و تجربهٔ کسی را که در فرهنگی با قدرت کم و فاصلهٔ زیاد بزرگ شده، نداشته باشند؛ فرهنگی که در آن ارتباط بر اساس برابری است. به همین ترتیب، این کشورها در اجتناب از عدم قطعیت امتیاز بسیار بالایی دارند. اجتناب از عدم قطعیت به این معناست که روش فرهنگی قابل قبول برای برقراری ارتباط، استفاده از ارتباط غیرمستقیم است. بنابراین، نیات واقعی به صورت کلامی بیان نمی‌شوند، زیرا این موارد ممکن است باعث تنش یا اختلاف شوند. مردم احساس می‌کنند که مجبورند مودب باشند تا از آسیب رساندن به عزت نفس کسی جلوگیری کنند. حقیقت‌گویی می‌تواند بسیار ترسناک به نظر برسد و به هر قیمتی از آن اجتناب می‌شود. برای جلوگیری از اختلاف احتمالی، افراد در مورد موضوع صحبت می‌کنند و انتظار دارند که طرف مقابل بفهمد که واقعا چه چیزی گفته می‌شود.

این الگوهای ارتباطی می‌تواند برای شبانی که سعی در رهبری کلیسا دارد، باعث ناامیدی شود. شبان می‌تواند به صورت خصوصی از بزرگان کلیسا نظرشان را در مورد تصمیمات خاص و جهت‌گیری کلیسا بپرسد، اما وقتی نوبت به بیان دیدگاه خود به صورت عمومی در یک جلسه می‌رسد، همین بزرگان ممکن است آنچه را که فکر می‌کنند مدنظرجماعت است، بگویند تا با نظر درک شدهٔ جماعت مخالفت نکنند. یا شبان می‌تواند به یک دیدگاه برابری‌خواهانه از رهبری مشترک با بزرگان پایبند باشد، اما بزرگان معتقدند که موضع بیان شده در جلسه فقط زمزمه‌ای برای بیان آنچه شبان فکر می‌کند بزرگان می‌خواهند، بوده است. در خلوت، بزرگان کلیسا هنوز معتقدند که شبان رئیس است (فاصلهٔ قدرت زیاد) و نمی‌خواهد رهبری را به اشتراک بگذارد. این تنش‌های پنهان و برداشت‌های متفاوت می‌تواند فهم و همکاری در رهبری کلیسا را

دشــوار کنـد و شبـان را بــه تلاش بـرای یافتـن راهی بـرای ایجـاد شفافیت و اعتمـاد بیشـتر وادارد.

ایـن مـدل سلسـلهمراتبِ رهبـری از نظـر فرهنـگی در بافتهـای ایـرانی، خاورمیانـه و شمال آفریقـا پذیرفتـه شـده اسـت. از نظـر فرهنـگی، شبـان/کاهن نماینـدۀ خـدا بـرای جماعت اسـت و کانـال صـدای او محسـوب میشـود، امـا مـردم میتواننـد چنـان تحـت تاثیـر ایـن جایگاه قـرار بگیرنـد کـه رهبـران مرتبـا در خلـوت یـک چیـز و در ملاء عـام چیـز دیگـری بگوینـد و مـردم عمومـا بـه آنچـه رهبـران میگوینـد اعتمـاد نکننـد. شبـان تاثیـر زیـادی بـر جماعـت خـود دارد و شبانان بـا شـخصیتهای قـوی و رهبـری سلسـله مراتبـی، حـرف آخـر را در هـر موضوعی کـه مربـوط بـه جماعتشـان اسـت، میزننـد. بـه عنـوان مثـال، آنهـا از میـز خطابـه بـرای موعظه در مـورد مشـکل و تفسـیر راهحـل استفـاده میکننـد. میـز خطابـه در جوامـع مذهبـی مـا از اقتـدار زیـادی برخـوردار اسـت و ماننـد شمشیری دودَم اسـت. شبان ممکـن اسـت بـا احسـاس آبـرو و محبـت پشـت میـز خطابـه آمـده باشـد، امـا گاهی اوقـات ایـن وضعیـت منجـر بـه اختلاف، عـدم آزادی بیـان و ظلـم میشـود.

بُعـد دیگـری کـه ارتبـاط را پیچیـده میکنـد، زمانـی اسـت کـه کسـی هویـت خـود را بـه نظـر یـا دیـدگاه خـود پیونـد میدهـد. ایـن امـر منجـر بـه ایجـاد یـک دیـدگاه حاصـل جمـع صفـر از تعـارض میشـود، جایـی کـه بـه نظـر میرسـد وجـود یـک نفـر بـه طـور جداییناپذیـری بـا نفی دیگـری مرتبـط اسـت. تسـلیم شـدن در برابـر نظـر یـا دیـدگاه کسـی بـه عنـوان زیـر سـوال بـردن اقتـدار خـود تلقـی میشـود. باورهـای افـراد چنـان سـفت و سـخت اسـت کـه در برابـر تغییـر بسیـار مقـاوم هسـتند و ایـن وضعیـت توانایـی برقـراری ارتبـاط را از بیـن میبـرد. تصویری کلامی از دو فـرد، مـرد یـا زن، وجـود دارد کـه رو در رو ایسـتادهاند و بـدون گـوش دادن بـه آنچـه طـرف مقابـل میگویـد، دیـدگاه خـود را فریـاد میزننـد.

وقتـی فـرد یـا گروهی درک بسیـار محـدودی از یـک موضـوع داشـته باشـد یـا مسیـحی نابالغی باشـد، ارتبـاط میتوانـد مختـل شـود. مطـرح کـردن دیدگاههـای دیگـر ممکـن اسـت بـه عنـوان حملـۀ شخصـی بـه ایمانـی کـه پذیرفتهانـد تلقـی شـود. ایمانـداران جدیـدی کـه درک محدودی از کتـاب مقـدس دارنـد، ممکـن اسـت ارائـۀ مفهـوم الهیاتی جایگزیـن، ماننـد استدلال یکی از پیـروان آرمینیَنیـزِم بـرای یـک کالوینیسـت متعصـب، را بـه عنـوان تغییـر انجیـل در نظـر

بگیرند.[1] اینها تنها چند نمونه از پیچیدگی‌هایی هستند که منجر به اختلاف در ارتباط می‌شوند. امید زمانی حاصل می‌شود که موانع ارتباط خوب مورد بحث و بررسی قرار گیرند تا شفا و امید به کلیسا آورده شود. ما هر جماعت یا کلیسا را تشویق می‌کنیم که فهرستی از چالش‌های ارتباطی خود تهیه کرده و در گروه‌های کوچک در مورد آنها صحبت کند.

کلیسا می‌تواند در برابر این شکاف ناشی از اختلافات ایستادگی کرده و چرخهٔ اختلاف را متوقف کند.

در ادامه، یکی از مسائلی که باید به آن پرداخته شود، ترس از سوءتفاهم است. به طور خاص، نسل اول چنان تحت تاثیر روش‌های فرهنگی برقراری ارتباط قرار گرفته است که پنهان کردن احساسات و نظرات واقعی، برای افراد امری عادی تلقی می‌شود. روش صحیح و پذیرفته‌شده برای صحبت با دیگران، احترام به فرد از طریق ستایش او و تغییر جهت در ارتباطات است. گفتن آنچه واقعا منظور شماست، توهین‌آمیز و بی‌ادبانه به نظر می‌رسد.

گام‌های رو به جلو برای بهبودی و امید باید شامل ایجاد اعتماد باشد که از اولویت بالایی برخوردار است. همان‌طور که در فصل‌های قبلی بحث شد، سه عنصر ضروری برای ایجاد ارتباط سالم وجود دارد: اعتماد، آسیب‌پذیری و مسئولیت‌پذیری. یکی از راه‌ها، تشکیل گروه‌های کوچکی است که هدف آنها ایجاد جامعه‌ای بر اساس این سه عنصر است. برای این کار، باید مکانی امن فراهم شود که در آن موضوعات ممنوعه بتوانند آزادانه مورد بحث قرار گیرند. در این گروه‌های کوچک، هدف ایجاد دیدگاه‌ها، ارزش‌ها، اهداف و مرزهای جدیدی است که زندگی مبتنی بر دین‌داری را شکل می‌دهند. دو نوع گروه کوچک وجود دارد: گروه‌های باز و گروه‌های بسته. گروه باز به هر کسی اجازهٔ شرکت می‌دهد، اما گروه بسته شامل افرادی است که به یکدیگر و قوانین گروه

---

۱ کالوینیست‌های مقید معتقدند که خدا صد در صد حاکم مطلق است و او از هر اتفاقی که خواهد افتاد آگاه است، زیرا او آن را برنامه‌ریزی کرده است. پیروان آرمینیَنیزم معتقدند که خدا حاکم مطلق است، اما کنترل خود را در رابطه با آزادی انسان و واکنش آنها به آن محدود کرده است.

متعهد هستند. گروه بسته تنها تعداد کمی عضو دارد، و بازدیدکنندگان اجازهٔ حضور در آن را ندارند. این ساختار به گروه امکان می‌دهد تا اعتماد، آسیب‌پذیری و مسئولیت‌پذیری را به طور موثر ایجاد کند. قوانین سختگیرانه‌ای باید وضع شود تا همهٔ اعضای گروه کوچک از آنها پیروی کنند و اطمینان حاصل شود که مباحث مطرح‌شده در گروه، باعث ایجاد شایعات نمی‌شوند.

علاوه بر این، کلیسای نوپا باید با متون کتاب مقدس که روش جدیدی برای درک آسیب‌پذیری در بافت فرهنگی آنها ارائه می‌دهد، دست و پنجه نرم کند. اکثر افراد نگران‌اند که مردم از اطلاعاتی که در گروه‌های کوچک آشکارا مورد بحث قرار می‌گیرد، به عنوان ابزاری برای شایعات استفاده کنند. آسیب‌پذیری یک ریسک عاطفی است؛ به عنوان مثال، در خاورمیانه ضرب‌المثلی وجود دارد که می‌گوید: «مرد گریه نمی‌کند». این نشانهٔ ضعف تلقی می‌شود و گاهی آسیب‌پذیری به منبعی برای شرم، افشاگری و عدم اطمینان از عواقب گشودن احساسات تبدیل می‌شود.

ما در مورد آسیب‌پذیری با رازهای یک جلسهٔ پرستشی صحبت نمی‌کنیم، جایی که با ساده‌لوحی فرض می‌شود کلیسای مسیحی یک جماعت امن است. باید یک قانون سختگیرانه برای حفظ راز و عدم بروز آن وجود داشته باشد و هیچ تخلفی از این قانون پذیرفتنی نیست. اکثر مردم آسیب‌پذیری را به عنوان یک نقطه‌ضعف می‌بینند. نقطهٔ آغاز، گروه رهبری است. در این گروه کوچک است که اعتماد ایجاد می‌شود و پتانسیل ایجاد یک لحن جدید در کل کلیسا وجود دارد. هرچه این اعتماد بیشتر شکل بگیرد، راحت‌تر می‌توانیم خود را باز کنیم و آسیب‌پذیر باشیم. آسیب‌پذیری بلافاصله اتفاق نمی‌افتد؛ ما باید صبر داشته باشیم و دیگران را تشویق کنیم. برخی افراد ابتدا تماشا می‌کنند و می‌بینند دیگران چگونه به اشتراک‌گذاری صادقانه و آشکار واکنش نشان می‌دهند. اگر هرگونه قضاوت یا استفاده از اطلاعات علیه کسی در گروه رخ دهد، معمولا افراد آزادانه صحبت نخواهند کرد. به همین دلیل است که عیسی گفت:

داوری نکنید تا بر شما داوری نشود. زیرا به همان‌گونه که بر دیگران داوری کنید، بر شما نیز داوری خواهد شد و با همان پیمانه که وزن کنید، برای شما وزن خواهد شد. چرا پَرِ کاه را در چشم برادرت می‌بینی، امّا از چوبی که در چشم خود داری غافلی؟ چگونه می‌توانی به برادرت بگویی، "بگذار پَرِ کاه را از چشمت به در آورم،" حال آنکه

چوبی در چشم خود داری؟ ای ریاکار، نخست چوب را از چشم خود به در آر، آنگاه بهتر خواهی دید تا پَرِ کاه را از چشم برادرت بیرون کنی. آنچه مقدّس است، به سگان مدهید و مرواریدهای خود را پیش خوکان میندازید، مبادا آنها را پایمال کنند و برگردند و شما را بِدَرند. (متی ۷:۱-۶).

متونی که روش جدیدی برای برقراری ارتباط ارائه می‌دهند، ممکن است شامل متونی مانند متی ۳۷:۵ باشند، یعنی جایی که عیسی به مردم می‌گوید «بلهِ» آنها همان «بله» باشد و «نهِ» آنها «نه»، زیرا هر چیزی افزون بر این، شیطانی است، اما محدود به این متون نیست. ما می‌خواهیم از محکومیت خدا در اشعیا ۲۹:۱۳ اجتناب کنیم، جایی که قوم خدا با دهانشان خدا را حرمت می‌نهند، اما دلشان از او دور است. ما نباید افرادی باشیم که در مزمور ۱۲:۲ توصیف شده‌اند: «همه به یکدیگر دروغ می‌گویند؛ لبهای چاپلوسشان به ریا سخن می‌گوید.» یا امثال ۲۶:۲۴: «کینه‌توز با سخنانش کینهٔ خود را پنهان می‌کند، اما در دل خویش فریب را می‌پرورد». متون مربوط به شایعات نیز باید مورد بحث قرار گیرند، مانند امثال ۱۱:۱۳؛ ۱۶:۲۸؛ ۱۸:۸؛ ۲۰:۱۹؛ ۲۶:۲۰.

در نهایت، به گروه کوچک توصیه می‌شود که دربارهٔ چگونگی پاسخ‌گویی در بافت خود صحبت کنند. این ممکن است مخالف فرهنگ به نظر برسد، اما در مرکزیت فرهنگ مسیح قرار دارد. عیسی شاگردانش را پاسخ‌گو می‌دانست. تا زمانی که مسیحیان متوجه نشوند که زندگی‌شان به‌شدت به کمک نیاز دارد، از هرگونه حس پاسخ‌گویی طفره می‌روند. این امر به‌ویژه در مورد شبانان و سایر رهبران حاکمی صدق می‌کند که سعی در حفظ اعتبار و آبروی دیگران دارند، در حالی که زندگی‌شان از کنترل خارج شده، زمان خلوتشان با خدا الهام‌بخش نیست و زمانی برای دعا ندارند. تکبر روحانی، بسیاری از مسیحیان را از تجربهٔ شادی و آزادی موجود در مسیح باز می‌دارد و دیواریست که برای محافظت از شهرت و اعتبار مطلوب خودشان به کار می‌برند.

امید این است که پاسخ‌گویی به عنوان یک عمل حیاتی فعال شود؛ با این حال، زندگی در خاورمیانه، شمال آفریقا یا ایران به عنوان یک جامعهٔ وسیع‌تر، عمل پاسخ‌گویی را به یک چالش واقعی تبدیل می‌کند. می‌توان دید که چقدر سخت است که این اصل در زمینه‌ای که عموما در برابر آن مقاومت می‌شود، اعمال شود. اکثر حکومت‌های منطقه از پاسخ‌گویی به مردم خود اجتناب می‌کنند. سیاستمداران ترجیح

می‌دهنـد اعتبـار دسـتاوردهای مثبـت را بـه خـود اختصـاص دهنـد، امـا از پذیـرش مسـئولیت شکسـت‌های خـود طفـره می‌رونـد. بنابرایـن، نقطـهٔ عطـف بیـن آنچـه آسـمانی و آنچـه زمینـی اسـت، قـرار دارد. رفتـار مـا در اینجـا بایـد هویـت واقعـی مـا را منعکـس کنـد. بـرخلاف ماهیـت دنیـای سـقوط‌کرده‌ای کـه در آن زنـدگی می‌کنیـم، کلیسـا بایـد چـراغ راه جماعـت خـود باشـد و همچنیـن بایـد چالش‌هایـی را کـه جماعـت از سـر می‌گذرانـد، منعکـس کنـد. پاسخ‌گویـی یـک اصـل کتـاب مقدسـی اسـت و کلیسـا بایـد بـه طـور پیش‌فـرض از آن پیـروی کنـد، امـا وقتـی در یـک جامعـهٔ فاسـد زنـدگی می‌کنیـم، عمـل مبتـنی بـر اندیشـهٔ پاسخ‌گویـی ممکـن اسـت از فـردی بـه فـرد دیگـر متفـاوت باشـد. بـرای دیـدن تغییـر مثبتـی کـه بـه آن امیدواریـم، بایـد بهایـی پرداخـت. مـا بـه عنـوان رهبـران مسیحیـان بـا پیش‌زمینـهٔ اسلامی بایـد ایـن بها را بپردازیـم تـا تغییـر را ببینیـم. مـا نه‌تنهـا در جوامـع خـود فراخوانـده شـده‌ایم کـه خلاف جریـان آب شـنا کنیـم، بلکـه در جوامـع کلیسـایی خـود نیـز فراخوانـده شده‌ایم کـه خلاف جریـان آب شـنا کنیـم. کتـاب مقدس آموزه‌هـای زیـادی در مـورد مسئولیت‌پذیری دارد. همان‌طـور کـه در فصـل ۴ مـورد بحـث قـرار گرفـت، فرهنـگ ایـرانی ناتان‌هایـی را می‌خواهـد کـه دیگـران را تشـویق می‌کننـد، امـا ناتان‌هایـی را نمی‌خواهـد کـه رهبـران را مسـئول می‌داننـد. بـا ایـن حـال، مـا متـونی ماننـد دوم سموئیل ۱۲ داریـم کـه در آن ناتـان به‌خاطـر توبیـخ پادشـاه داوود به‌دلیـل قتـل و زنـا بـه مـا نشـان داده می‌شـود. عیسـی در متـی ۱۵:۱۸–۲۰ در مـورد مسئولیت‌پذیری تعلیـم می‌دهـد و می‌آمـوزد کـه بـا کسـی کـه علیـه شـما گنـاه می‌کنـد، روبه‌رو شـوید. متـون واضحـی وجـود دارد کـه در آنهـا عیسـی شـاگردان را به‌خاطـر آتـش زدن شـهر سـامری سرزنـش می‌کنـد. گـروه بایـد قوانینـی وضـع کنـد کـه همـه بتواننـد بـر سـر آنهـا توافـق کننـد تا در قبـال یکدیگـر مسـئول باشـند. توانایـی مسـئول دانسـتن کسـی، آزمـون اعتمـاد اسـت.

ایـن یـک اصـل پیچیـده اسـت، زیـرا بسـیاری از عوامـل دیگـر، ماننـد میـراث مـا، غـرور و فقـدان الگوهـا، بـر پاسخ‌گویـی تاثیـر می‌گذارنـد. بـه نـدرت پیـش می‌آیـد کـه یـک رهبـر در جامعـهٔ مـا اعتـراف کنـد کـه کار اشـتباهی انجـام داده اسـت. فرهنـگ عذرخواهی زیـاد عملـی نمی‌شـود. همچنیـن مهـم اسـت بدانیـم کـه ناتـان بـودن به‌دلیـل وجـود فرهنـگ شـرم/ آبـرو و سلسـله‌مراتب در فرهنـگ مـا مـورد اسـتقبال خـوبی قـرار نمی‌گیـرد.

هزینهٔ تغییر الگوهای ارتباطی

همیشه وقتی کسی یا کلیسایی تصمیم می‌گیرد برخلاف الگوهای فرهنگی عمیق ارتباطی عمل کند، هزینه‌ای وجود دارد. در این وضعیت، یک مسیحی نابالغ با پیش‌زمینهٔ اسلامی وارد قلمرو ناشناخته‌ای می‌شود. نظر غالب ممکن است این باشد که وقتی کسی از روش‌های تعیین‌شدهٔ ارتباطی خارج می‌شود، نه‌تنها برای خود، بلکه برای جامعه نیز هرج و مرج ایجاد می‌کند. افراد ممکن است از این بترسند که اگر نحوهٔ ارتباط خود را تغییر دهند، توسط خانواده و دوستانشان چگونه به نظر می‌رسند. بحث‌های باز و صادقانه در مورد هدف ایجاد یک جامعهٔ مبتنی بر اعتماد از طریق یک الگوی جدید ارتباطی مسیحی باید در کنار گزینهٔ ادامهٔ زندگی با نقاب و گفتن فقط آنچه طرف مقابل می‌خواهد بشنود، قرار گیرد.

در جامعهٔ یک مسجد، شخصیت مذهبی مقدس تلقی می‌شود و به هیچ وجه در قبال جماعت خود پاسخگو نیست، اما جماعت در قبال او پاسخگو هستند. این با سلسله‌مراتب تاریخی کلیسا در منطقه‌ای که بیشتر مسیحیان خاورمیانه به آن تعلق دارند، شباهت زیادی دارد. مدل رهبری مسیحی خاورمیانه شباهت زیادی به رهبری اسلامی دارد. از نظر فرهنگی، تغییراتی که مردم را به برداشتن نقاب و بیان نظر خود سوق می‌دهد، معمولا از بالا به پایین آغاز می‌شود. این ابتکار باید از سوی خود رهبر یا شبان صورت گیرد تا فرهنگ اجتماعی با فرهنگ کتاب مقدس، که شامل صداقت و ایجاد مکانی امن برای اعتماد است، جایگزین شود. همچنین، این ابتکار مستلزم پرداخت هزینه است، زیرا رهبران ممکن است جایگزین شوند، و در مواقعی جایگزین خواهند شد. این امر در خاورمیانه برخلاف فرهنگ محسوب می‌شود.

نقش کلیسای جهانی

تغییر نحوهٔ برقراری ارتباط برای یک کلیسای محلی بسیار دلهره‌آور است تا بتواند آن را به تنهایی انجام دهد. کلیسای جهانی منبع بزرگی برای کلیساها و جماعت‌های جدید مسیحیان با پیش‌زمینهٔ اسلامی است. حمایت و آموزش آنها می‌تواند کلیسای محلی

را تشویق کند و اطمینان دهد که در پرداختن به الگوهای فرهنگی دیرینۀ ارتباطات کاملا مورد حمایت هستند. مسیحیان در هر نسلی با مسائل ارتباطی دست و پنجه نرم کرده‌اند. اگرچه این آموزه‌ها ممکن است بیشتر متناسب با زمینۀ آمریکای شمالی یا اروپا باشند، اما اصول را می‌توان در هر فرهنگی با پیاده‌سازی زمینه‌سازی انتقادی به کار برد. کلیسای مسیحیان ایماندار با پیش‌زمینۀ اسلامی تنها نیست. کلیساهای جدید می‌توانند از درس‌هایی که توسط بدن بزرگ‌تر مسیح آموخته شده است، بهره ببرند. به یاد داشته باشید که:

«و اوست که بخشید برخی را به عنوان رسول، برخی را به عنوان نبی، برخی را به عنوان مبشر، و برخی را به عنوان شبان و معلّم، تا مقدسین را برای کار خدمت آماده سازند، برای بنای بدن مسیح، تا زمانی که همه به یگانگی ایمان و شناخت پسر خدا دست یابیم و بالغ شده، به بلندای کامل قامت مسیح برسیم» (افسسیان ۴:۱۱-۱۳).

آبرو و شرم

شناسایی مشکل

فرهنگ‌های زیادی علاوه بر فرهنگ‌های ذکر شده در این منبع وجود دارند که فرهنگ‌های آبرو/شرم هستند. آبرو و حفظ آبرو نیروهای محرکۀ اجتناب‌ناپذیر در این فرهنگ‌هاست. آبروی خانواده وابسته به انطباق با استانداردهای تعیین‌شده توسط خانواده، قبیله، محل، فرهنگ و مذهب است. شرم برای مجبور کردن دیگران استفاده می‌شود؛ شرم به عنوان ایجاد احساس سنگین عدم تطابق با استاندارد فرهنگی تثبیت‌شده توصیف می‌شود. شرم با خود احساس بی‌ارزشی، غیرقابل قبول بودن و بی‌دفاع بودن را به همراه دارد. شرم خاورمیانه‌ای از بدو تولد به عنوان باری سنگین بیان می‌شود و اجتناب‌ناپذیر است، بنابراین مادام‌العمر است. اصطلاحی که در فصل ۲ استفاده شد (خاک بر سرت)، نشان می‌دهد که آبرو و شرم همان چیزی است که افراد در این فرهنگ‌ها در آن غوطه‌ور هستند.

توضیح پیچیدگی‌های شرم

آبرو و شرم در تمام جنبه‌های زندگی نفوذ می‌کند و بر نحوهٔ تعامل افراد با یکدیگر تاثیر می‌گذارد. به عنوان مثال، ارتباط با آبرو و شرم شکل می‌گیرد. ارتباط مستقیم شرم‌آور تلقی می‌شود، بنابراین پیش‌فرض معمول استفاده از ارتباط غیرمستقیم است. این باعث می‌شود طرف مقابل حدس بزند که فرد چه چیزی را می‌خواهد منتقل کند و یک واقعیت دوگانه ایجاد می‌کند: آنچه فرد گفته و آنچه واقعا پنهان است. ارتباط با آبرو شکل می‌گیرد، بنابراین ستایش فراوان از رهبران مفید است. با این حال، می‌تواند بهانه‌ای برای بهره‌مندی از مزایایی باشد که ستایش ممکن است به همراه داشته باشد، بنابراین ممکن است واقعی نباشد. آبرو باید حفظ شود، بنابراین از شفافیت اجتناب می‌شود؛ ارائهٔ یک تصویر خوب مهم است که حفظ شود. حتی چیزی پیش پا افتاده مانند درخواست راهنمایی از کسی که جواب را نمی‌داند، ممکن است باعث شود آن فرد احساس کند که موظف است فقط برای حفظ آبرو هر پاسخی بدهد. برای کسی شرم‌آور است که اعتراف کند جواب را نمی‌داند.

پیچیدگی‌ها به همین جا ختم نمی‌شوند. برای مثال، فردی به‌دلیل عدم رعایت استانداردهای خانوادگی یا فرهنگی شرمنده می‌شود. از سوی دیگر، فرد شرمنده بیشتر احتمال دارد دیگران را سرزنش کند، زیرا اعتراف به ضعف شرم‌آور است، به‌ویژه برای یک رهبر یک سازمان خدمتی. این امر منجر به عدم شفافیت می‌شود. عدم شفافیت باعث عدم اعتماد می‌گردد و اثر دومینو شامل فقدان بخشش، فرهنگ دروغ‌گویی و تقلب، و استفاده از چاپلوسی و هدیه دادن برای ارائهٔ تصویری محترمانه در میان جمع است. در موارد شدید، شرمساری زخم‌های عمیقی بر جای می‌گذارد و منجر به حساسیت بیش از حد نسبت به هر چیزی می‌شود که ممکن است به عنوان حملهٔ شخصی یا بی‌آبرو کردن بیشتر تلقی شود. این وضعیت باعث ایجاد تنش در جماعت می‌شود و اگر رسیدگی نشود، بی‌ثباتی در جماعت ایجاد خواهد کرد.

ریچارد و اولین هیبرت، که در دههٔ ۱۹۹۰ در بلغارستان فعالیت می‌کردند، تحقیق کردند که چرا مردم از کلیساهای محلی خود رویگردان شده‌اند. نخست، آنها دریافتند که افراد هنوز ایمان خود را به مسیح تایید می‌کنند. دوم، به‌دلیل شایعات، رنجش و کینه‌توزی

میـان مـردم و ناتـوانی در فروتـنی بـرای طلـب بخشـش، احسـاس پذیـرش در کلیسـاها وجـود نداشـت. سـومین عامـل، رهبـری ضعیـف بـود (لیدسـتون، ۹:۲۰۱۹-۱۱). لیدسـتون همچنیـن مکتـوب کـرده اسـت کـه وضعیـت مشـابهی در میـان اویغورهـای مسـلمان در دهۀ ۱۹۹۰، در شـرق قزاقسـتان وجـود داشـت؛ شـکل‌گیری ضعیـف جماعـت و رهبـری ناکارآمـد، مشـکلات اساسـی آن جامعـه بودنـد.

آبـرو و شـرم تاثیـر زیـادی بـر رهبـران جماعت‌هـا و کلیسـاها دارد. رهبـر بـودن منصبـی آبرومنـد اسـت، چـرا کـه کتـاب مقـدس مـا را بـه آن تشـویق می‌کنـد (اول تیموتائـوس ۳:۱). از سـوی دیگـر، کسـانی کـه از احسـاس بی‌ارزش بـودن، غیرقابـل قبـول بـودن و در معـرض دیـد بـودن رنـج می‌برنـد، آرزو می‌کننـد در جماعـت فـردی بـا آبـرو و احتـرام باشـند و ناامنی‌هـای خـود را پنهـان کننـد. صـرف نظـر از شایسـتگی، ممکـن اسـت تمایـل مـداومی بـرای رهبـر کلیسـا بودن یـا ایسـتادن در مقابـل دیگـران وجـود داشـته باشـد، زیـرا یـک تمایـل ذاتـی در انسـان وجـود دارد کـه دیگـران مـا را عالـی بداننـد.

آبـرو و شـرم نیـز بـر رونـد واسـطه‌گری تاثیـر خواهـد گذاشـت. یـک فـرد آبرومنـد اگـر تمرکزش بـر مقایسـۀ خـود بـا دیگـران باشـد، در مواجهـه بـا دیگـران کامـلا شـفاف عمـل نخواهـد کـرد. دیدگاهشـان ایـن اسـت کـه مسـائل شـخصی بایـد خصوصـی بـاقی بماننـد. هزینـۀ از بیـن بردن آبـروی دیگـران بسـیار بالاسـت. کسـانی کـه بـرای واسـطه‌گری فراخوانـده شـده‌اند، بایـد بـه ریشـۀ مشـکل بپردازنـد.

جماعـت کلیسـا نیـز در ایـن وضعیـت سـهیم اسـت. تمایـل بـه داشـتن یـک قهرمـان یـا نجات‌دهنـده، یـک ویـژگی فرهنگـی اسـت و اعضـا ایـن انتظـار را بـر شـبان یـا رهبـر کلیسـا تحمیـل می‌کننـد. چنیـن فشـاری بـر رهبـری، بیـش از حـدی اسـت کـه هـر فـرد بتوانـد تحمل کنـد و نیـاز بـه یـک رهبـر قهرمـان، حداقـل در ظاهـر، ایجـاب می‌کنـد تـا انتظـارات جماعـت کلیسـا بـرآورده شـود؛ در غیـر ایـن صـورت، وجهـۀ رهبـر در نظـر اعضـای کلیسـا کاهـش می‌یابـد. کلیسـا بـه یـک رهبـر خـادم تمایـل نـدارد، زیـرا ایـن امـر بـرای جماعـت آنهـا شـرم‌آور تلـقی می‌شـود.

شرم و انتظارات

لایهٔ دیگری از شرم که ریشه در اسلام دارد، شرم را نسبت به غیرمسلمانان نهادینه کرده است. برای کسانی که پیرو مسیح می‌شوند، این اَنگ در طول زندگی آنها همراهشان است. پیچیدگی موضوع زمانی افزایش می‌یابد که شرم به صورت دوطرفه عمل کند؛ وضعیت «مرتد» شرم‌آورترین اصطلاح برای یک مسیحی نوپا است و بر خانواده، جامعه، قوم و مذهب تحمیل می‌شود. شدت این شرم به میزان محافظه‌کاری خانواده یا جامعه بستگی دارد؛ هرچه محافظه‌کارتر باشند، تاثیر شرم بر خانواده یا جامعه بیشتر خواهد بود. در این مورد، شرم مشروع است زیرا وقتی یک عضو کلیسای مسیحیان با پیش‌زمینهٔ اسلامی اعلام می‌کند که دیگر مسلمان نیست، این امر به عنوان طرد شدن تلقی می‌شود و آبروی خانواده، میراث، جامعه و گاهی ملیت فرد خدشه‌دار می‌شود. شرم در این موقعیت به عنوان شکست اعتماد شناخته می‌شود. به همین دلیل، بسیاری از جماعت‌ها باید به صورت جداگانه و زیرزمینی عمل کنند تا از جلب توجه و مورد رصد قرار گرفتن توسط جامعهٔ خود جلوگیری کنند. ما به هر کلیسای مسیحی با پیش‌زمینهٔ اسلامی توصیه می‌کنیم که فهرستی که چالش‌های مرتبط با آبرو/شرم خود را تهیه کند. شناسایی این چالش‌ها، پرداختن عملی به آنها و ارائهٔ مجموعه‌ای از اقدامات ملموس که به جوامع مسیحیان با پیش‌زمینهٔ اسلامی می‌آموزد چگونه ارزش‌های مسیح را در فرهنگ شرم خود منعکس کنند، بسیار حیاتی است. شناخت ریشه‌های شرم در هر موقعیتی و پرداختن به آنها با محبت، همان‌طور که عیسی بدان عمل کرد، اهمیت فراوان دارد. مسیح در بسیاری از مواقع از سوی جامعهٔ خود در موقعیت‌های شرم قرار داشت و همواره با نگرش مثبت و پرسش‌های درست به این موقعیت‌ها پاسخ می‌داد. کلیسا می‌تواند در برابر این شکاف ناشی از اختلافات ایستادگی کرده و چرخهٔ اختلاف را متوقف کند.

اولین قدم در حرکت به سوی امید، تشخیص این نکته است که نسل اول، نسلی است که بیشترین رنج را از آنچه اختلال شرم پس از سانحه (PTSD) نامیده می‌شود و بار سنگین همراه آن، متحمل خواهد شد. بخش عمده‌ای از اوقات شاگردسازی مسیحیان نوپا با پیش‌زمینهٔ اسلامی، صرف ایجاد ثبات روانی خواهد شد، زیرا تغییر مذهب بی‌آبرویی

زیـادی بـرای ایشـان بـه همـراه دارد. علاوه بـر ایـن، فـردی کـه بـه تـازگی بـه مسیح ایمـان آورده احتمـالا واکنش‌هـایی از ترحـم بـه خـود، قربـانی شـدن یـا تـرس خواهـد داشـت. کلیسـای جهـانی می‌توانـد بـا ارائـهٔ آموزش‌هـا و منابـع عـالی، هـم بـرای درک آنچـه اتفـاق می‌افتـد و هـم بـرای کمـک بـه کلیسـای نوپـا در ایـن دوره تثبیـت، کمـک کنـد.

دوم، کلیسا بایـد موعظـه کنـد و تعلیـم دهـد کـه رنـج بـردن و فـداکاری کـردن در راه مسیح، کـاری آبرومنـد است. کلیسـا بایـد بـه اعضـای کلیسا بیامـوزد کـه انتظـار رنـج را داشـته باشـند، امـا نـه اینکـه ماننـد بـرخی مـوارد، بـه دنبـال رنـج باشـند. مسیـح در مـورد رنـج کشیـدن به‌خاطـر انجیـل بسیار تعلیـم داده اسـت (خوشـا بـه حال‌هـا، متـی ۵:۳-۱۲؛ شـهادت دادن، متـی ۱۰). کلیسـای عهـد جدیـد یکدیگـر را تشـویق می‌کـرد تـا در رنج‌هـای مسیـح سـهیم شـوند (رومیـان ۸:۱۷-۲۰؛ دوم قرنتیان ۱:۳-۱۱؛ فیلیپیـان ۳:۷-۱۰؛ اول تیموتائـوس ۱:۸-۱۲). مسیـح بایـد کانـون توجـه باشـد؛ او شـرم مـا را می‌پوشـاند (رومیـان ۱۰:۱۱). کتـاب مقـدس در فرهنـگی سرشـار از آبـرو و شـرم، بـا اسـتفاده از داسـتان‌ها، تصاویـر و آموزه‌هـا، در مـورد ایـن دیـدگاه مکتـوب شـده است. فرهنـگ غـربی ایـن دیـدگاه منحصربه‌فـرد را از دسـت داده اسـت؛ کلیسـای خاورمیانه در مـورد مطالعـهٔ کتـاب مقـدس از دیـدگاه خاورمیانـه‌ای چیزهـای زیـادی بـرای آموختـن بـه کلیسـای غـرب دارد، زیـرا خـود عیسـی اهـل خاورمیانـه بـود و بـا جامعـهٔ خود کـه شـباهت‌های زیـادی بـا جوامـع فعـلی دارنـد، سـخن می‌گفت.

سـوم، کلیسـا و سازمان‌هـای بشـارتی بایـد چشـم‌انداز بلندمـدتی داشـته باشـند و درک کننـد کـه چندین نسـل طـول خواهـد کشیـد تـا الهیـات و عمـل نیکـو بـرای زنـدگی بـر اسـاس کتـاب مقـدس در فرهنـگی سرشـار از شـرم ایجـاد شـود. همان‌طـور کـه کلیسـای نوپـا بـر موفقیت‌هـا و شکسـت‌های مقابلـه بـا زخم‌هـایی کـه بسیـاری از مسیحیان نوایمـان متحمـل می‌شـوند، بنـا می‌شـود، الهیـات و عمـل متناسـب بـا زمینـهٔ فرهنـگی ایجـاد خواهـد شـد. در حـالی کـه مسیحیـان نوایمـان دیـدگاه خـود را کـه بـر اسـاس جامعـه‌ای ضدفرهنـگی و نجات‌بخـش سـاخته شـده است، درک و جهت‌گیـری مجـدد می‌کننـد، ایـن جامعـه بـه ثبـات خواهـد رسـید.

چهـارم، مهـم اسـت کـه ایـن بـاور در ذات مسیحیـانی کـه بـه تـازگی ایمـان آورده‌انـد و نیـز در کلیسـاها پـرورش یابـد کـه شـفافیت شـرم‌آور نیسـت، بلکـه یـک عمـل ضـروری در زنـدگی مسیحـی اسـت. ایـن بـه معنـای بیـان آشـکار خیانـت یـا مسـائل شـخصی در یـک مراسـم کلیسـایی نیسـت؛ بلکـه ایجـاد سـاختاری در درون جماعـت اسـت کـه در آن همه پاسـخ‌گو باشـند.

فرهنگ فروتنی، شفافیت و پذیرش شکست‌ها باید از ابتدای شاگردسازی به عنوان یک ارزش اصلی نهادینه شود. شبان/رهبر و بزرگان نیز باید این فرهنگ را در زندگی و خدمت خود توسعه دهند. اعتراف به گناه نباید شرم‌آور باشد. این فرهنگ جدید باید فراتر از محیط محلی گسترش یابد، زیرا رهبران و افراد تاثیرگذار در خاورمیانه باید الگویی باشند که همه تحت اقتدار و تسلیم کلیسای جهانی عمل کنند. رهبران باید نشان دهند که چگونه اصلاح می‌شوند و آشکارا در مورد روند اصلاح بدون شرم صحبت کنند. مهم است که رهبران به عنوان الگو، شکست‌ها را بپذیرند تا جماعت آنها انتظارات واقع‌بینانه‌ای از خود داشته باشد و توهم یا انتظار نادرستی از زندگی مسیحی ایجاد نشود. یک انتظار غلط این است که زندگی مسیحی به معنای هرگز گناه نکردن است و رهبران باید بی‌عیب باشند؛ این تصور باید اصلاح شود و تغییر باید از بالا به پایین شکل بگیرد.

نقش کلیسای جهانی

کلیسای جهانی تحقیقات و آموزش‌های گسترده‌ای در مورد اختلال اضطراب پس از سانحه انجام داده است. ارائۀ درکی جامع از پدیدۀ اختلال اضطراب پس از سانحه و نحوۀ تشخیص و درمان آن برای کلیسا مفید است. کسانی که از شرم ناشی از سوءاستفادۀ روانی، جسمی، جنسی، مالی یا عاطفی رنج می‌برند، احتمالا به نوعی اختلال اضطراب پس از سانحه مبتلا هستند. اگر چرخۀ سوءاستفاده متوقف نشود، اثرات آن نسل‌ها ادامه خواهد یافت، زیرا افرادی که مورد سوءاستفاده قرار گرفته‌اند، ممکن است در آینده خودشان نیز مرتکب سوءاستفاده از دیگران شوند.

رهبری

شناسایی مشکل

پیش‌فرض در بافت‌های خاورمیانه، شمال آفریقا و ایران، تمایل به رهبران اقتدارگرای قدرتمند است که کنترل کلیسا را در دست گرفته و به جماعت بگویند چه کاری انجام

دهنـد و چـه بیندیشنـد. ایـن امـر در فرهنگ‌هـای سلسـله مراتبـی، طبیعی تلـقی می‌شـود. رهبری کـه خـادم باشـد پدیـده‌ای نـادر اسـت و اغلـب بـه اشتباه بـه عنوان نقطـه ضعـف تعبیر می‌شـود. ایـن وضعیـت هنگامـی حادتـر می‌شـود کـه زمـان کافـی بـرای پـرورش و راهنمـایی رهبـران نوپا بـر اسـاس الگـوی خدمـتی مسیـح وجـود نداشـته باشـد. سـال‌ها آمـوزش و راهنمـایی لازم اسـت، امـا کلیساهای نوپا خیـلی اوقـات ایـن فرصـت را ندارنـد. نیـاز ضـروری بـه یافتـن فردی اسـت کـه اکنـون کلیسـای نوپا را رهبـری کنـد. افـراد مسـتعد یـا کسـانی کـه پتانسـیل رهبری نشـان می‌دهنـد، بـدون در نظر گرفتـن زمـان یا شـخصیت مـورد نیـاز بـرای رهبـری کتـاب مقـدسی یـک جماعـت، در مناصـب رهبـری قـرار می‌گیرنـد. وقتـی اختـلاف پیـش می‌آیـد، الگـوی رهبـری کـه بـا آن بـزرگ شـده‌اند، بـه واکنـش پیش‌فرض تبدیـل شـده و منجـر بـه رهبـری مسـموم و توهین‌آمیـز می‌شـود. رهبـری مسـموم باعـث ایجـاد تـرس در میـان اعضـای جماعـت می‌شـود؛ در نتیجـه، اطاعـت از رهبـر، انحـلال کلیسـا یـا تـرک آن، تجربـه‌ای رایـج در کلیسـاهای مسیحیـان بـا پیش‌زمینـۀ اسلامی می‌شـود.

جولیـان لیدسـتون دوازده نشـانه از رهبـری حامـی و مسـموم را شناسـایی کـرده اسـت (لیدسـتون، ۲۰۱۹:۱۲-۱۷):

اول: رهبران مسموم از اقتدار خود به شیوه‌ای سلطه‌جویانه و کنترل‌گرانه استفاده می‌کنند.

دوم: رهبران مسموم انتظار دارند در مورد مسائل جزئی با آنها مشورت شود.

سوم: رهبران مسموم در سپردن اختیارات به دیگران ضعیف هستند.

چهارم: رهبران مسموم با سرکوب انتقاد، حقیقت را سرکوب می‌کنند.

پنجم: رهبران مسموم با طرد و حذف، افراد را تادیب می‌کنند.

ششـم: رهبـران مسـموم بـا سـایر رهبـران و کلیسـاهای دیگـر رقابـت کـرده و از آنهـا انتقـاد می‌کننـد.

هفتم: رهبران مسموم، رهبران نوپا را به عنوان یک تهدید می‌بینند.

هشتم: رهبران مسموم نمی‌توانند به ضعف خود اعتراف کنند.

نهم: رهبران مسموم از شفافیت و پاسخ‌گویی اجتناب می‌کنند.

دهم: رهبران مسموم به نقش‌های رهبری می‌چسبند.

یازدهم: رهبران مسموم به دنبال کسب مزایای منصبشان هستند.

دوازدهم: رهبران مسموم در اثر اختلافات و فشارهای عاطفی از پا درمی‌آیند.

توضیح پیچیدگی‌های رهبران مسموم

الگوی فرهنگی یک رهبر، ممکن است رهبری اقتدارگرای قدرتمند یا یک مستبد خیرخواه باشد. مستبد خیرخواه کسی است که از افراد تحت مراقبت خود حمایت می‌کند و روابطی حامی/مشتری ایجاد می‌کند. لایه‌های پیچیدگی چنین ارتباطی مانند لایه‌های پیاز هستند. رهبران گمان می‌کنند که عموم مردم قادر به درک حقیقت نیستند. یک ضرب‌المثل عربی می‌گوید: «وقتی یک نابینا بتواند با یک چشم ببیند، بهتر از این است که اصلا نتواند ببیند.» بنابراین، شبان یا رهبر در میان جماعت دربارهٔ کلیسا اظهاراتی می‌کند، اما در خلوت، ممکن است طرز فکر یا عمل متفاوتی داشته باشد. اول، کشش فرهنگی فاصلهٔ قدرت به این معناست که می‌توان انتظار داشت شبان ایده‌آل یک مستبد خیرخواه باشد، که از دیدگاه نظری گزینه‌ای مطلوب است. با این حال، به‌دلیل ماهیت گناه‌آلود ما، رهبران کلیسا کمتر از حدِ ایده‌آل عمل می‌کنند و می‌توانند به رهبرانی مسموم و کنترل‌گر تبدیل شوند. رهبران مسموم با تسلط کامل خود فضایی از ترس ایجاد می‌کنند. برای حفظ اقتدار، شبانان تمایل دارند منزوی شوند و به نیازهای جماعت رسیدگی نکنند. از آنجایی که تمام اقتدار در شبان متمرکز است، آنها تصمیمات یک‌جانبه می‌گیرند. این امر با سبک‌های پیچیدهٔ ارتباطی تشدید می‌شود، جایی که اعضا حتی وقتی مخالف هستند، تسلیم رهبر می‌شوند. این سمی بودن با شرمسار کردن اعضا از میز خطابه و حتی بازگو کردن آنچه در خلوت گفته شده است، پیچیده‌تر می‌شود. شبانان مسموم برای حفظ اقتدار بر جماعت، به انتقاد از سایر شبانان و کلیساها متوسل می‌شوند.

دوم، انتظار در یک جامعهٔ سلسله مراتبی این است که به جماعت گفته شود چه کاری انجام دهند. بر اساس تمایلات گناه‌آلود ما، اعضا مطیع شده و به خواست شبان تسلیم می‌شوند. آنها همچنین انتظار دارند که شبان به اعضا سود برساند، و در عوض وفاداری خود را نشان می‌دهند. جماعت به دنبال قهرمانی است که مردم را رهبری کند و شخصیتی قوی داشته باشد.

سومین منبع ایجاد فضای مسموم، از بیرون است. از شبان انتظار می‌رود که مزایای بیشتری به او داده شود، که می‌تواند منجر به توجیهی برای درخواست پول بیشتر از

منابع خارجی باشد، که در نهایت منجر به اختلاف در کلیسا خواهد شد. سازمان‌های میسیونری که به دنبال منفعت رساندن به کلیسای گرفتار هستند، هدایایی از جنس پول، تجهیزات و خدمات ارائه می‌دهند که این امر به ذهنیت حامی‌محور با نقش شبان به عنوان خیرخواه دامن می‌زند.

در نهایت، انزوای رهبران از کلیسای مسیحی بزرگ‌تر یک مشکل جدی است. اکثر کلیساهای مسیحیان با پیش‌زمینهٔ اسلامی مستقل هستند و هیچ ساختار کلیسایی رسمی برای پاسخ‌گویی و مشارکت وجود ندارد. این انزوا محیطی ایجاد می‌کند که در آن رهبر نه پاسخ‌گو است و نه در روابطش شفافیت دارد. کنترل‌ها و محک‌های ضروری برای خدمت به ندرت اتفاق می‌افتند. دلیل آن، عدم نظارت چندوجهی است: اول، اکثر کلیساها کوچک و نوپا هستند و ایمانداران بالغ کافی برای ایفای نقش نظارتی وجود ندارد. دوم، فرهنگ حامی یوناتان‌ها را می‌پذیرد، اما این کلیساها هنوز به اندازهٔ کافی بالغ نیستند که راهنمایی‌هایی که شامل انتقاد اصلاحی است را بپذیرند. ناتان‌هایی که حتی با احتیاط رهبران را به چالش می‌کشند، به ندرت پذیرفته می‌شوند. سوم، به ضرورت فرهنگی جوامع، مشارکت‌ها از نوع مستقل هستند و زیر نظر رهبران دولتی یا مذهبی فعالیت می‌کنند تا توجه جامعهٔ جدید را جلب نکنند.

همان‌طور که در گروه‌های بحث به وضوح بیان شد، تلاش برای تغییر ساختار و انتظارات، وضعیتی بدون برنده است. چینچِن راهی ممکن برای اصلاح ساختار یک رهبر اقتدارگرای قوی یا یک رهبر مستبد خیرخواه ارائه می‌دهد.

حمایت نجات‌بخش	حمایت‌های فاسد
با اهدای یک هدیهٔ کوچک از طرف مخاطب به عنوان قدردانی شروع می‌شود	با تقاضای زیاد مخاطب آغاز می‌شود
حقیقت، صداقت، صراحت، درستکاری، عمل به وعده‌ها	امیدهای واهی، امنیت کاذب، ایجاد عامدانهٔ ناامنی‌های دروغین
روابط قوی و حقیقی	روابط ضعیف و خودخواهانه
اصیل و خالصانه	منفعت‌طلب و مادی‌گرا

رهبر مغرور، بر عناوین و جایگاه اصرار دارد	رهبر فروتن، به مخاطب احترام می‌گذارد
متکبر و بی‌میل به ملاقات با مخاطب	از مخاطب ملاقات و از او مراقبت می‌کند
رهبر متکبر، فراتر از پاسخ‌گویی	رهبر فروتن، که می‌تواند اشتباهات را بپذیرد
بر عمل متقابل برابر اصرار دارد	محبت بی قید و شرط، فداکارانه
حس مالکیت دارد، مخاطب را در جایگاه پایین‌تری نگه می‌دارد	هدف رهبر، بلوغ و استقلال مخاطبانش است نگه می‌دارد

جدول از چینچن، ۱۹۹۵:۴۴۶–۴۵۱

کلیسا می‌تواند در برابر این شکاف ناشی از اختلافات ایستادگی کرده و چرخهٔ اختلاف را متوقف کند.

امیـد زمـانی بـه وجـود می‌آیـد کـه مـا در مـورد رهبـری مسـموم در کلیسـا آمـوزش دهیـم و صحبـت کنیـم. ایـن تعالیـم، بحـث در مـورد فضـای ترس‌آلـود، رهبـر منـزوی کـه بـه نیازهـای جماعـت رسـیدگی نمی‌کنـد و تمایـل بـه تصمیم‌گیری‌هـای یک‌جانبـه را شـامل می‌شـود. گام دوم، ایجـاد یـک نظـام پاسـخ‌گویی بـا رهبـری ارشـد در کشـور یـا منطقـه اسـت. هیـچ شـبان یـا جماعـت خانگـی نبایـد مسـتقل از نظارت‌هـای سـاختاری کار کنـد. در بـرخی کشـورهای بسـته کـه به‌دلیـل آزار و اذیـت ایمانـداران، امنیـت یـک مسـئلهٔ حیاتـی اسـت، ایـن امـر می‌توانـد کاری دشـوار باشـد، امـا نبایـد بـه عنـوان بهانـه‌ای بـرای رهبـران بـرای اقـدام مسـتقل اسـتفاده شـود. دو مزیـت مهـم بـرای شـبانان یـا رهبـران کلیساهای خانگی کـه نظـارت بـر رهبـری دارنـد، وجـود دارد. مزیـت اول، کاهـش خسـتگی شـغلی اسـت کـه ممکـن اسـت در رهبـران منـزوی کـه بـار کلیسـای خـود را بـه تنهایـی بـه دوش می‌کشـند، رخ دهـد. معاشـرت بـا رهبـران ارشـد در کشـور می‌توانـد دلگـرمی لازم را فراهـم کنـد و بـه رهبـر اجـازه می‌دهـد تا بشـنود و ببینـد کـه آیـا شـبان بیـش از حـد بـار کاری دارد یـا خیـر و از فرسـودگی شـغلی احتمـالی جلوگیـری شـود. مزیـت دوم، راهنمـا بـودن اسـت کـه شـامل دو بُعـد می‌شـود. بُعـد اول، راهنمـایی رهبـران کلیسـاهای خانگـی ماننـد آمـوزش ضمـن خدمـت بـرای کسـب مهارت‌هـای بهتـر در رهبـری اسـت. بُعـد دوم شـامل پرداختـن بـه حوزه‌هـای مشکل‌سـاز اسـت. رابطـهٔ بیـن راهنمـا و شـاگرد بایـد بـر اسـاس اعتمـاد سـاخته شـود تـا آسیب‌پذیـری وجـود داشـته باشـد. در فصـل ۴ پیشـنهاد

شد که رهبری خادم باید تا حدی آموزش داده شود که هیچ رهبری نتواند بگوید: «من برای مشورت گرفتن به کسی نیاز ندارم.»

اعضای کلیسا به کسی نیاز دارند که بتوانند در صورت بروز اختلاف با رهبر، به او مراجعه کنند. بیشتر اوقات به‌دلیل رهبری مسموم، اعضا کلیسا را ترک کرده‌اند. اما ترک کلیسا نباید تنها گزینه باشد. جماعت همچنین باید بدانند کسی وجود دارد که رهبر در قبال او مسئول است. وقتی مشکلاتی در کلیسا رخ می‌دهد، باید بدانند کسی هست که می‌توانند نگرانی‌هایشان را با او مطرح کنند.

هزینهٔ متوقف کردن رهبران مسموم

در برابر الگوهای غالب که از نظر فرهنگی در جامعه ریشه دوانده‌اند، همیشه مقاومت وجود دارد. مبارزهٔ ما، ایجاد یک ساختار پاسخ‌گویی است که بتواند رهبر مسموم را مورد توجه قرار دهد. برای شبانی که اعتماد به نفس ندارد، ترس از اعتماد به کسی غیر از خودش همیشه مطرح است. هزینه برای هر فرد متفاوت خواهد بود، اما اینجاست که راهنما می‌تواند به شاگردش کمک کند تا هزینه را همان‌طور که عیسی گفت، درک کند: «اگر کسی بخواهد مرا پیروی کند، باید خود را انکار کرده، هر روز صلیب خویش برگیرد و از پی من بیاید» (لوقا ۲۳:۹).

نقش کلیسای جهانی

کلیسای جهانی منبع بسیار خوبی برای کلیساها و جماعت‌های جدید برای مسیحیان با پیش‌زمینهٔ اسلامی است تا از آن بهره ببرند. مسیحیان در هر فرهنگ و هر نسلی با رهبری مسموم دست و پنجه نرم کرده‌اند. اگرچه آموزه‌ها ممکن است بیشتر با یک زمینهٔ خاص، مانند کلیساهای غربی، متناسب باشند، اما هنگامی که زمینه‌سازی انتقادی گنجانده شود، اصول مورد استفاده را می‌توان در هر فرهنگی به کار برد. کلیسای مسیحیان ایماندار با پیش‌زمینهٔ اسلامی لازم نیست در مورد آموزش رهبران به تنهایی تلاش کند.

کلیسای جهانی می‌تواند برای سازمان‌های بشارتی فروتن، آسیب‌پذیر، اصیل و سالم، همان‌طور که در روابط و خدمات کلیساهایشان هستند، راهی را نشان دهد تا در کنار رهبری نوپای کلیسای مسیحیان ایماندار با پیش‌زمینهٔ اسلامی بایستند.

برای جلوگیری از مشکل قرار دادن رهبران مسموم در مناصب قدرت، به یک دیدگاه جامع از رهبری نیاز داریم که با شاگردسازی از همان ابتدای زندگی مسیحی آغاز می‌شود. رهبران باید با الگوسازی مناسب برای رهبران نوپا، فرهنگ یادگیری همراه با راهنمایی را ایجاد کنند.

بحث نشست اصلی این پیشنهاد را مطرح کرد که به جای اینکه هر کلیسا یا جماعت به تنهایی جزیره‌ای منزوی برای خود باشد، ساختارهای پاسخ‌گویی داشته باشد. وجود ساختارهای کلیسایی برای نظارت بر راهنمایی، آموزش و پاسخ‌گویی رهبری نوپا در کلیساهای خانگی در زمینه‌های شمال آفریقا، خاورمیانه و ایران مهم است.

واسطه‌گری

شناسایی مشکل

هر فرهنگی چالش‌های خاص خود را در پرداختن به اختلاف دارد. در هر موقعیتی که واسطه‌گری لازم باشد، خرد و حکمت فراوان مورد نیاز است. واسطه‌گری در سه منطقه‌ای که این مطالعه بر آنها تمرکز دارد، پیچیده و بسیار دردناک توصیف شده است. در فرهنگ شرم/آبرو، لایه‌های فرهنگی زیادی وجود دارند که باید مورد توجه قرار گیرند. واسطه‌گری سابقه طولانی در جامعهٔ جهانی مسلمانان داشته و در سنت‌های اسلامی ریشه دارد که آنها نیز باید در نظر گرفته شوند. به عنوان مثال، پیوستن اعضای جدید به کلیسای مسیحی این فرض را ایجاد می‌کند که این جماعت تعریف واقعی از آنچه امت واقعی باید باشد را ارائه می‌دهد. دیدگاه رایج این است که «برادر من، مسئول من است و من مسئول برادرم». وقتی مشخص می‌شود که کلیسای مسیحی جدید مشکلاتی دارد، اعضای تازه‌وارد ممکن است دل‌سرد شوند و از این جماعت خارج شوند.

واسطه‌گری وارد شده از فرهنگ دیگر باید با زمینهٔ فرهنگی سازگار شود. برای درک کامل فرآیند واسطه‌گری، هر دو دیدگاه واسطه و طرفین رنجیده باید در نظر گرفته شوند. هر فرد، شکست‌ها، پیشینهٔ خانوادگی در نحوهٔ برخورد یا اجتناب از اختلاف و الگوهای ارتباطی خود را به این فرآیند می‌آورد که باید در واسطه‌گری درک شود. بلوغ عاطفی افراد درگیر می‌تواند بر فرآیند واسطه‌گری تاثیر بگذارد و آن را به طور قابل توجهی پیچیده کند. ما می‌دانیم که واسطه‌گری زمانی موثر است که طرفین رنجیده خصومت را متوقف کنند. هدف حل اختلاف است، نه فقط مدیریت آن. مدیریت اختلاف شامل به حداقل رساندن اختلاف ناکارآمد و به حداکثر رساندن اختلاف سازنده یا کاربردی است. حل اختلاف، کاهش، خاتمه یا از بین بردن اختلاف و ایده‌آل آن بازیابی رابطه بین دو طرف است. ارتباط مؤلفه‌ای حیاتی در واسطه‌گری است و چند لایه بوده و نیازمند حکمت الهی است.

توضیح پیچیدگی‌های واسطه‌گری

واسطه‌گری هرگز فرآیند ساده‌ای نیست، زیرا درک فرهنگی از نحوهٔ عملکرد واسطه‌گری و همچنین بار شخصی که هر فرد وارد اختلافات می‌کند، همواره وجود دارد.

اول، محرک‌های فرهنگی، خانوادگی و مذهبی وجود دارند که می‌توانند افراد را ناراحت کنند. این محرک‌ها ممکن است به عنوان توهین، بی‌احترامی یا شرمساری تلقی شوند. شرم و آبرو نقش مهمی در درخواست واسطه‌گری دارند، زیرا اعتراف به درد می‌تواند احساس شرم ایجاد کند. تاکید بر حفظ آبرو ممکن است این تصور را به وجود آورد که اعتراف به مشکل، اعتبار فرد را کاهش می‌دهد، بهویژه اگر او حائز مقام رهبری در کلیسا باشد. از آنجا که این فرهنگ‌ها بسیار بیانگر هستند، اختلافات می‌توانند بسیار سریع و پرشور شعله‌ور شوند و احساسات ممکن است برای درخواست واسطه‌گری بسیار خام باشند.

دوم، افراد درگیر در اختلاف ممکن است رویکردی بی‌حاصل داشته باشند، که در آن همه چیز در نتیجهٔ مناقشه در معرض خطر دیده می‌شود و هویت فرد مستقیما به آن گره می‌خورد. این رویکرد به عنوان رویکرد همه یا هیچ به اختلاف بیان می‌شود. به ندرت

پیش می‌آید که یک نفر درست بگوید و دیگری اشتباه کند.

سوم، انتظاری که مردم از واسطه دارند می‌تواند اوضاع را پیچیده کند. اگر واسطه، دوست هر دو طرف اختلاف باشد، فرض بر این است که واسطه، طرف یکی از دوستانش را خواهد گرفت. ممکن است طرفین از واسطه انتظار بی‌طرفی نداشته باشند. بیشتر اوقات، به‌ویژه در نظر طرف بازنده، واسطه به بخشی از خود اختلاف تبدیل می‌شود.

چهارم، نقشی است که آسیب‌های روانی در اختلافات ایفا می‌کند. واسطه باید درک کند که آسیب‌های روانی چگونه بر اختلاف مورد نظر تاثیر گذاشته است. آسیب‌های روانی می‌تواند مانع بخشش و آشتی شود. واسطه باید نسبت به پیچیدگی فرهنگ شرم حساس باشد، در عین حال آسیب روانی را بپذیرد و تلاش کند تا زمینهٔ مشترکی پیدا کند که بتوانند در آن برای حل اختلاف تلاش کنند.

مورد پنجم، مربوط به حافظهٔ جمعی یک جامعه است. اگر داستان‌هایی در مورد چگونگی واسطه‌گری در پرونده‌های واقعی وجود نداشته باشد، ممکن است مردم درک نکنند که بخشش و آشتی امری امکان‌پذیر است. مهم است که هر کلیسای مسیحی با پیش‌زمینهٔ اسلامی، عمل واسطه‌گری را در زمان وقوع آن تشخیص دهد و داستان را در میان اعضای خود به اشتراک بگذارد و از این عمل واسطه‌گری تمجید کند تا به یک ارزش اصلی واضح برای جامعه تبدیل شود.

ششم، هنگام واسطه‌گری در اختلافات زناشویی، اغلب مردان و گاهی زنان ممکن است از صحبت دربارهٔ مشکلات خود خجالت بکشند، زیرا طبق فرهنگ آنها، آنچه در خانه اتفاق می‌افتد، باید در خانه باقی بماند. وقتی اختلافات زناشویی آشکار می‌شوند و نیاز به واسطه‌گری وجود دارد، تنش ایجاد می‌شود. به اشتراک گذاشتن این مسائل نیازمند گامی بزرگ از اعتماد است که مسئولیت واسطه را افزایش می‌دهد. ازدواج‌های بین‌فرهنگی مجموعه‌ای از جهان‌بینی‌های متفاوت را به همراه دارند و ممکن است غیرقابل سازش یا دشوار به نظر برسند. در این زمینه، واسطه‌گری نقش حیاتی در آماده‌سازی برای مشورت و ترمیم روابط از هم پاشیده ایفا می‌کند.

هفتم، واسطه‌گری که بر کل کلیسا تاثیر می‌گذارد می‌تواند مبتنی بر دیدگاه‌ها یا سنت‌های الهیاتی یا رویکردهای رهبری باشد. همان‌طور که یکی از سخنرانان گفت، «واسطه‌ها نقش خود را در جوامع ما می‌پذیرند، اگرچه گاهی اوقات پذیرش آن مسئولیت

بسیار دشـواری اسـت.» امـا در نهایـت، مشـخص مـی‌شـود کـه واسـطه بـودن چقـدر حیـاتی و مهـم اسـت و چگونـه در بـرخی زمینه‌هـا یـک تعهـد فرهنگـی محسـوب می‌شـود.

کلیسـا می‌توانـد در برابـر ایـن شـکاف نـاشی از اختلافـات ایسـتادگی کـرده و چرخـۀ اختلاف را متوقـف کند.

امیـد زمانـی حاصـل می‌شـود کـه کلیسـا نقـش فعـالی در واسطه‌گری ایفـا کنـد. هـر کلیسـایی بایـد بپذیـرد کـه اخـتلاف اجتناب‌ناپذیـر اسـت و بایـد آمـوزش مناسـبی دربـارۀ واسطه‌گری ارائـه دهـد، همان‌طـور کـه پولـس نصیحـت می‌کنـد: «بـرادران و خواهـران، اگـر کسـی در گنـاه گرفتـار شـد، شـما کـه بـه روح‌القـدس پایبنـد هسـتید، بایـد آن شـخص را بـه آرامی اصلاح کنید. امـا مراقـب خـود باشـید، وگرنـه شـما نیـز ممکن اسـت وسوسـه شـوید. بارهـای یکدیگـر را بـه دوش بکشـید و بـه ایـن ترتیـب شـریعت مسیح را بـه جـا خواهیـد آورد» (غلاطیـان ۲:۱-۶). اگر در کلیسـای کوچـک خانگـی یـا جماعـت کسـی نیسـت کـه ویژگی‌هـای یـک واسـطۀ مسیحی را داشـته باشـد، بایـد بـا کسـی در منطقـه ارتبـاط برقـرار شـود کـه بتوانـد این نقـش را ایفا کند. پـرورش جامعـه‌ای بـر پایـۀ اعتمـاد، آسیب‌پذیـری و پاسخ‌گویی بایـد جـزو ذات هـر کلیسـایی باشـد. علاوه بـر ایـن، مـوارد زیـر بایـد در بحث‌هـا مدنظـر قـرار گیـرد:

۱. مشخص کنید کدام یک از گزینه‌های زیر هنگام واسطه‌گری امکان‌پذیر است:

الف. بخشش و آشتی و ماندن در همان جمع.

ب. طرفیـن رنجیـده یکدیگـر را می‌بخشـند و دوستانه از هـم جـدا می‌شـوند و بـه راه خـود می‌رونـد.

ج. فـرد (یـا افـرادی) کـه از آسیب‌هـای روانی رنـج می‌برنـد بـه مشـاورۀ آسیب‌هـای روانی نیـاز دارنـد.

۲. نوشـتن، جمع‌آوری و بـه اشـتراک گذاشـتن داسـتان‌های واقعـی، قدرتمنـد و متناسـب بـا فرهنـگ در مـورد بخشـش، آشـتی و ترمیـم روابـط را آغـاز کنیـد. ایـن کار بـه مسیحیان بـا پیش‌زمینـۀ اسلامی الگوهـایی می‌دهـد کـه می‌تواننـد از آنها تقلیـد کننـد.

۳. دوره‌هـای آمـوزشی را تدویـن کنیـد کـه بـه پیچیدگی‌هـای اختلاف در بافت‌هـای شمـالی آفریقـا، خاورمیانـه و ایـران بپردازنـد، کـه: الـف) متـون مقدس را تفسـیر کننـد، ب) فرهنـگ و بافـت را بـا اسـتفاده از ابزارهـای جهـانی تفسـیر کننـد (بـه فهرسـت منابـع زیر مراجعه کنیـد)، و ج) انسـان‌ها و پیچیدگی‌هـای آنهـا در حـل و فصـل اختلاف را تفسـیر کننـد.

نقش کلیسای جهانی

کلیسـای جهانـی بـا پیچیدگی‌هـای واسطه‌گـری دسـت و پنجـه نـرم کـرده اسـت. اگرچـه ایـن تعلیـم ممکـن اسـت بیشـتر بـرای یـک زمینۀ خـاص، ماننـد کلیسـاهای غربـی، مناسـب باشـد، امـا اصـول مـورد اسـتفاده را می‌تـوان بـا به‌کارگیـری رویکـرد انتقـادی، در هـر فرهنگـی بـه کار بـرد.

۱. کلیسـای غربـی از طریـق روابـط مشـخص، برنامه‌ریزی‌شـده و نهادینه‌شـده بـه واسطه‌گـری می‌پـردازد. رویکـرد سازمان‌یافتۀ آنهـا می‌توانـد بـه کلیسـای نوپـا کمـک کنـد تـا سـاختاری بـرای مدیریـت روابـط پرتنـش ایجـاد کنـد.

۲. کلیسـای جهانـی می‌توانـد آموزش‌هایـی در مـورد هنـر گوش دادن ارائه دهد.

۳. کلیسـای جهانـی هنـر واسطه‌گـری را در نشسـت حقیقـت و آشـتی در آفریقـای جنوبـی تعلیـم داده اسـت. همیـن اصـول را می‌تـوان در واسطه‌گـری در زمینۀ خاورمیانـه نیـز بـه کار بـرد.

۴. کلیسـای جهانـی می‌توانـد راهنماهایـی را بـرای کمـک بـه واسطه‌گـران محلـی فراهـم کنـد تـا از طریـق نشسـت‌ها و همـراهی در فرآیندهـای واقعـی، خـرد و بلـوغ عاطفـی خـود را تقویـت کننـد و اعتمـاد بـه نفـس و مهارت‌هـای لازم بـرای واسطه‌گـری موثـر را کسـب نماینـد.

۵. کلیسـای جهانـی می‌توانـد بـه کلیسـاهای مسیحیـان بـا پیش‌زمینۀ اسلامی کمـک کنـد تـا مشـخص کننـد کـه واسطه‌گـری از دیـدگاه کتـاب مقدس چیسـت و چگونـه بایـد آگاهانـه باشـد و چگونـه نبایـد توسـط فرهنـگ شـرم هدایـت شـود، امـا می‌توانـد از دیـدگاه آبـرو بـه کار گرفتـه شـود.

مـا شـاهدیم کـه خـدا بـه شیـوه‌ای بی‌سـابقه در جهـان اسلام عمـل می‌کنـد. هـزاران نفـر بـه مسیـح ایمـان می‌آورنـد و کلیسـاهای زیـادی بـه وجـود می‌آینـد. تمرکـز بـر تاسیس کلیسـاها در مناطقـی اسـت کـه قبلا ثمـرۀ کمـی داشـته‌اند. ایـن دوران هیجان‌انگیـزی در تاریـخ بشـارت اسـت. مـا در جهانـی زندگـی می‌کنیـم کـه بیـش از هـر زمـان دیگـری بـه هـم پیوسـته اسـت. بـا ایـن حـال، نیـاز فـراوانی بـه رهبـران بالـغ مسیـحی بـا پیش‌زمینۀ اسلامی وجـود دارد تـا بـه رشـد و شـکوفایی کلیسـای نسـل اول در محیطـی خصمانـه کمـک کننـد. مـا نمی‌خواهیـم آنچـه در دهـۀ ۱۹۹۰ در بلغارسـتان یـا در میـان اویغورهـا اتفـاق افتـاد، دوبـاره تکـرار شـود؛ کسـانی کـه رشـد ایمـان سـریعی را تجربـه کردنـد، امـا در نسـل اول، ایمانـداران دیگـر بـا هـم ملاقـات نمی‌کردنـد. علـت اصلـی، شـکل‌گیری ضعیـف کلیسـا و رهبـری نـاکافی بـود. در ایـن

کتاب، ما حوزه‌های مشکل‌ساز، پیچیدگی‌های آنها و مسیری رو به جلو را معرفی کردیم. شرکت‌کنندگان در این نشست مشاورهٔ مشورتی متوجه شدند که می‌توان در مکانی امن در مورد مسائل دشوار بحث کرد. آنها این تجربه را رهایی‌بخش و دلگرم‌کننده می‌دانند. ما دعا می‌کنیم که آنچه در این کتاب ارائه شده است، در بسیاری از مناطق تکرار شود. ما تنها نیستیم و کلیسای جهانی آماده است تا از برادران و خواهران مسیحی خود بیاموزد، و برای یاری آماده است تا همان‌طور که در افسسیان ۱۲:۴-۱۳ آمده است، همهٔ ما «برای بنای بدن مسیح، تا زمانی که همه به یگانگی ایمان و شناخت پسر خدا دست یابیم و بالغ شده، به بلندای کامل قامت مسیح برسیم.»

نتیجه‌گیری

ما با اشاره به تغییر چشم‌گیر در مسلمانانی که در سراسر جهان به مسیح روی می‌آورند و اینکه این شاگردان جدید – که به عنوان مسیحیان با پیش‌زمینهٔ اسلامی شناخته می‌شوند – با چالش‌هایی روبه‌رو هستند که باید شنیده شوند و کوچک شمرده نشوند، بحثمان را آغاز کردیم. ما نمونه‌هایی از این تحولات را در بخش‌هایی از منطقهٔ خاورمیانه و شمال آفریقا می‌بینیم. ما در تلاشیم تا این افراد را، که همهٔ پیروان مسیح عضو آن هستند، در کلیسای جهانی بپذیریم. علاوه بر این، این جامعهٔ جهانی باید مکانی برای یادگیری متقابل باشد. این کتاب، که بر اساس یک نشست مشورتی تهیه شده است، بخشی از این پویایی غنی است.

تمرکز ویژهٔ ما در اینجا بر روی اختلاف است که آن را پیامد اجتناب‌ناپذیر سقوط می‌دانیم. به جای اینکه فقط به مدیریت اختلاف بپردازیم، به توصیف راه‌های حل اختلاف از طریق واسطه‌گری، افزایش درک متقابل و تمرکز بر اصول کتاب مقدس، به‌ویژه در مورد رهبری، پرداخته‌ایم.

برای بافت‌های ایرانی و عربی، ما تلاش کرده‌ایم تا در هنجارهای فرهنگی این جوامع که مسیحیان جزء جدایی‌ناپذیر آن هستند، ریشه‌های اختلافات را توضیح دهیم. این میراث فرهنگی کلیساهای نوپای پیروان مسیح است. تقریباً اجتناب‌ناپذیر است که کلیساهای نوپا از چنین هنجارهایی برای سبک‌های رهبری و مدیریت اختلافات پیروی کنند.

همانند همهٔ فرهنگ‌ها، عناصری وجود دارند که برای انطباق با الگوهای رهبری و مدیریت اختلافات به روش مسیح و کتاب مقدسی نیاز به تغییر دارند. در بافت‌های عربی و ایرانی، هدف ما در اینجا این بوده است که نشان دهیم الگوهایی که معمولا دیده می‌شوند، تعجب‌آور نیستند. علاوه بر این، ما تلاش کرده‌ایم فضایی برای تحلیل، تعمیق درک و جست‌وجوی کمک فعال روح‌القدس، دگرگونی ایجاد کنیم. ما می‌دانیم که ضدفرهنگ بودن، جزء ضروریِ درآمدن به شباهت مسیح برای همهٔ ماست و این به ندرت راحت یا آسان به دست می‌آید. با این حال، این همان چیزی است که مسیح ما را به آن فرا می‌خواند؛ بیانگر پادشاهی اوست؛ و گاهی اوقات، برای دیگران عمیقا جذاب است.

ما متوجه شدیم که آنچه که در حال حاضر داریم عمدتا یک کلیسای نسل اول است. نسل‌های بعدی متفاوت خواهند بود.

ما باید مراقب باشیم، دعا کنیم و همان‌طور که از ما خواسته شده، دیگران را راهنمایی کنیم، همان‌طور که خدا در سال‌های آینده کلیسای خود را در میان ایرانیان و اعراب بنا می‌کند.

باشد که خداوند به بنای کلیسای خود در میان اعراب و ایرانیان در همه جای جهان برای جلال نام عیسی ادامه دهد.

فرهنگ اختصارات

BMB	مسیحی/ ایماندار با پیش‌زمینهٔ اسلامی
BQ	هوش کتاب مقدسی
DMM	جنبش‌های شاگردسازی
EQ	هوش هیجانی
IQ	ضریب هوشی
MBB	مسیحی/ایماندار با پیش‌زمینهٔ مسلمانی
MENA	خاورمیانه و شمال آفریقا
PBS	شبکهٔ تلویزیونی رایگان پی. بی. اس
TTG (toward the goal)	به سوی هدف

واژه‌نامه

واسطه	عمل واسطه‌گری	
شریعت	قانون اسلامی؛ به معنای گسترده‌تر، روش مسلمانان در انجام امور	
توو	در زبان عبری به معنی نیکویی، نیکو و خوب	
امت	جامعۀ جهانی اسلامی	

منابع

ابونیمِر، محمـد. ۱۹۹۶. «رویکردهـای حل اخـتلاف: درس‌ها و احتمـالات غـربی و خاورمیانه‌ای»، مجلهٔ آمریـکایی اقتصـاد و جامعه‌شـناسی ۵۵(۱): ۳۵-۵۲. در آدرس اینترنـتی زیر موجود است: http://www.jstor.org/stable/3487672

(آخرین دسترسی: ۲۸ سپتامبر ۲۰۲۴).

آینـزورث، مـری دی. سـالتِر، مـری سی. بِلهـار، اورت واتـرز، سـالی ان. وال. ۲۰۱۵. الگوهـای دلبسـتگی: مطالعـه‌ای روان‌شـناختی از موقعیـتی عجیـب. لنـدن: Psychology Press & Routledge Classic Editions.

آرتِربـرن، اسـتفن و جَـک فَلتـون. ۲۰۰۱. ایمـان مسـموم: تجربهٔ شـفا از آزار روحـانی دردنـاک. کلـرادو اسپرینگز، کلـرادو: Waterbrook Press.

---. ۲۰۰۰. عیسی بیشتر، مذهب کمتر: گذار از قوانین به روابط.

---. کلرادو اسپرینگز، کلرادو: Waterbrook Press.

چینچِـن، دلبـرت. ۱۹۹۵. «سیسـتم حامی-مخاطـب: الگـوی از رهبـری بـومی»، فصل‌نامهٔ خدمت‌هـای بشـارتی ۳۱(۴):۴۴۶-۴۵۱.

کلاَود، هنـری و جـان تاونزنـد. ۱۹۹۶. مرزهـا: چـه زمـانی بلـه بگوییـم، چگونـه نـه بگوییـم. گرند رپیدز، میشیـگان: Zondervan.

۲۰۱۶. افـراد امـن: چگونـه روابطی را پیـدا کنیـد کـه بـرای شـما مناسب هسـتند و از روابطی کـه مناسـب شـما نیسـتند دوری کنید. گرنـد رپیـدز، میشیـگان: Zondervan.

کرب، لری. ۲۰۱۳. باطن و بیرون. کلرادو اسپرینگز، کلرادو: NavPress.

دوری، مـارک. ۲۰۱۰. آزادی اسیـران: آزادی از اسلام و ذمیـت از طریـق صلیـب. ملبـورن، اسـترالیا: Deror Books.

امانوئـل، مانـو. ۲۰۲۰. صلـح بین‌فـردی میـان مسیحیـان در فرهنـگی مبتـنی بـر شـرم. کارلایـل، انگلستان: Langham Monographs.

فاستر، ریچارد. ۲۰۰۹. پول، جنسیت و قدرت: چالش زندگی منضبط. لندن: Hodder & Stoughton.

گریسـون، دیویـد. ۲۰۱۴. تندبـادی در سـرای اسلام: چگونـه خـدا مسلمانان سراسـر جهـان را بـه ایمـان بـه عیسی مسیـح جـذب می‌کنـد. مانومنـت، کلـرادو: WIGTake Resources.

گرین، تیم و راکسی. ۲۰۱۶. پیوستن به خانواده: کتاب. بیرمنگام، انگلستان: Kitab-Interserve Resources.

هیبـرت، ریچـارد وای. ۲۰۱۳. «چـرا آنهـا کلیسـا را تـرک می‌کننـد؟ بـررسی قـومی رویگـردانی از کلیسـاهای کولی‌هـای تـرک‌زبـان در بلغارسـتان»، Missiology ۴۱(۳):۳۱۵–۳۲۸.

هیبـرت، پـال جی. ۱۹۸۷. «زمینه‌سازی انتقـادی»، بولتـن بین‌المللـی تحقیقـات مبشـران مذهـبی ۱۱(۳)، (ژوئیـه ۱۹۸۷)، ۱۰۴–۱۱۲. در آدرس اینترنـتی زیـر موجـود است: https://journals.sage.com/doi / 239693938701100302/10.1177 (آخرین دسترسی: ۲۸ سپتامبر ۲۰۲۴).

هیـل، هریـت، مـارگارت هیـل، ریچـارد بـاگ و پـت میرسـما. ۲۰۱۴. التیـام زخمهـای آسیبهـای روانی: چگونـه کلیسـا میتوانـد کمـک کنـد، نسـخهٔ کامـل. موسسـهٔ التیـام آسیبهـای روانی، American Bible Society.

هافستد، گیرت. ۱۹۹۱. فرهنگها و سازمانها: نرمافزار ذهن. لندن: McGraw-Hill.

---. ۲۰۰۱. فرهنگهـا و پیامدهـا: مقایسـهٔ ارزشهـا، رفتارهـا، نهادهـا و سـازمانها در سراسـر قومهـا. چـاپ دوم. تاوزنـد اوکـس، کالیفرنیـا: انتشـارات Sage.

هـاوس، آر.جی، پی.جی. هانگـز، ام. جاویـدان، پی.دبلیـو. دورفمـن، و وی. گوپتـا. ۲۰۰۴. فرهنـگ، رهبـری و سـازمانها: مطالعهٔ جهـانی روی ۶۲ کلیسـا. تاوزنـد اوکـس، کالیفرنیـا: انتشـارات Sage.

ایـرانی، جـورج ای. ۱۹۹۹. «تکنیکهـای واسـطهگری اسلامی بـرای حـل اختلافـات در خاورمیانـه»، در مجلـهٔ خاورمیانـه امـور بینالملـل ۳(۲). در آدرس اینترنتی زیـر موجـود است: https://www.mediate.com/articles/mideast.cfm (آخرین دسترسی: ۲۸ سپتامبر ۲۰۲۴).

کریـن، گلـن و رالی واشـنگتن. ۱۹۹۴. فـرو ریختـن دیوارهـا: الگـویی بـرای آشـتی در عصـر اختلاف نـژادی. شیکاگـو، ایلینـوی: Moody Press.

کوهـن، مایـک. ۲۰۰۹. چشـماندازی تـازه بـرای جهـان اسلام: جایگزینـی تجسـدی. داونـرز گـروو، ایلینـوی: IVP Books.

لیدسـتون، جولیـان. ۲۰۱۹. دسـت از بنفـش برداریـد: فراخـوانی بـرای رهبـری خـادم در فرهنگهـای سلسـلهمراتبی. کامبریـا، انگلسـتان: Langham Global Library.

لیتـل، دان. ۲۰۱۵. شاگردسـازی موثـر در جوامـع مسـلمان: کتـاب مقـدس، تاریـخ و شیوههـای عمـلی. داونـرز گـروو، ایلینـوی، IVP Books.

منینـگ، برنـان. ۱۹۹۷. فرزنـد آبـا: فریـاد دل بـرای تعلـق خاطـر. کلـرادو اسـپرینگز، کلـرادو: Navpress.

مکگاوران، دونالد. ۱۹۷۴. مواجههٔ مسیحیت و فرهنگها. واشنگتن دیسی: Canon Press.

مکنایـت، اسـکات، و لـورا بارینگـر مکنایـت. ۲۰۲۰. کلیسـایی بـه نـام TOV: شـکلدهی فرهنـگ نیکـویی کـه در برابـر سوءاسـتفاده از قـدرت مقاومـت میکنـد و شـفا را ترویـج میدهـد. کارول اسـتریم، ایلینـوی: Tyndale House.

میلـر، دوان. ۲۰۱۶. زیسـتن در میـان گسـست: بنـا کـردن الهیـات زمینهمحـور – و مسیحیـان بـا پیشزمینـهٔ اسلامی. یوجیـن، اورگِـن: Pickwick Publications.

مولـر، رولنـد. ۲۰۱۳. پیامآور، پیـام و جامعـه: سـه مسـئلهٔ حیـاتی بـرای موسسـان کلیسـاهای بینفرهنگـی. ساسـکاچوان، کانـادا: CanBooks.

نلسـون، هـدر دیویـس. ۲۰۱۶. بیآبـرویی: التیـام شکسـتگیهایمان و رهـایی از شـرم. ویتـون، ایلینـوی: Crossway.

نیبور، اچ. ریچارد. ۱۹۵۱. مسیح و فرهنگ. نیویورک: Harper & Row.

نـوون، هنـری، جیام ۲۰۰۲ (۱۹۸۹). بـه نـام عیـسی: اندیشـههایی در بـاب رهـبری مسیـحی. چسـتنات ریـج، نیویـورک: Crossroad.

اوکسـنِواد، روی. ۲۰۱۹. سنگینیِ بـار: مسـائل نسـل اول در روی آوردن بـه مسیـح. لیتلتون، کلـرادو: ویلیـام کـری. همچنیـن بـه فارسـی تحـت عنـوان: برخاسـته از خاکسـتر بـرای مسیـح: درک کلیسـاهای نوپـا بـا پیش‌زمینـهٔ اسلامی از طریـق تجربیـات کلیسـای ایـرانی، در آدرس اینترنـتی زیر موجـود است:

https://www.judeproject.org/online-store.html

(آخرین دسترسی: ۲۸ سپتامبر ۲۰۲۴)

سـاندی، کِـن. ۲۰۰۴. آشـتی‌دهنده: راهنمـای کتـاب مقـدسی بـرای حـل اختلافـات شـخصی. گرنـد رپیـدز، میشیـگان: Baker.

اسکازِرو، پیتـر. ۲۰۱۷. روحانیـتی کـه از نظـر عاطـفی سـالم اسـت: شاگردسازی‌ای کـه رابطـهٔ شـما بـا خـدا را عمیقـا تغییـر می‌دهـد. گرنـد رپیـدز، میشیـگان: Zondervan.

(بـرای اطلاعـات بیشـتر و منابـع بیشـتر، بـه وب‌سـایت Emotionally Healthy در آدرس اینترنـتی زیـر مراجعـه کنیـد:

www.emotionallyhealthy.org

(آخرین دسترسی: ۲۸ سپتامبر ۲۰۲۴).

---. ۲۰۱۵. رهبـر سـالم از نظـر عاطـفی: چگونـه تغییـر زنـدگی باطـنی می‌توانـد کلیسـا، گـروه و جهـان شـما را عمیقـا متحـول کنـد. گرنـد رپیـدز، میشیـگان: Zondervan.

---. ۲۰۰۳. کلیسـای سـالم از نظـر عاطـفی: راهبـردی بـرای شاگردسـازی کـه واقعـا زندگی‌هـا را تغییـر می‌دهـد. گرند رپیـدز، میشیـگان: Zondervan.

شفر، فرانسیس. ۲۰۰۶. نشان مسیحی. داونرز گروو، ایلینوی: IVP.

شـاهوردیان، رافی. ۲۰۱۸. شـراب ارمـنی، نـان تـرکی: سـفری واقـعی بـرای آشـتی. پِنساوکِن، نیوجـرسی: BookBaby.

استنلی، چارلز اف. ۲۰۰۲. عطیۀ بخشش. نشویل، تنسی: Thomas Nelson.

ولـف، میـروسلاو. ۲۰۰۶. بـدون هزینـه: عطـا کـردن و بخشیـدن در فرهنـگی عـاری از فیـض. گرنـد رپیـدز، میشیـگان: Zondervan.

---. ۱۹۹۶. طـرد و پذیـرش: کاوشی الهیـاتی در بـاب هویـت، دگربـودگی و آشـتی. نشویل، تنـسی: Abingdon Press.

والـش، ادوارد تی. ۲۰۱۲. آبـروی از دسـت‌رفته: چگونـه خـدا درد بی‌ارزش شـدن و طـرد شـدن را تسـکین می‌دهد. گرینزبـورو، کارولینـای شـمالی: New Growth Press.

یانسی، فیلیپ. ۱۹۹۵. عیسی که هرگز نمی‌شناختم. گرند رپیدز، میشیگان: Zondervan.

وب‌سایت‌ها

بینش‌هـای هافسـتد: نشسـت مشـورتی/آموزش/صدور گواهینامه/ابزارسـازی: «ابـزار مقایسـهٔ کشـورها»، The Culture Factor Group، قابـل دسـترسی در:

https://www.theculturefactor.com/country-comparison-tool?countrie

(آخرین دسترسی: ۲۸ سپتامبر ۲۰۲۴)

منابعی برای بهبود آسیب‌های روانی

موسسهٔ درمـان آسیب‌هـای روانی، «منابـع رایـگان»، صفحـهٔ وب در وب‌سـایت موسسهٔ درمـان آسیب‌هـای روانی. قابـل دسـترسی در:

https://traumahealinginstitute.org/freedownloads

(آخرین دسترسی: ۲۸ سپتامبر ۲۰۲۴).

جامعـهٔ روان‌درمـانی گـروهی آمریـکا، «آنچـه هـر فـردی بایـد دربـارهٔ آسیب‌هـای روانی بدانـد»، وب‌سایت جامعـهٔ روان‌درمـانی گـروهی آمریـکا، قابـل دسـترسی در:

https://www.agpa.org/docs/default-source/practice-resources/
what-everyperson-should-know-about-trauma.pdf?sfvrsn=2

(آخرین دسترسی: ۲۸ سپتامبر ۲۰۲۴).

دیگران دربارهٔ این کتاب چه می‌گویند

بـر اسـاس دوم قرنتیـان ۱۲:۲۰، نگـرانی پولـس ایـن بـود کـه در کلیسـای قرنتیان شاهدِ «جـدال، حسـد، خشـم، خودخـواهی، افتـرا، غیبـت، غـرور و بی‌نظمی» باشـد. از آن زمـان تـا امـروز، به‌ویـژه در جماعت‌هـای پیـرو مسیـح بـا پیش‌زمینـهٔ اسلامی، ایـن نگـرانی همچنـان وجـود دارد! اثـر متفکرانـهٔ اوکسنِواد و آدام بـا عنـوان «از اختـلاف تا امیـد: صداهـایی از مسیحیان شـمال آفریقـا، خاورمیانـه و ایـران»، بـه طـور مسـتقیم بـه اختلافـات دیرینـه‌ای کـه در ایـن کلیسـاهای نوپـا دیـده می‌شـود، پرداختـه اسـت. مـن کـه ۳۵ سـال در خاورمیانه زندگی کـرده‌ام، بـا مشـکلاتی کـه سـخنان رهبـران کلیسـا، بـه عنـوان کانـون توجـه ایـن کتـاب، بیـان کرده‌اند، هم‌ذات‌پنـداری کـردم. کاش ایـن کتـاب دهه‌هـا پیـش در دسـترس مـا بـود. ایـن کتـاب سرشـار از بینـش در مـورد مشـکلات ناشـی از ارتبـاط ضعیـف، آبـرو و شـرم مخـدوش و رهبـری مسـموم اسـت. تلاش بـرای رسیـدن بـه ویژگی‌هـایی ماننـد سـاختارهای پاسخ‌گویی، شـفافیت، تمایـل بـه طلـب بخشـش و پذیـرش ضعـف، در غلبـه بـر ایـن مشـکلات کمـک می‌کنـد. ایـن، کتـابی اسـت کـه بایـد توسـط هـر کسـی کـه در زمینـهٔ بنـای کلیسـا در بیـن مسیحیان بـا پیش‌زمینـهٔ اسلامی تلاش می‌کنـد، به‌ویـژه کسـانی کـه از شـمال آفریقـا، خاورمیانـه و ایـران هسـتند، بـه دقـت خوانـده شـود.

دکتر جورج بریستو؛ پژوهشگر ارشد در موسسهٔ مطالعات مذهب در خاورمیانه

کتـاب «از اختـلاف تا امیـد» مـا را بـه یـک نشسـت مشـاورهٔ مشورتی در سـال ۲۰۲۲ دعوت می‌کنـد. ایـن نشسـت مشـورتی در مـورد رهبـری در میـان ایمانـدارانی بـا پیش‌زمینـهٔ اسلامی از ایـران، خاورمیانـه و شـمال آفریقـا، بـه همـراه فعـالان بین‌فرهنگـی در منطقـه برگـزار شـد. گفت‌وگوهـایی در مـورد سوءتفاهـم، رهبـری مسـموم، اختلافـات و شـرم، بـا کمـک فیـض، امیـد و صراحـت بیـان، ایـن نشسـت مشـورتی را شـکل داده اسـت. نویسـندگان ایـن کتـاب تاکیـد می‌کننـد کـه آنهـا تنهـا نیسـتند، بلکـه بـه کلیسـای جهـانی نیـاز دارنـد تـا از ایـن جنبـش نوپـای پیـروان عیسـی بیامـوزد و آمـاده باشـد تـا بـه آن کمـک کنـد. درس‌هـای مهـم ایـن کتـاب بسیار فراتـر از سـرزمین‌های جغرافیـایی نویسـندگان آن اسـت.

دکتر دیوید گرینلی ؛ محقق در امور میسیونری

این کتاب با پرداختـن بـه مهم‌ترین مسـائل موجـود در جوامـع فرهنگـی عـرب و ایـرانی، یـک راهنمـای حیـاتی بـرای درک چگونگـی خدمت‌رسـانی موثر در بافت خاورمیانـه اسـت. کارشناسـان متعـددی کـه در تدویـن محتـوای ایـن کتـاب مشـارکت داشـته‌اند، بـه خواننـده اطمینان می‌دهند کـه بـا درک کامـل موضوعـات بـه مسـائل موجـود در ایـن کتـاب پرداختـه شـده اسـت. کتابی ضـروری بـرای کسـانی کـه در حـوزۀ خدمت‌رسـانی در منطقۀ خاورمیانه و شـمال آفریقـا فعالیـت دارنـد.

دکتر ماروین جِی. نیوئل، خادم اعزامی، میسیو نکسوس، نویسندۀ کتاب «یک‌سوم از ما: آنچه برای رساندن پیام به بی‌خبران لازم است.»

ایـن مجموعـۀ بی‌نظیـر و عـالی از صداهـای کلیسـاهای مسیحیان بـا پیش‌زمینۀ اسلامی، هـم بـرای شـکوفایی خودشـان و هـم بـرای شـکوفایی خانـوادۀ مسیحـی بزرگ‌تر اهمیـت بسیار زیـادی دارد. نویسـندگان در عیـن حـال کـه جنبه‌هـای مختلـف اختلاف، و حـل اختلافـات را بـررسی می‌کننـد، بـا مشـکل یکـی دانسـتن کامـل مسیحیـت بـا فرهنـگ غـربی (کـه مشـکلی بـرای همـۀ مسیحیان اسـت) مواجـه شـده‌اند. بینشـی ژرف کـه ایمانـداران از هـر پیشینه‌ای بایـد در مـورد آن تعمـق کننـد!

تاد ام. جانسون، اوا بی. تامز و پُل ای. تامز، اساتید برجستۀ خدمت و مسیحیت جهانی در دانشکدۀ الهیات گوردون ـ کانوِل

منطقـۀ وسیعـی کـه شـمال آفریقـا، خاورمیانـه و ایـران را در بـر می‌گیـرد، بـا چالش‌هـای متنـوع و اختلافـات متعـددی مواجـه اسـت. کلیسـاهای مسیحـی از هـر نـوعی، از دل شـرایط دشـواری کـه نه‌تنهـا شـامل تبعیـض، بلکـه آزار و اذیـت شـدید نیـز می‌شـود، بایـد راه خـود را پیـدا کننـد. ایـن امـر به‌ویـژه در مـورد کلیسـاهایی کـه از ایمانـداران بـا پیش‌زمینـۀ اسلامی تشـکیل شـده‌اند، صـادق اسـت. علاوه بـر ایـن، اختلاف در بیـرون کلیسـا می‌توانـد به‌راحتـی باعـث اختلاف در درون آن شـود. ایـن کتـاب، کـه صـدای ویراسـتاران، اوکسِنواد و آدام، و همچنیـن طیـف وسیعـی از مشـارکت‌کنندگان ناشـناس از منطقه را در خـود جـای داده اسـت، بـرای تمـام کسـانی کـه بـه دنبـال پرداختـن بـه اختلاف در جوامـع مسیحیـان بـا پیش‌زمینـۀ اسلامی

هستند، بـه عنـوان یـک راهنمـای ارزشـمند عمـل میکنـد. ایـن کتـاب بـه طـرز ماهرانـهای تفکـر عمیـق را بـا اقـدام عملـی ترکیـب میکنـد. موضوعـات جانبـی متنـوع مرتبـط بـا اختلاف، مـورد بحـث قـرار گرفتـه اسـت: مسائل مربـوط بـه ارتبـاط بـا یکدیگـر، ملاحظـات مربـوط بـه آبـرو و شـرم، سـاختارهای اقتـدار و چالشهـای رهبـری مسـموم، روشهـای واسطهگری و بسـیاری از مفاهیـم دیگـر. ایـن کتـاب بـا ارائـهٔ گامهـای عملـی بـه پایان میرسـد که کلیسـاهای مسیحیان بـا پیشزمینـهٔ اسلامی در خاورمیانـه و شـمال آفریقـا و ایـران و فراتـر از آن، میتواننـد از ایـن گامهـا بـرای پرداختـن بـه چالشهـای متنوعـی کـه بـا آن روبـهرو هسـتند، اسـتفاده کننـد. ایـن کتـاب نهتنهـا راهنمایـی ارائـه میدهـد، بلکـه بـرای مسیحیـان بـا پیشزمینـهٔ اسلامی، حـس امیـد را در زمینههـای چالشبرانگیـز زنـده نگـه میدارد.

پروفسور پیتر جی ریدل، دانشکدهٔ الهیات لندن

بـرای کسـانی کـه دعا میکننـد مسـلمانان بـه سـوی خداونـد عیسـی روی آورنـد – خـدا را شـکر، دعاهـای شـما مسـتجاب میشـود! همانطـور کـه انتظـار مـیرود، ایـن ایمانـداران نوپـا بـا پیشزمینـهٔ اسلامی بـا مجموعـهای از چالشهـا روبـهرو هسـتند، زیـرا در زمینههـای آزار وحشـتناک کـه نبـرد روحانـی شـدید در آنهـا جریـان دارد، بـه خدمت مشـغول هسـتند. از اختلاف تـا امیـد بـه یکـی از ایـن چالشهـا میپـردازد – اختلافـات در کلیسـای محلـی. ایـن کتـاب مختصـر و خوانـدنی، صـدای مسیحیان بـا پیشزمینـهٔ اسلامی کـه در مصاحبههـا و کارگاههـای جانبـی ضبـط شـده اسـت را بـه گـوش مـا میرسـاند. خواننـدگان درمییابند کـه کتـاب از اختلاف تـا امیـد سرشـار از توصیههـا و اندیشـههای عملـی در برخورد بـا مسـائلی ماننـد شاگردسـازی و ارتبـاط بـا دیگـران، و همچنیـن رهبـری مسـموم و اجتنـاب از شـرم اسـت. واسطههای حـل اختلاف میتواننـد نقـش مفیـدی در احیـای روابـط سالم در چنیـن محیطهایـی ایفـا کننـد. از اختلاف تـا امیـد در زمـان خوبـی بـه دسـت مـا رسـیده است.

فِرد فَرُخ، مدیر پروژهٔ رسانهای وَسلا

The Farsi Translation of

From Conflict to Hope

Voices from Emerging Indigenous Leaders

of North African, Middle Eastern

and Iranian Christians

Edited by
Roy Oksnevad and Sama Adam

Copyright © Roy Oksnevad and Sama Adam 2026

Farsi edition of this book is Published by Jaaamonline
A division of the Jude Project
P.O Box 532 Ashburn, VA 20146
www.JudeProject.org
Printed in the United States of America
First Printing 2026
Cover Design and Layout: Ninet Shahverdian

If you would like more information about the Jude Project or information about other resources in Farsi, or other languages, visit www.judeproject.org or email us at:

info@judeproject.org

www.ingramcontent.com/pod-product-compliance
Lightning Source LLC
Chambersburg PA
CBHW030922060726
47591CB00005B/1643